总主编　方剑乔

浙江中医临床名家

庞德湘

高文仓　主编

科学出版社

北　京

内 容 简 介

本书是"浙江中医临床名家"丛书之一,介绍了浙江省级名老名医庞德湘。庞德湘教授是浙江省中医药管理局"十一五"重点专科肿瘤中医康复专科学科带头人。本书共分六章:中医萌芽、名师指引、声名鹊起、高超医术、学术成就、桃李天下。全书重点介绍了庞德湘教授在恶性肿瘤预防和诊治方面的学术成就、学术思想及临床经验,涉及多种实体肿瘤,同时还涵盖了中医内科和中医妇科等多个领域,结合具体病例展现了庞德湘教授中医治疗特色和优势。

本书可供中医临床、科研人员及在校学生阅读使用,也可供中医爱好者参考。

图书在版编目(CIP)数据

浙江中医临床名家·庞德湘/方剑乔总主编;高文仓主编.—北京:科学出版社,2019.8

ISBN 978-7-03-062116-0

Ⅰ.①浙… Ⅱ.①方…②高… Ⅲ.①庞德湘—生平事迹②肿瘤—中医临床—经验—中国—现代 Ⅳ.①K826.2②R273

中国版本图书馆CIP数据核字(2019)第179745号

责任编辑:郭海燕 刘 亚 王立红/责任校对:王晓茜
责任印制:徐晓晨/封面设计:黄华斌

科学出版社 出版
北京东黄城根北街16号
邮政编码:100717
http://www.sciencep.com
北京捷迅佳彩印刷有限公司 印刷
科学出版社发行 各地新华书店经销
*
2019年8月第 一 版 开本:720×1000 B5
2019年8月第一次印刷 印张:14 3/4
字数:242 000
定价:68.00元
(如有印装质量问题,我社负责调换)

浙江中医临床名家
丛书编委会

浙江中医临床名家·庞德湘

编 委 会

总　序

中华医药，博大精深，源远流长。灵兰秘典，阴阳应象，穷万物造化之妙；《金匮》真言，药石施用，极疴疾辨治之方。诚夷夏百姓之瑰宝，中华文明之荣光。

浙派中医，守正出新，名家纷扬。丹溪景岳，《格致》《类经》，释阴阳虚实之论；桐山葛岭，《采药》《肘后》，载吴越岐黄之央。固钟灵毓秀之胜地，至道徽音之华章。

浙中医大，创业惟艰，持志以亢。忆保俶山下，庠序进修，克艰启幔；贴沙河干，省立学府，历难扬帆；钱塘江畔，名更大学，梦圆字响。望滨文南北，富春秋冬，三区鼎足，一校华光；惟天惟时，其命维新，一德以持，六艺互襄；部省共建，重校启航，黾勉奋发，踵武增华。

甲子校庆，名医辈出，几代芳华。值此浙江中医药大学建校六十周年之际，特辑撰"浙江中医临床名家"丛书，以五十二位浙江中医药大学及直属附属医院名医为体，以中医萌芽、名师指引、声名鹊起、高超医术、学术成就、桃李天下为纲，叙名家成长成才之历程，探名家学术经验之幽微，期有益于同仁之鉴法、德艺之精进。

范永升

时己亥初夏

目 录

浙江中医临床名家·庞德湘

第|一|章

中 医 萌 芽

　　山东临沂，物华天宝，人杰地灵，既是中华文明的重要发祥地之一，也是中医孕育发展的摇篮。庞德湘出生在这块风水宝地，他在少年时代由祖父引入医途，在祖父谆谆教导下诵记中医典籍，跟诊抄方，练习针灸，辨识和炮制药材，犹如婴儿学步，逐渐成长进步。随后的乡村赤脚医生培训及其诊疗实践，都为他后来的医学之路奠定了坚实的基础。

第一节　七世业医终不悔，沂蒙山下种医缘

　　山东临沂，秦时属琅琊郡，汉代设临沂县，清朝设沂州府，古称琅琊、沂州。东临千里沂河水，背靠八百里沂蒙山，巍巍蒙山和滔滔沂水孕育了沂蒙大地。临沂自古人才辈出，书圣王羲之、大书法家颜真卿、算圣刘洪、著名军事家诸葛亮等都出生在这里。考古发现，五千年以前临沂人治病已开始使用砭石及卫生防病治病器具，均说明这里同样是中医的重要发源地。庞德湘出身于临沂莒南县的中医世家，其十一世曾祖曾在清朝中叶时任济南府府官，告老还乡后，一边耕读一边参习医学，自古儒医不分家，道医同源，曾祖精研医理，同时搜集了许多医书，并在机缘巧合下得到了一部分内庭的医学秘籍。其后世代子孙皆有以医为业者，连绵不断至今。家有古训，勤俭持家耕读并举，仕途医业相得益彰。以"不为良相，即为良医"为训，闲时家中研读医理，忙时地里勤事桑麻。自曾祖开始在家乡行医至庞德湘已经是第七世，家中子女现在从医者有庞森、徐凯、庞程彦、何佳瑶、庞瑶等，还有在山东临沂的堂叔弟庞晓亮等。从高祖行医开始，方圆数百里医名渐盛，庞氏家族成为临沂一带有名的医学世家，代代皆有医术名者流传下来。据民间传说，庞德湘

　　　　　　　　　　　　　　　　浙江中医临床名家 · 庞德湘

1

的十一世高祖庞现龙公在济南府退养后，在家乡开始行医。高祖庞振清公、曾祖父庞敬文公（1869～1956年）都有著文立说，惜因战乱而毁。祖父庞秀玉公（1894～1981年）是当地有名的医生，庞德湘就是在祖父的教导下，追随先辈的足迹，健步踏上了学医之路。

庞德湘天资聪颖，7岁时就在祖父教导下开始学习中医。这种学习并不是一板一眼的教学，在年少的庞德湘看来更像是一种"中医游戏"。每当有患者上门就医时，祖父就会在老宅院子的天井中支上桌凳，泡上一壶热茶，唤着他的名字，他就欢喜地去拿笔、墨、纸、砚，然后坐在一旁，看着祖父轻言细语地同患者交谈着，用那双又长又大的手往患者的腕上轻轻一搭，屏息凝神片刻，方子就脱口而出，他则连忙蘸墨抄写下来。祖父的药方换来了患者康复后的笑容，一切都那么神奇而有趣。会抄方首先要学会识字，他常趴在祖父的肩头，看着祖父拿出家里珍藏的木刻板古方书，那些斑驳的字迹在祖父的徐徐念诵中，深深烙印在了他的心中。抄方时，祖父要求他字迹清楚端正，常说："无论字写得好坏，一定要清楚，处方不论拿到哪里，任何一个药店都能看得清、看得懂，这是作为一个医生最起码的要求。"为此，庞德湘一直坚持勤练书法，门诊写处方一丝不苟，非常清楚。

在能够顺利、准确、熟练抄写药方后，他就开始学习家中所藏的《本草备要》，主要记忆药名和写法，诵读《药性赋》《汤头歌诀》《濒湖脉学》《温病条辨》《医宗金鉴》等书籍。幼时的他并不觉得背诵枯燥，而是饶有兴趣地记下这些言简意赅、朗朗上口、富有韵律的中医启蒙书，这些成为他童年最珍爱而又独特的"儿歌"。至今庞德湘依然能熟练地背诵下这些儿时所记的内容，从他那流利的背诵声中仿佛一下子看到他当年自信满满地面对祖父，倒背如流时的情景。

在农村，使用简、便、验、廉的方法治疗疾病是为首选，一把草、一根针、一炷艾的行医方式最受欢迎。而且当时针灸、处方都是不收费的，几乎全部免费。处方开出后就直接给患者，患者自己到中药店购买中药。庞德湘从小时就跟随祖父学习针灸之法，祖父将家传的独特的取穴和行针手法细心地传教并教授注意事项。在每一个季节来临之前，祖父都会像平时聊天一样说起最近是什么季节，需要注意什么，最常见的疾病有哪些，主要治疗手段是什么，《针灸大成》里面的针灸方法、歌诀有否背诵，有什么不懂的。那个时候庞德湘觉得最不懂的是古代繁体草版印刷字，即使认得字也不懂得意思，更难懂的是那些似是而非的句子和上下文连接。当时和他一起学习中医的还有堂叔庞作强，堂叔比他年龄大，理解问题比较深入，所以，他有不懂的地方就去向堂叔讨教，有时也会争执不休。堂叔那时在村子里行医，每一次回家他都会和堂叔讨论一下病例和临床经验之类。庞德湘在农村行医的许多年里，常用针灸治疗疾病。

祖父时常告诫庞德湘在任何场合不得说其他医生的长与短，这是做医生最起码的道德，更不能颠倒黑白、说别人的坏话。这句话对庞德湘影响很大，他从不在患者面前说别人的得失，谨守家训。在学生们跟随庞德湘门诊抄方、侍诊之时，他不厌其烦地讲授为医之道应以德为先的道理。

除了在小学和中学学习文化外，庞德湘的童年时代就是跟随祖父学医，耳濡目染，潜移默化，所学即印，既陶冶了医德心性，又开启了智慧，也激发了他对中医执着的追求和浓厚的兴趣，并以此为乐。夏冬农事不多，是阅读、研究医书的好时光，遇到阴雨连绵的日子，他常常在家中诵读医书通宵达旦。在蒙山脚下，沂水之滨，一株医学新苗茁壮成长，一直到 1977 年恢复高考，他才走出那一片热土。

第二节　初露祖气习医道，学步效颦入医途

在庞德湘 13 岁时，因历史原因正常学习一度停滞，便回到家中，边务农边专心跟随祖父学习中医，白天辛苦劳动，晚上经常和祖父一起出诊。这时的庞德湘已经升级成了"实习医生"的角色，不再仅是抄方，而是有了实际跟诊的机会。祖父把完脉后会淡淡地说："你也把下看看"。于是他也学着祖父聚精会神地号脉，辨析病情，思索治病良方，实证祖父所授。祖父从八纲脉入手教授，分阴、阳、虚、实、表、里，然后再按脏腑区分，望、闻、问、切，四诊合参辨证精析，找出主症，解决急需的问题。祖父教导他："望而知之者谓之神，闻而知之者谓之圣，问而知之者谓之功，切而知之者谓之巧"。他跟随祖父夜晚出诊多为急症，基本采用针灸治疗，多针到病除，效果很好。祖父因年事已高，眼睛视力下降，又不是很擅长言辞，教导学习医术的方法与现在大不相同，大多以实践为主，往往在关键的地方告诉一句话，然后就让他去看书找答案，自己去领会医理。祖父指导时每每亲身示范，让其在旁观看，而后再让他操作，这种手把手地实操训练让庞德湘受益终生。

有一年农历八月十五，当地集市日，下午 3 点开始，当地突然暴发流行性腹泻，整个村子里的人几乎全都出现腹痛、腹泻，此起彼伏，一直到深夜

来求医的患者还络绎不绝，家中挤满了求助者，疫情危急。祖父、堂叔和庞教授带着针灸包，分别走门串户，不辞辛劳到各个患者家中医治，到第二天村子里的腹泻疾病基本得到了有效控制；这是庞家三代医者在月圆之夜彻夜未眠，免费针灸治疗所换来的成果。

在跟随祖父学习中医的那些岁月里，祖父不顾年龄偏大，视力、体力和精力下降的问题，每晚给他讲解疾病的起因、病机、治疗原则和方法。特别是教授针灸的时候，有些穴位取穴都要示范练习，祖父会用那长长的硬指甲，在庞德湘的皮肤上掐上一个"十"字印记，痛麻至深，令其记忆不忘，现在庞德湘回忆起来，还会说祖父的指甲是"铜指甲"。当时大多数疾病基本都是采用针灸治疗为主，偶尔也辅以汤药治疗。在庞德湘独立应诊多年后，祖父仍然不放心，还时时教导他应该如何取穴并反复示范。经此磨练，庞德湘的针灸水平大进。庞德湘就是这样跟随祖父学习中医，日复一日地诵读，跟诊中医术也逐渐增长。来家里就诊的大多数都是外乡人，距离数里或数十里以外，且疑难杂症和妇科病居多，辗转数年多方求医无效后，来求祖父医治，祖父看病不收费，特别是路远而来者，还会把家里所剩不多的口粮让给他们。有时冬天冷了，路远的患者还要夜宿家中，在那些极度缺吃少穿的岁月里，祖父常常会将家中仅有的棉被让给患者。因为庞德湘是长子长孙，他还要陪患者吃饭，从中学习礼仪、待人接物，更深深地感受到了祖父的医者仁心。

第三节　幼承庭训聆祖父，矢志岐黄探新知

庞德湘谈起跟随祖父学习中医的经历，经常回忆起那些影响他一生的点点滴滴的从医事情。在出诊路上祖父会指导庞德湘辨识路边的草药，讲解采药、制药方法，采药的最佳时间，如春天遇到茵陈需要采摘的时候，他一边采摘一边说，三月茵陈四月蒿，五月的茵陈当柴烧。还告诉他采摘药材要注意适当的季节，过期则不能入药；艾叶要端午时采摘最好，旱莲草要在夏至时采摘最佳等等。当地所产的马齿苋、蒲公英、败酱草、半边莲、水红花子等药材均会在合适的时机采集，有时祖父还会去五十里外的沂蒙山脉南段的冠山采药，或者去蒙山采药。

冠山是鲁东南的一处仙山，山上有两个神仙洞府，当地流传着"上洞神仙徐庶祖师、下洞神仙张良"的传说。传说东面毗邻的七孔玲珑山住着许多

妖仙。这些山终年云雾缭绕,山上有很多野生珍贵药材。到了采摘季节就可以上山采药,经常采摘的有柴胡、威灵仙、地榆、瞿麦、土黄连、黄芩、石韦等药材,这些药材采摘后经炮制储备,以备临床使用,费用低,又有很好的疗效。在当时村委的支持下,祖父他们还种植了部分药材,如党参、白术、红花、黄芪、地榆、仙鹤草、扁豆、大青叶、板蓝根、金银花、菊花、白芷等;当地盛产道地药材郯香附、济银花、丹参、全蝎、土鳖虫等。祖父特别嘱咐,清明节前后不得捉拿全蝎,其他季节捉拿全蝎的时候,不要见到的蝎都捉拿,只能捉拿长成的全蝎,多捉拿则有伤天和。那个时候不懂"伤天和"为何物,现在想来,就是保护自然生态。

在炮制药材的时候,祖父教导要注意药性不得流失,一定要按照古法炮制。如燀杏仁,如何去皮,温水泡,要掌握好水的温度和时间,时间长易失药效,炒的时候更要掌握火候;干漆的炮制尤为特殊,火候掌握和喷水的量与密度必须严格,否则漆不透,不散,形成颗粒不均匀,会影响疗效;穿山甲的炮制有两个方法,一是油炸,二是砂烫,火候的掌握非常重要,否则膨胀不完全,药物疗效会打折扣。临床看病更是日有所新,如对小儿病证,祖父经常教导的就是,小儿灵感度较高,用药以清扬轻灵为主。药物苦口难吃,对于小儿尤甚,若能不吃药而病愈那是最好的了。家传小儿疾病治疗方法有推拿和药饼外敷,疗效十分肯定。20世纪60年代,国内儿科痧痘还没有得到控制,祖父经常以芫荽、红柳、白菜根、芦苇根等1~2种农村常见食物或草药煎汤服透痧痘,疗效确切。如遇到发热、咳嗽,邪侵肺气,则透清兼顾,多以麻杏石甘汤小剂量频服。小儿腹泻在农村十分常见,祖父常以推拿加中药外敷取效。对于那些辗转多处就医不效来求诊的妇科疾病患者,祖父都会细致分析病情,注意每一个细节,和家属沟通,耐心细致问诊,找到病因,查出病机所在而用药,所以效果十分显著。祖父常说,因他地处沂蒙深山,患者们找到这里,多数已经数家诊治,实属不易,疾病缠身,家徒四壁,一人有病,全家不得安宁,若能尽快取效,也能安慰患者焦躁情绪,解除其痛苦,更是皆大欢喜之事。而这些疾病大都病情较重,用药也有特殊之处,如经常用到重、猛、毒等药物。需对一些中药进行精心炮制加工,如干漆、麒麟竭、龙脑、炮山甲、红娘子、青娘子、斑蝥、地鳖虫、犀、羚、黄、当门子、轻粉、金苗、朱神砂、银珠、矾、硫、黛、硼、汞等。一些动植物和矿产药材的产地要求也十分苛刻。家传内、外、妇、儿、全科代有专长者,不过在民国初期,曾祖父教授了一位赵姓学生后,从此嘱咐家里不再从事外科疮疡的诊治,

以防影响赵姓从医无食。

庞德湘从这一段成长历程中感悟到，学习中医要从小培养兴趣，既要熟记医学经典，懂得医理，更要敢于不断实践。临床老师在放手的同时应为学生把好关，关键时给予指导，在实践中传道授业解惑，学生方能在实践中获得疗效，也会大大激发学习中医的兴趣和动力，增强信心。

第四节　耕读习医亦悬壶，中医西医取所长

经过长期跟随祖父学习和实践，至15岁时，庞德湘已可以独立处理常见病、多发病，遣方用药和针灸推拿均已初具火候而能独当一面，祖父便开始让其独立出诊，遇到没有把握处理的患者，再由祖父看诊。庞德湘独立看诊后，生产队便让其兼任乡村医生，平日早起农耕，下午做完当日所规定的农活后，来不及休息，就开始看诊，一直要忙碌到晚间，夜间则坚持诵读医书到深夜。家中的部分医书他都背诵得很熟，如此亦耕、亦医、亦读，学医、行医、读医，虽然辛苦异常，但医术也逐步精进，在乡里医名渐盛。有一年遇到一位腹泻患者，每日水泻多次，舌淡胖，苔白厚腻，当时正值酷暑，乡间多有暑气湿热为患，庞德湘拟用藿香正气散，请教祖父，祖父则认为该患者以脾虚湿盛为主，暑湿之邪并不明显，应该使用平胃散，于是便予平胃散原方，2剂汤药服完，腹泻完全缓解。此病例令庞德湘认识到，辨证施治时应考虑天时地气的影响，但之根本仍在于望、闻、问、切，一切着眼于患者的实际病况。

在看诊时，庞德湘中药、针灸、西药均会采用，取其所长，以解除患痛为主。此间树立了治病不分中西、疗效为先、患者至上的观点。经过多年的早锄、午耕、夜读生活，庞德湘的医术在当地已经小有名气。邻近村庄若有特殊疾病或当地村医医治无效者，亦间有来诊。有一胃痛邻村患者经中西医多方治疗无效，庞德湘则隔河涉水诊病，经半月余精心诊治，终于治愈，一家人十分感谢。有患眼疾赤红胀痛者，正值春季温热病较多，庞德湘给予银翘散加减，患者质疑眼睛有病，怎么给予感冒药？经劝说服后而愈，诸人谓之大奇。有大便不通者，予大黄泡水，服之立通；夏季腹泻者，予生大黄，开水泡服而止；痔疮脱出者，予外洗而愈；颈项生疮者，予苍耳子，煮水外洗肿消即愈。有一12岁女孩深夜身痛，家人夜半来请，疼痛呼号，视之疼痛乃一杏核大小在皮下穿走，用针灸刺之立愈。翌日庞德湘与祖父问起，祖父说："我们家不治此类病久矣，你曾祖嘱咐家中十三针之学已毁，以后不得擅用。这是专门

学问,请有专门学问的人治疗为上。"在农村耕读行医之路,磕磕绊绊五六年光阴,逐渐地迎来了一个新的时代。

第五节　六年乡医赤脚印,勤学活用迎春机

1971年庞德湘高中毕业后,以王福绵为组长的公社工作队进驻村委,要求其担任乡村医生,1971年年底庞德湘被正式任命为赤脚医生,后来改名为乡村医生。他一边务农一边行医,从地里干活回来经常给人看病至晚上八九点,有急诊则随时出诊。除了看病外,他还要做预防接种、健康宣教、灭四害等工作,每天在各村各乡到处跑,遇到疑难杂症情况,就回家请教祖父。

在独立行医几年后,庞德湘感到自身现代医学基础知识薄弱,中医基础理论也亟待提高,便参加了当时山东省莒南县卫生局组织的为期3个月的赤脚医生全日制培训班。培训地点在莒南县板泉镇驻地部队军营中,由莒南县中医院院长孙树涛主任中医师任总辅导员。全县200多名赤脚医生,进行半军事化管理。培训硬件条件艰苦,上课没有音响设备,没有桌椅条凳,都是坐在马扎上听课。培训班课程安排紧密,包括西医课程和中医课程。西医培训课程从基础开始,自人体解剖学、生理学、病理学、药理学至内科学、外科学等。中医培训课程也是从中医基础理论、中医诊断学、中药学、方剂学到常见内科、外科、妇科、儿科病的中医治疗等。培训内容系统而全面,培训的老师为莒南县有名的中医医师和西医医师,均为理论扎实、临床经验丰富的中西医师,讲课内容贴近临床。除了理论培训外,培训班还安排了短期的临床实践。庞德湘幼承庭训,学习祖传医术,后做乡村医生,但一直未接受系统西医医学理论学习和培训,因此他在此次培训中学习异常刻苦,如海绵一般吸收着知识,很多在以前行医中遇到的疑问均得到解答。在临床培训中,庞德湘跟随那些经验丰富的医师学习,将所学理论用于治疗实践,从而更牢固地掌握了所学理论,为以后在医学之路上的发展进一步打下了基础。

通过学习培训,庞德湘树立了中西并重、临床时疗效为先的医治思想。他还时常自己采制当地所产草药,也会种一些草药,这些草药耗费极少,见效明显。庞德湘年少时便和祖父学医,天资聪颖,自身刻苦,在正式成为赤脚医生后,对常见病、多发病的处理已得心应手,还治疗了一些初期的出血热和小儿急性肾炎等疾患,疗效上佳。当时乡间诊疗条件有限,药物也时有短缺,虽有自制草药补充,但有时也会遇到缺乏药物的困境,庞德湘便会独

辟蹊径，寻找功效相似的替代品。有一位患者因劳作时腰扭伤而求诊，当时药物缺乏，治疗扭伤的草药和西药均缺，患者疼痛明显，无法忍受，又怕疼痛不愿针灸，他灵机一动，采用妇科十味片，取其活血通络之效，患者质疑其为妇女调经药，经耐心解释后，给患者服下，再行推拿，治疗后疼痛大减，第二日便痊愈，下地干活了。像这样的灵活运用药物的病例亦不胜枚举。还有一次遇到一位腹痛患者，庞德湘出诊后给予针灸治疗，施针时腹痛可缓解，拔针后疼痛立刻再发，后经公社医院检查是阑尾炎，原来该患者有慢性阑尾炎病史，这个病例提醒了庞德湘，询问病史相当重要，切诊、触诊均不可轻忽。当恢复高考的消息传来后，庞德湘开始和一些志同道合的朋友一起复习，准备参加1977年的高考。中学毕业已经6年，6年来不曾翻读过中学的课本，报名时临时改报考中等专业学校，以名列专业前五名的成绩考入山东临沂卫生学校，习读中医专业，庞德湘也从此结束了赤脚医生生涯，开始了进一步的求学精进之路。

（徐　凯、庞　淼 撰写，桂　冠 审定）

第二章

名 师 指 引

在名师大家的指导下，庞德湘经过专业学校，以及攻读硕士、博士研究生台阶式的刻苦求学，学业不断精进，科研能力和医疗工作创新能力不断提升，在几十年的医学理论与实践结合的探索与磨砺中，终成救难苍生的德艺双馨的名医。

第一节　习医琅琊续医灯，晨诵夜读受古韵

1978 年春节刚刚过去，庞德湘在父母的殷切期望下，开始了中医专业的学习生活，系统学习中医理论。主要学习《黄帝内经》《伤寒论》《金匮要略》中医基础理论、中药方剂、内外妇儿、西医解剖、生理病理等一整套山东医学院中西医理论课程。庞德湘非常珍惜在学校学习的时间，每日清晨诵读教材，白天认真听课，晚饭后即开始夜读，夜读尤其艰苦，九点学校准时熄灯，学生们就搬个马扎坐在灯光微弱的路灯下看书，一看就看到深夜，特别是在冬天零下十几度，寒风凛冽，几个同学坐在马扎上围在马路的灯光下，冻得直打哆嗦，依然一边背诵一边互相问答，如此晨诵夜读的苦读生活，令庞德湘将医书、教材内容都烂熟于心，哪个条文、哪个药物在哪一页几乎都了如指掌，从而打下了更加扎实的医学理论基础。在临沂卫生学校的最后一年，庞德湘被安排在莒南县人民医院实习，在经验丰富、理论扎实的老师手把手带教下，磨练中医临床的看诊能力，这些对以后中医临床工作影响很大。

在临沂卫生学校学习期间，庞德湘还遇到了多位学识渊博、医术精深、品德高尚的老师，他们的言传身教令庞德湘获益终身，有教授中医学经典的张进臣教授、教授生理学的班主任陈国英教授、教授方剂学的肖德增教授等。

张进臣老师长期从事中医理论教学和中医门诊工作，对于中医各家经典精熟，讲课时深入浅出，循循善诱，同时结合自己的临床经验，令学生对中医理论有深刻、立体的认识。张进臣老师的夫人石增淑教授，是新中国成立后第一届中医学方向的《金匮要略》专业研究生，其理论之扎实，令当时的庞德湘叹服，张进臣老师和石增淑老师均认为庞德湘家学渊源，中医基础扎实，勤奋好学，将来必有一番作为，便鼓励庞德湘应在求学路上更进一步发展，希望他在校期间考研究生。那个时候研究生招生只要成绩达到国家要求，复试合格即可。当时考研究生需要选考一门外语，英语、日语等均可。当时学习风气日高，老师情操高尚，业余教学无须学费，只要有人愿意学习，老师会不遗余力、尽心设法地把知识教给你。临沂市人民医院晚上有教日语的业余学习班，庞德湘便晚上步行去那里学日语，但是在学完50个学时之后，因为计划生育工作，医院要开始相关事宜，临时取消了晚上的日语学习班。庞德湘便通过自学教材和听连云港的日语广播教学继续坚持学习日语。当时莒南县人民医院副院长魏绪鹤是庞德湘毕业实习期间的中医带教老师和负责人，他格局大，为人和善，未开口说话就先笑，毫无领导架子，在带教期间和苗福珍、孙承顺、侯家增等倾囊相授，每一位患者来诊，都是学生先看证处方，望、闻、问、切，辨证论治，治则处方，药物剂量，饮食禁忌都一一写好放在病例中，老师看诊哪一位患者，就让相应的实习学生坐在边上观摩老师诊治，然后提出意见、修改处方，并讲清楚修改原因。

在实习期间庞德湘和中医科的年轻一代也结下了深厚的友谊，如和魏茂祥、瞿绪军、刘洪义、小夏等同学习同上班，一起讨论病案，一起讨论经典。魏绪鹤老师对庞德湘青眼有加，甚是照顾，实习完毕找工作，他希望能留下庞德湘，但因编制问题未成，故帮助安排庞德湘到离县城较近的卫生院工作，方便学习与照应。魏绪鹤老师是莒南县东北部有名的中医世家，擅长治疗脾胃、肝胆疾病，他将自己治疗脾胃、肝胆疾病的经验倾囊相授，令庞德湘获益终身。在实习期间，庞德湘教授主要的实习科室是中医科，侯家增老师是当时莒南县人民医院中医科主任，出身莒南中医世家，当时已是当地名医，对于中医外科和杂病尤有心得，临床经验非常丰富。当时侯家增老师组织科内其他几位老师经常举办中医学习讲座。苗福珍老师擅长治疗中医妇科疾病和脾胃病，跟诊也令庞德湘受益匪浅。

当时办讲座讲述当地流脑、出血热等流行疫病的治疗是临床医生最关心的热点问题。几位讲课老师认为，流行的疫病属温病，一旦出现血分证，不论是否兼有"发热、畏寒"等卫分证和营分证，必须清血分热，如果还一味解表，就会耽误病情。庞德湘当时实习抄方学习的模式和现在有所不同，当时魏绪鹤副院长用包装纸装订成本子发放给每一个学生，防止浪费处方。临证时，由学生先看，老师再手把手教授。如此学生在实践中真正运用中医理论，有名师即时指导、纠正，迅速积累了临证经验，此种有针对性的精准带教模式，在当下也有较大的借鉴意义。

第二节 沂蒙山行医相邸，莒南刘师授《难经》

1980 年 12 月，庞德湘毕业后到莒南县相邸公社卫生院工作，主要任务在门诊。当时中医、西医都在一个大诊室里看病，庞德湘年资尚低，坐诊在诊室最里面，他在看诊的空闲时间和休息时间抄写了《内经知要》《本草备要》《时方妙用》等，因为那个时候书店里没有几本医书，遇到想要学习的医书机会也少，向别人借来，他便抓紧一切时间抄写完，边读边抄写。

他特别敬仰和怀念刘锡三老先生。刘锡三老师出身中医世家，老家离庞德湘的老家只有十多里地，在早前两家就有神交，也互有来往。庞德湘在实习期间，特意前去拜访刘老，刘老气色极好，慈眉善目，一听说是庞家后人更是分外热情，刘老问及庞德湘学习情况尤其是学习医学经典的情况，得知在学校里没有系统学习《难经》，随即表示有机会将给予补习。当时刘老住在医院的家属院里，有一间专门诊室，每天患者很多，特别是疑难杂症患者。庞德湘的住址只间隔二三十米，十分方便，经常过来向刘老请教，受益颇多。庞德湘毕业后在离县城 8km 的相邸公社卫生院上班期间，魏绪鹤副院长组织了以中医科医师为主的《难经》业余学习班，每周两个晚上，由刘老条分缕析，层层深入，结合临床，听讲的十数个老中医醍醐灌顶，如啖膏饴。刘老博闻强识，对中医经典的理解非常深透，临证多运用《黄帝内经》《难经》《伤寒论》中的理论和方药。诊病时结合《黄帝内经》《难经》说明病机，结合古典医籍讲解处方用药。在课上刘老将经文从头到尾进行讲解，结合自己的理解逐条解释，将自己临床运用《难经》治病的经验倾囊传授。因此庞德湘跟随刘老系统学习了《难经》，对其提高临床水平有很大的帮助。庞德湘数年来经常去拜访刘锡三老先生，请教行医中遇到的问题，刘老会耐心地一一解答指导。刘老的谆谆教诲，时至今日庞德湘仍牢记在心。

庞德湘从医几十年来之所以不断进步，其中重要的原因就是得到了各级

领导和同事们的帮助、支持。如他从学校毕业后的第一个工作单位就是相邸公社卫生院，得到了第一任领导即时任该院院长张继奎、副院长徐昌福，还有张司勇等的关怀和帮助。张继奎老师长期担任卫生行政领导工作，管理水平高，是一位温和的长者。庞德湘刚刚分配到相邸公社卫生院时，张继奎老师认为其头脑聪明、工作认真，就将其任命为团支部书记。庞德湘当时刚刚分配到医院，很多工作都不知如何开展，张继奎老师就手把手地教他如何做好团支部书记工作，如何和同事及患者更好地沟通，如何处理各种矛盾等，张继奎老师的教导对庞德湘的社会经验的增长、待人接物水平的提高、医患沟通水平的提升等都大有裨益，后来他出色地做好了团支部书记工作，张继奎老师还任命其为该医院工会主席，令他的工作能力得到了很好的锻炼。除了工作上的提拔和帮助，张继奎老师还在业务上全力支持培养庞德湘，送他去参加中医经典学习班培训、科技日语培训班等，这些业务培训为庞德湘日后考研打下了坚实的理论基础。张继奎老师十分鼓励庞德湘进行科研论文写作，协助其发表了多篇学术论文。

1983年全国中医学会在山东省潍坊市召开，由山东省卫生厅中医处协办，当时庞德湘有一篇论文投稿参加全国中医年会，要求论文印刷200份，在那个年代只有蜡纸刻字，油印以后才能投稿，公社卫生院没有这些设备，徐副院长便帮助联系排版、油印事宜，令论文顺利投稿，庞德湘也得以第一次参加全国中医年会。庞德湘在相邸工作时，对临床遇到的问题时时思考，并订阅中医学术杂志，尝试着将自己的临床心得写成文章投稿杂志和全国学术会议。在相邸工作3年间，庞德湘发表多篇论文，其中一篇是治疗牙痛的经验，在《沂蒙中医》上发表，多年后仍被当地医师所借鉴。在一次中医小范围内部学术交流时，在知道庞德湘写了许多中医读书笔记和发表了数篇文章后，山东省临沂市中医院业务院长、山东省级名中医、国家级名老中医指导老师刘启庭，大内科主任孙玉甫，团委书记张克亮等对他十分重视，并询问他今后的学习愿望，临沂市中医院希望能引进这些对中医有热情、学中医有劲头、做中医有方向的年轻人，希望他们能写出学习中医的临床体会和普及中医的文章。孙玉甫主任、张克亮团委书记推荐庞德湘，由当时任临沂市中医院业务院长的刘启庭进行了面试，随后把他调入山东省临沂市中医院，从事中医外科工作。

在沂蒙深处的相邸，自幼所学的祖传医学和在学校所学的经典理论为庞德湘的中医水平增长提供了丰厚的土壤，在不断地学习实践中，庞德湘医术继续精进，在当地医名渐起，此处列举庞德湘教授在相邸医治的 3 个病例。

案 1　胆囊炎伴胆石症绞痛患者，男性，26 岁，相邸公社岳河人。因患有胆囊炎伴胆结石绞痛，住相邸公社卫生院临时病房。此次发作，情况严重，疼痛难忍，静脉用药已经 3 天，未有一刻痛止，注射布桂嗪针仅仅减轻几分钟，经过治疗效果不明显，徐院长钦点庞德湘来看诊，经过望、闻、问、切四诊合参，采用疏肝理气、利胆止痛为主要治疗方法，以大柴胡汤合芍药甘草汤缓急止痛，同时清理肝胆湿热，1 剂汤药服下后，腹痛即有所缓解，后服药数日，疼痛尽消。用中药治疗胆石症的右上腹痛剧烈，庞德湘借鉴魏绪鹤治疗胆石症的经验，此病例令徐院长对于庞德湘的医术非常肯定，以后多次用中医药配合病房工作。

案 2　阑尾炎 1 例：患者，男性，38 岁，相邸公社南甘林人。反复腹痛恶心，在医院诊断为"胃肠炎"，因为是夏秋季节，胃肠炎较为常见，就诊时以胃肠炎治疗，经抗生素等静脉输液后，症状缓解回家，反复 3 次后转上一级医院就诊，仍然诊断为"胃肠炎发作"，输液治疗缓解后回家。旬日再作，求诊于庞德湘。庞德湘接诊后，察看所有检查，包括心电图、B 超、血液检查等，给予全面查体。腹部查体时，发现患者右下腹明显压痛、反跳痛，并有包块样肿物，判断是阑尾炎，马上联系营南县人民医院外科的朋友，进一步检查，确诊为阑尾炎，经外科手术治疗后即痊愈。此病例反映了查体的重要性。此病例后，庞德湘的医名在县城渐渐鹊起。

案 3　反复感冒 1 例：患者，男性，40 多岁，体质状况尚可，因外感在医院治疗，本次来诊服药，静脉用药已经超过 10 天，症状反复不愈，庞德湘经过诊病察舌听脉，以玉屏风散加减治疗，患者服药数剂后痊愈，嘱咐多服几剂以巩固疗效。后来庞德湘调到临沂，该患者再次外感后，治疗效果不好，他便把庞德湘的方子找出来，按原方服药，效果很好。该患者还把方子很好地保管下来，数年后遇上庞德湘，还如珍宝般地把方子拿出来，那张处方因为破损已经被粘贴得很厚了。

第三节　中医外科操刀圭，博取友谊市中医

1984 年年底，庞德湘调至临沂市中医院从事中医外科工作，除了平时努力工作外，其他时间都在用功学习。在该医院，他遇到了一批志同道合的同事，结下了深厚的友谊。在科室里几乎每天都有 6 ~ 10 台手术的工作强度下，

他仍和同事王胜军一起学习外语。王胜军主任是一位好学不倦、豁达奋进之人，他当时正在自学英语，庞德湘在自学日语，两个人在完成手术和日常医疗工作之余就相邀一起学习，相互督促。他的时间观念很强，时常提醒庞德湘"现在是外语时间"。正是有了这样的益友才让庞德湘的学习突飞猛进。在同事中有两位中医专业的校友，庞德湘经常和他们一起探讨中医理论和医术，一起学习中医经典，交流学习心得，讨论工作中遇到的疑难病例，在学习、讨论、交流中共同进步。在临沂市中医院时，刘启庭院长对庞德湘影响较大。在战争时代刘院长就是一名医务人员，新中国成立后在山东省临沂市人民医院工作，后来调到临沂市中医院当业务院长，他非常好学，一边工作，一边学习，拜名师学习中医，后来成为国家级名老中医指导老师，著述颇丰，在工作中给予庞德湘许多业务指导。孙玉甫主任也经常教导庞德湘一些中医临床问题的处理及研读医籍的一些体会。在临沂市中医院外科工作期间，庞德湘主要从事肛肠病的诊治，如内痔、外痔、肛瘘、肛周脓肿等以及皮肤病的诊治，如湿疹、牛皮癣、白癜风，当时也研究过中医治疗皮肤病的方法，直到现在也会在门诊使用。在临沂市中医院工作期间，庞德湘还报读了山东中医学院的中医专业函授教育班，每年冬天和夏天各2个月脱产学习，再次在中医基础理论、中医诊断学等方面进行深造。他认真做笔记和作业，所做的读书笔记加起来比书本还厚。该函授教育班授课的都是山东中医学院的老教授，讲课非常精彩，同时庞德湘也在枣庄医院的当地名老中医带教下进行了中医临床学习，如此坚持了4年的函授教育，取得了优异的成绩。在这个函授班中庞德湘进一步夯实了中医理论基础知识，结合之前多年的临床经验，在医术上又有了进一步提升。庞德湘在许多老师的鼓励下开始准备研究生考试，工作以后也利用业余时间继续学习医学理论和日语，并经过系统教育，成长为一位具有较丰富临床经验和扎实理论基础的中医师。为进一步提高和深造，1989年庞德湘考入浙江中医学院中医内科学中医肿瘤学专业攻读硕士研究生，开始了新一阶段的学习和提高。

第四节　为求学千里赴杭，浙中医得遇吴王

因为庞德湘祖传擅长中医内科和中医妇科专业，为了家传祖业，他考研的第一志愿是浙江中医学院中医妇科学专业，但当年的浙江中医学院中医妇科学导师突然因故停招一届，庞德湘便转专业到中医肿瘤内科。当时主管研

究生招生的科研处处长是王泽时教授，这一年王泽时教授和吴良村教授合招第一届硕士研究生2名，同时录取的还有现在浙江中医药大学的孙再典教授。王泽时老师头脑非常灵活，对科研的思路嗅觉非常灵敏，每时每刻都有新的想法，想到一个好的科研课题时就让学生去记录或落实，学生需要时时保持专注，才能勉强跟上王泽时老师的思路，也正因为如此，王泽时老师科研成果丰富，主持了很多新药开发，开辟了许多中药如蛇毒等治疗癌痛的先河，一度连戒毒方面也有涉猎，因此王泽时教授以专门研究临床上比较尖锐而棘手的问题著称。由于庞德湘在读研之前均在中医临床一线工作，从跟随祖父学习中医、担任赤脚医生到在相邸公社卫生院和临沂市中医院工作，均积累了丰富的临床经验，发表了多篇论文，奠定了良好的深造基础。在长期医疗实践的思考和总结中，庞德湘深感科研能力不足，常常有好的想法，但不知如何转化出研究成果，在跟随名师王泽时教授学习后，他的科研能力有了较快的提升。王泽时教授严谨的治学精神、敏捷的科研思路、务实的科研态度均对他影响很大，在王教授的教导下，他逐渐具备了独立的学术、科研能力。

吴良村教授是国家级名老中医指导老师、浙江省名老中医、浙江中医药大学附属第一医院（浙江省中医院）肿瘤科主任，当时已是浙江省内最有名望的中医肿瘤治疗名家，在中医肿瘤治疗的理论和实践上均有很高的造诣。他跟随吴良村教授主要学习中医肿瘤治疗的理论和临床实践。30多年前，在人们眼里的肿瘤是不治之症，生存率极低，从踏入肿瘤病房的那一刻，庞德湘才真切地意识到自己所研究的领域是与死神最近的地方，那时病房有大量的重症患者，各种难闻的气味和痛苦的哀嚎，每天都几乎会有患者逝去，而他又需要天天巡视查房，写病程记录，一个个鲜活而熟悉的生命在病魔的折磨下急速消亡，这对他的内心产生了极大的震动，他既悲伤万分，这又激起了他作为医者一定要努力提高医术，帮助患者早日克服病痛的力量。

在学校上完研究生基础课程后，庞德湘便在浙江省中医院学习临床课程和实习。那时吴良村教授每周有两个门诊，庞德湘跟随吴教授门诊抄方。吴教授经验丰富，博览群书，一边看病一边讲述该患者的病因病机、治疗原则、处方用药、饮食禁忌。吴教授治疗疾病特别强调朱丹溪"阴常不足，阳常有余"的思想，擅长滋阴降火之法，如治疗肺癌常用沙参麦冬汤为代表的滋阴方剂，治疗肝癌常用一贯煎加减，治疗肾癌常用地黄丸之类加减等。吴教授对于南北沙参、天冬、麦冬、玉竹等滋阴药物的使用有独到的经验。吴教授在查房时对肿瘤患者的病情进行全面了解，综合评估后，需采用化疗者即给

予化疗，更注重患者体质和化疗毒副作用的调理药物应用，但不排除任何对肿瘤有效的治疗方法，如免疫治疗、内分泌治疗。吴教授与多家合作研制了铜蒸汽激光治疗机，开展了康莱特注射液研究等项目。吴教授有时间便向学生详细阐述自己的治疗经验，讲授中医肿瘤治疗理论，庞德湘认真学习吴教授所教授的内容，磨练中医治疗肿瘤的能力。庞德湘在浙江省中医院实习时除了门诊跟诊，还在肿瘤科病房学习肿瘤患者的中西医结合诊治方法。他在病房工作的 2 年时间里，和科室的同事郭勇、沈敏鹤一起工作学习、查房、处理患者、做科研等，在工作和生活中结下了深厚的友谊。在庞德湘硕士毕业后，郭勇、沈敏鹤先后投入吴良村教授门下，至今都是十分亲近的同门同仁。

庞德湘在读硕士期间对细胞培养的新技术非常感兴趣，郭勇教授便介绍他跟随浙江大学生物系的虞研源教授学习细胞培养、动物试验等当时比较先进的科研技术，这样庞德湘的科研及实验操作水平不断提高，取得显著成绩。在浙江省中医院临床实习期间他还在各科轮转学习，其在中医外科学习期间，主要跟随主任医师李荣生老师学习。李荣生老师擅长胆结石、胆囊炎的诊治。庞德湘还被安排到肛肠科、乳腺科、男科等进行专业学习，同时还在影像科、病理科进行学习实践，收获颇丰。读硕士期间，他一有空闲就去图书馆学习，浙江中医学院的藏书非常丰富，各类中医典籍十分全面，他认为学校图书馆是学习中医的宝库，借助其中的资源学习是非常重要的，他是当时研究生中在图书馆学习时间最长的学生之一。他深感学习时间的不足，便借了许多书回寝室继续挑灯夜读。这期间，他学习了中医经典，查阅了有关癥瘕、积聚的历代文献以及现代的中医抗癌理论、抗肿瘤中药知识等，对于自己感兴趣的内容会摘记下来，所做的读书笔记足有几十本，刻苦学习更加夯实了庞德湘的医学理论功底。

第五节　琅琊组建肿瘤科，中西汇通得清名

经过 3 年的硕士研究生的深入学习和研究，庞德湘在医学理论、学术科研和临床诊治等方面均有了较大的提高。研究生毕业后被分配到山东省临沂市人民医院工作，组建了肿瘤科。当时山东各大综合医院设置肿瘤科者极少，而肿瘤的发病率又日益升高，临沂市人民医院院领导早有设置肿瘤科的设想，但苦于没有学科带头人。庞德湘学成归来后在医院领导的支持、关怀下，组

建了肿瘤科病房、门诊。在临沂市人民医院工作期间，由于工作认真，积极负责，爱岗敬业，庞德湘被推选为中国政协临沂市第六届委员会委员、被临沂市政府授予"跨世纪优秀青年科技工作者"称号。

组建肿瘤科后，庞德湘临床治疗肿瘤采用中西医并重的方法，不排除任何对肿瘤治疗行之有效的方法。在 10 年时间里，庞德湘采用肿瘤血管介入技术，静脉、口服、腔隙给药等化疗为主的西医抗肿瘤治疗方法，与中药口服与外治、艾灸、针灸、中药注射等中医药治疗方法相结合。西医疗法和中医药治疗配合使用治疗恶性肿瘤，实践中西医结合治疗恶性肿瘤的理念，取得了很好的疗效。自肿瘤科建立后，庞德湘十分重视科研工作，着重开展放化疗不良反应的中医治疗研究，完成多项课题，并获得 7 项政府科技奖励，包括中医镇痛疗法、肿瘤介入治疗、化疗毒副作用防治等多个方面，完成了镇痛擦剂、血灵合剂等多项成果，这些成果至今还在临床上广泛使用。在临沂市人民医院工作期间，庞德湘除了主持病房工作外，也坚持门诊诊治工作，均以中医药治疗为主，疗效显著。

在该医院工作期间，是庞德湘逐渐开始形成自己治疗理念的萌芽时期，如肿瘤患者的中医和中西医治疗两大类人群的不同，西医治疗后的西医分期，如何用中药配合减轻毒副作用，中医如何配合介入疗法后的治疗等，逐渐形成了近年提出的"群段辨证分治"新的肿瘤治疗理论的研究根基。

肿瘤防治也是庞德湘重点研究的方向之一。对恶性肿瘤治疗的艰难，作为一名肿瘤专业的医生是最有体会的。手术的选择、术后的放疗、化疗、介入治疗、免疫治疗、内分泌治疗、现在的靶向治疗，都不能彻底解决肿瘤，患者十分痛苦，病人家属十分迷茫。庞德湘认为，肿瘤的预防更为重要。如何预防肿瘤的发生发展是十分重要的。为了找出肿瘤治疗、预防等工作的头绪，庞德湘把研究的方向放在如何让人们少生病，或提前预防、阻断疾病的发展方面。为此，他博览群书，寻找方法，进行了深入研究；同时对中医治未病的文献进行深入挖掘，从《黄帝内经》《金匮要略》《诸病源候论》《景岳全书》《医宗金鉴》《丹溪全书》等书籍中汲取养分，最近几年逐步形成了中医治未病的"五级防治体系"理论等，并将这些理念付诸实践，在实践中逐步将其探索完善。这为他后来攻读博士，继续探索肿瘤疾病的防治奠定了理论基础。

庞德湘在临沂市人民医院肿瘤科工作时不论对西医还是中医抗肿瘤方法均较精通。西医治疗方法往往伴有较大的不良反应，庞德湘擅长使用中医手段治疗这些不良反应，这也是临沂市人民医院肿瘤科能在临沂乃至山东闻名遐迩的重要原因。在此分享一例，庞德湘用中药治疗化疗导致肺纤维化的验案。患者为年轻女性，30岁，罹患妇科恶性肿瘤，经历了手术，术后经多次平阳霉素化疗，化疗后出现了严重的肺纤维化，爬一层楼梯都会呼吸困难，休息良久才缓解，很多医生都对她的肺纤维化束手无策，患者丧失了劳动能力，无法工作，也无法正常生活，因此感到非常痛苦，甚至产生了轻生的念头，家人听闻庞德湘治疗化疗不良反应有很好的疗效，治愈了很多患者，于是就带着患者来找庞德湘诊治。初诊时患者上气不接下气地告诉庞德湘，她爬到二楼的诊室花了很长时间和力气，上几阶楼梯就要停下喘气不止，庞德湘进行了详细的望、闻、问、切，给予中药治疗，以宣肺益气、养血通络为主要治法，并考虑患者久病，加用适量活血之品，经过一段时间的治疗后患者喘息症状逐步好转，活动量逐渐增加，CT检查肺纤维化情况出现逆转。服用中药1年后，患者已经可以正常生活和工作。

在临沂市人民医院肿瘤科工作期间，庞德湘除了继续积累临床经验外，在繁忙的工作之余仍坚持中医理论学习，每天早晚都坚持诵读中医经典，如有空闲，就认真抄写中医经典著作，以此来强化记忆、加深理解、练习书法，这个习惯是幼时跟随祖父学医时就养成的，一直保持至今。在临沂市人民医院工作多年后，庞德湘在行政工作、临床业务、科研成果等方面均取得了很大的收获，成为临沂当地著名的中西医结合肿瘤治疗专家。但随着接诊患者的增加，庞德湘深感自己在临床水平、科研能力，特别是肿瘤疾病的防治等方面还需提高，便产生了再寻名师，继续深造的想法，虽已是不惑之年，但求知向学之心依旧炽热，于是便在2002年考取了浙江中医学院的博士研究生，毅然离开了工作多年的科主任工作岗位。

第六节　为拜名师连建伟，不惑之年再入杭

2002年庞德湘在硕士毕业10年后再度来到了杭州，开始了浙江中医学院博士研究生的求学之路。庞德湘拜入了浙江省国医名师、浙江省名老中医、国家级名老中医指导老师连建伟教授门下学习，连教授对黄帝内难、仲景之学都有深入研究，对时病时方有深入的临床体会，对《金匮要略》更是深入研究多年，著作等身，是浙江省文史馆馆员、中华中医药学会方剂专业委员会主委，是浙江省中医界著名的教授和全国闻名的中医，在教书育人和中医

临床方面均有极深的造诣。连教授治学严谨，医术精湛，精于脉理，详于辨证，擅用经方，亦通时方，数方相合，化裁得宜，尤其对中医内科肝病、脾胃病、妇科病有丰富的治疗经验。庞德湘自幼熟读中医经典，也多用经方治病，但在跟随连教授学习时发现更多奥妙，经方使用可以如此精妙，简单的数味药物可起到别家十几味药物都无法起到的奇效，且连教授还精通时方，擅长化裁使用诸方，在方剂上的造诣令人钦佩。庞德湘读博士以前在使用经方方面虽然也有一定的经验，但跟随连教授学习遣方用药的独特方法，令其运用经方的水平更上了一个台阶。连教授对于时方的运用经验令庞德湘受益匪浅。连教授诊病之余，经常给学生讲解疾病诊治的诀窍，强调辨证论治，反复提示学生，临诊如临阵，用药如用兵，辨证是否正确关乎患者生命安危，因此连教授诊病时非常认真地进行四诊，在四诊合参方面有很高的水平。连教授精通脉理，凭脉辨证，也重视舌诊，并在舌脉不一时如何取舍方面有丰富的经验。庞德湘在跟随连教授门诊抄方时认真学习其诊病经验，使辨证论治的能力进一步提升。庞德湘在连教授指导学习期间，受其重视脾胃的治疗思想影响很大。庞德湘家学诊病，本就多重脾胃，即多从脾胃着眼。跟随连教授门诊后，庞德湘发现连教授对于脾胃病常用治法灵活多变，以脾胃本脏腑治法为基本，主要采用补脾益气、益气升提、甘温建中、补气摄血、温中散寒、温阳摄血、补脾止泻、理脾养阴、清热泻下、燥湿运脾、消食和胃、益气降逆、滋养胃阴等治法，同时强调人体是一个有机的整体，除调理脾胃外，还需从脾胃调治其他脏腑，采用培土柔木、补脾养心、补脾益肾、培土生金等治法。连教授的脾胃病治疗已经是一个以脾胃本脏腑治法为基础，联合治疗多脏腑的治疗体系，这是前人所未有的独创体系。庞德湘认真、详细地向导师学习脾胃病治疗理论，并在门诊跟诊实践中体会其理论的疗效，这对他以后自己的治疗理论的形成有着深远的影响。在攻读博士期间，庞德湘仍然坚持早晚读书的习惯，一有时间就在图书馆内学习经典、查阅文献等，经常在图书馆待到闭馆，有时甚至忘记了吃饭。庞德湘在攻读博士时已是不惑之年，正高职称，科室主任，在临沂是有影响力的名医，在别人看来绝对是功成名就的典范。但为了追求医学上进一步的提高，庞德湘毅然放弃了行政职务，远离故土，千里求学，重新拜师学艺，深入刻苦地学研医学理论，又一次实现了在医学理论和诊疗医术上的全方位升华。

庞德湘毕业论文的选题得到了导师的赞评，认为系统深入研究《金匮要略》治疗肿瘤的论著极少，可以说空前，若能研究出成绩，对恶性肿瘤的防

治将有很好的指导作用；同时嘱咐他有空多向国医大师何任教授请教。何任教授是浙江中医学院的奠基者、中医教育家、中医经典学家、中医临床家，也是中医治疗肿瘤的理论家和实践家，他对《金匮要略》有深入研究，对肿瘤的治疗有很深的造诣。在导师的指导和何任教授的指点下，经过多年的努力，庞德湘终于写出了十几万字的博士论文。何任教授对庞德湘博士学位论文所研究的方法、内容、成果都十分赞赏，所以有了后来庞德湘侍诊国医大师何任教授的机会。

第七节　侍诊何任名国手，学救苍生做大医

　　2005 年 6 月庞德湘博士毕业，当时浙江中医学院建立第二附属医院——浙江中医学院第二临床医学院，也就是现在的浙江中医药大学附属第二医院。附属医院没有肿瘤专业学科，庞德湘毕业后进入浙江中医药大学附属第二医院工作组建肿瘤科。他理论功底深厚、临床经验丰富，并有创立肿瘤科的经验，上级任命他为肿瘤科主任。当时因病房建设等问题，新成立的肿瘤科暂时没有充足的病房，在进行其他筹备工作之余，庞德湘便争取到了跟随国医大师何任教授门诊抄方学习的机会。何任教授是首届国医大师，字祈令，别署湛园，1921 年出生于中医世家，其父何公旦为近代名医，誉满江南。何老是我国著名的中医教育家、中医理论家、中医临床家、"中国百年百名临床家"之一。何任教授是研究《金匮要略》的泰斗，精通内科杂病的中医治疗，也是中医治疗肿瘤的大家。何老的学术思想中多有对于中医肿瘤治疗的独到论述，其中《论肿瘤的扶正祛邪法》《癌肿治法探索（十二字原则）》《治肿瘤应重视培本》《癥瘕说略》等论著，在中医肿瘤治疗领域有很大的影响力。何任教授治疗肿瘤提倡以扶正祛邪之法为主，重视扶正固本，培本就要落实到脾、肾两方面，在扶正的同时，也擅长治疗癥瘕。何老将其治疗肿瘤的方法总结为十二字"不断扶正，适时攻邪，随证治之"，称为十二字原则，此原则对于庞德湘的中医治疗肿瘤方法有很大的影响。庞德湘在跟诊时何老已是 84 岁高龄，但仍坚持每周 2 次门诊，每日看书学习，在耄耋高龄仍笔耕不辍。庞德湘为何老敏捷的思维、丰富的经验、精准的辨证所折服。何老虽然年岁已高，却仍坚持每周门诊，风雨无阻，而且每次门诊仍接诊数十位患者，虽然接诊患者多，但何老对每位患者都认真进行望闻问切，辨证论治，每次门诊到中午才结束，经常误了午饭。何老这种挚爱中医、敬业奉献、大医精诚、勤奋

严谨的治学精神深深地教育了庞德湘，其中医治疗的高明理论和丰富经验也给了庞德湘很好的指引。

在侍诊国医大师何任教授时，最多见的疾病就是恶性肿瘤，且中晚期患者较多，其次是妇科、内科患者。何老用药精当，辨证思路十分清晰，屡起沉疴。记得有一位肝癌患者，肿块直径9.6cm，腹大如鼓，超声显示大量腹水，症见腹胀胸闷，气喘气急，舌淡，苔白，脉沉。家人搀扶患者进入诊室，欲瘫如绵，何老诊查后拟处方真武汤加减，5剂而病解。庞德湘深入总结了何老治疗肝癌的经验，并撰写论文发表在《中华中医药杂志》上。何老在临诊时善于处理医患关系，给患者以家人般的温暖。他不急不躁，耐心细致，遇到特殊患者就耐心讲解，细细分说，让患者及家属都明白如何煎药，如何服药，如何忌口，如何运动锻炼。遇到十分黏糊、头脑不清的患者更是耐心说明，一直温言细语，循循善诱地把事情讲清楚。患者走后，何老经常说，患者得了恶性肿瘤，心绪不宁，焦躁不安，情绪易激动，想不开，爱钻牛角尖，要细心说明白，做好患者的思想工作，这样有利于治疗；并教导庞德湘：你在病房，每一天都守着那么多重病患者，记住要和他们慢慢说，一遍说不清楚就说两遍，把事情说得清楚才可以好好治病，耐心是很重要的啊！庞德湘一直牢记何老的教诲，以他为榜样，以慈悲之心，努力做一名救苦难苍生的大医。

第八节　学得永生治未病，五级防治彰岐黄

在博士毕业后，庞德湘担任浙江中医学院附属第二医院肿瘤科主任，是中医肿瘤康复重点专科带头人，其高超的医术、高尚的医德受到患者及同行的一致肯定，肿瘤科逐步发展壮大，庞德湘被浙江省政府授为浙江省级名中医，被聘为浙江省中医研究院研究员。庞德湘从幼年在祖父指引下进入医途逐步成长到名中医，数十年的求学、行医经历打下了深厚的理论基础、积累了深厚的临床经验，逐渐开始形成自己的理论体系。在门诊或闲暇时庞德湘和弟子们在一起聊天，说起他幼时八九岁写方，13岁开始学习、背诵中医书籍，17岁有机会单独看病，22岁恢复高考入塾，33岁读硕士，45岁考博士，他的前半生都是学习学习再学习的过程，也是从医的过程。若想成为一名合格的中医，就需要像何老那样救苍生，笔耕不辍，做大医，救苦于民。即使到了不惑之年或者知天命也不应该放弃学习中医的任何机会。

2010年夏，庞德湘在湖南的古桃花源偶遇并师从一位奇人，他就是当代

道学大家王力平先生，字永生、号孤独，民末辽东人士。他师爷乃清宫御医，师父擅针灸。知道庞德湘是从医者后，向他讲解了许多中医学方面的知识和见闻，同时教导他治病读医书之法，还特别讲解了《黄帝内经》《千金方》等著作的部分篇章。回顾起来大体可分为治未病的理论系统，如人体整体与自然整体观，经络运行与四时昼夜关系，五脏六腑的生克制化、生理病理病机，五运六气、四季星辰与防病治病的关系等；治未病的具体实施方法和诀窍，诸如积精全神，调整心态、情绪等七情范围的病因预防，避风雨气候等六淫外邪，饮食起居、锻炼身体，有序劳作的日常生活等；疾病出现后，诸如如何移精变气，导引、按摩、艾灸、针砭、药物的应用，特别在药物配伍方面，提到了和现在君臣佐使不同而又形似的君臣将帅兵系统；还讲了孙思邈的十三针用法，肿瘤治法，骨折的药物外用，推拿、针灸、外治之法等。庞德湘的母亲86岁股骨头骨折，不能手术，王力平先生用一把药粉酒泡外用，在短时间内使其康复，重新站起而能行动，这是医学奇迹。王力平老师不仅是从"术"的层面上给予指导，还从"更高维度"来阐释治病的核心理念，给予了庞德湘对生命医学认知的飞跃性的提升。

庞德湘在经过40多年的临床和学习后，特别是在跟随王老师的学习中，逐渐形成了"治未病五级防治体系"理论。"治未病"一词，现在文献较早见于《素问·四气调神论》"是故圣人不治已病，治未病，不治已乱，治未乱，此之谓也"。《难经》《金匮要略》承先启后而发挥之，使中医预防学理论倍受推崇而日臻完善。庞德湘认为"治未病"的"治"有治疗、医治；治理；调理、调养；条达、条顺；安定之义。"未病"包含无病；病欲发而有先兆；病起之初；既病而尚未殃及之地；病将愈，有可能出现遗复等内容。以上形成了庞德湘中医治未病突出的五级防治体系。庞德湘认为治未病有五个层面：无病先防；病欲发未发而有先兆急当调理；病起之初急治以防变；既病而尚未殃及之地以截之；病将愈，有可能出现遗复需要预防等内容。《黄帝内经》是医家、道家修习道路上的必修经典，《素问·上古天真论》曰："上古之人，其知道者，法于阴阳，和于术数，食饮有节，起居有常，不妄作劳，故能形与神俱，而尽终其天年，度百岁乃去"；《素问·阴阳应象大论》曰："从欲快志于虚无之守，故寿命无穷，与天地终，此圣人之治身也"。只有了解了生命奥秘和人体有无之结构，才能达到养生、摄生预防疾病，益寿延年、健康长寿的目的。人生活在大自然环境中，必然会遇到身体的脏腑器官、经络皮部、气机升降浮沉等方面的异常，为了达到健康长寿，就必须认知人与自然的统一，达到自然与人的和谐，解决人体的异常。"治未病"正是在出现统一平衡被破坏之兆时得其机、用其法。庞德湘认为，对于肿瘤来讲，未病先防就是指在肿瘤未发生之前，针对可能会引发肿瘤的诸多因素，采取适当干预措施，阻断、延缓疾病的发生。如预防肝癌的"改水、防霉、防肝炎"的一级预防方针。肿瘤发病有遗传因素、免疫因素、内分泌失调、慢性疾病等内因；亦包括有毒致癌物侵袭等外因。既知其道，当须"法于阴阳，和于术数"而避免之。古人已经明确肿瘤的发生与所处地理环境、七情过度、人体的正气盛衰、脏腑功能强弱密切相关。张景岳指出："脾肾不足，及虚弱失调之人，多有积聚之病"，即指出脾肾虚损对于恶性肿瘤的发生具有重要的作用。因此，"未病先防"除了加强锻炼，注意饮食、起居等以外，在用药物保健方面，应以补益脾肾为主。现代药理和临床研究提示，该类方剂对于提高机体的免疫功能及延缓衰老有一定的疗效。通过各种方法增强体质，是达到"正气存内，邪不可干"，抗御肿瘤发生的方法之一。庞德湘始创的"治未病"的五级防治体系，在中西医结合防治肿瘤领域已经有了较高的水平。

庞德湘时常感慨，他从医路上，一路走来，幼承庭训受祖父教导引入医途；赤脚医生培训和恢复高考后入塾系统学习中医；毕业后受莒南县人民医院刘锡三老先生、魏绪鹤副院长等老中医青睐；攻读硕士、博士学位受浙江省国医名师、浙江省级名中医、国家级名老中医师承指导老师连建伟教授，浙江省级名中医、国家级名老中医指导老师吴良村教授及王泽时教授教导；毕业后受到国医大师何任老先生的临床带教；近年受教于道学大家王力平先生的治未病防治疾病理论和实践的亲自教导。正是这些师长们无私的帮助和倾情扶植，才让他这棵医学新苗茁壮成长为参天大树，才使他的行医之路逐步走向耀眼光明，他将心中充满的感恩之情，竭尽全力回报于奉献社会、回报于救死扶伤之中，以不辜负恩师们的辛勤栽培。

（徐 凯、庞 淼 撰写，桂 冠 审定）

第三章

声名鹊起

第一节　创肿瘤重点专科，建癌痛示范病房

　　2005 年 7 月，又是一年毕业季，已近知天命之年的庞德湘，经过 3 年理论与临床的进一步提高，获得了医学博士研究生学位。他怀揣着为更多肿瘤患者解除病痛的美好愿望，谢绝了许多单位及企业的高薪聘请，来到浙江中医药大学附属第二医院。当时的医院刚刚隶属浙江中医药大学不久，各方面能力相对偏弱，而庞德湘有着近 30 年的临床经验，曾在家乡任三甲医院肿瘤科主任，医院领导希望庞德湘在此组建肿瘤科。领导的信任加上自己的理想，让庞德湘产生了无比的动力，这个朴实的北方汉子觉得既然医院需要我，我就要尽自己的努力把工作做好，于是，他将自己深深地埋在了工作中。

　　众所周知，肿瘤的治疗具有自身的特殊性，因之前医院没有独立的肿瘤科，所以大多化疗患者都分散在外科和相关内科，为规范化疗方案，庞德湘利用一切机会向同事们宣教，办讲座、做宣传彩页甚至向领导申请利用院周会的时间给中层干部介绍肿瘤科的治疗项目，让大家认识肿瘤科。同时，为扩大肿瘤科在医院周边的覆盖力，庞德湘每周至少有三个半天的时间穿梭在各个社区，会诊、义诊、讲座、培训，从未间断，几乎没有休过周末和节假日，甚至有些活动还是他自掏腰包的。

　　在对外宣传的同时，庞德湘没有忘记"打铁还需自身硬"的道理，他一方面加强科内人员的专业培训，同时有计划地将他们送到上级医院或专科医院进修学习，再将学到的经验知识带回科里分享；另一方面积极引进优秀人才，他自己也坚持跟随国医大师何任教授抄方多年，不断提高自己的中医临证能力。

临床工作中，庞德湘更是以身作则，亲力亲为。科室成立之初，人员相对不足，作为主任医师、科主任的他与科里的年轻同事一样值夜班、写病历、记病程，一丝不苟。为了在院内开展肿瘤的介入治疗，他从选择患者到手术器材，甚至每一种治疗药物都事必躬亲。炎炎夏日，他身着 30 多斤（1 斤 =500g）重的铅衣，在 C 臂机下一站就是几个小时，汗水沿铅衣直接滴到地上，打湿了地板。

庞德湘不仅专注于中西医肿瘤临床工作，同时不忘对临床行之有效的中医方药进行科学研究，带领他的团队申报多项中医课题。

就这样，经过了短短的 3 年，浙江中医药大学附属第二医院肿瘤科在庞德湘的带领下从无到有，从小到大，从弱到强，快速成为专业技术过硬，在周边具有一定影响力的科室，2008 年顺利通过浙江省中医药管理局的评定，成为浙江省中医肿瘤康复重点专科。

科室工作上了一个新台阶，但作为科室领头人的庞德湘并没有停下前进的脚步，他觉得肩上的担子更重了，要做的事情更多了。

2012 年，为推进癌痛的规范化治疗，浙江省"癌痛规范化治疗示范病房"创建活动在杭州启动。癌症引发的疼痛是许多肿瘤中晚期患者都将面临的一个症状，癌痛是肿瘤患者最痛苦的症状，严重的癌痛甚至让患者痛不欲生。为减轻患者的疼痛，提高他们的生存质量，庞德湘做了大量的工作，从中药汤剂的口服，到局部冰片制剂的外敷，还有中草药的局部应用等，依据患者的疼痛评分情况，内治、外治并重，中医、西医结合，有效地减轻了患者的痛苦，同时也减少了镇痛西药的使用剂量。

庞德湘认为对癌痛患者的规范管理、合理用药将会有利于患者疼痛的缓解。为此，他积极投身到"癌痛规范化治疗示范病房"的创建活动中，对照规范找差距，主动去兄弟单位学习，取长补短；在医院内，主动做好相关宣传与沟通；在科室里召开会议传达会议精神，落实规范内容，针对不足之处及时整改；对下级医师强调规范用药；对护理人员强调及时观察、积极配合；并不厌其烦地向患者宣教，强调按时、定量服用镇痛药的意义。就这样，在庞德湘的带领下，经过肿瘤科全体医护人员的努力，肿瘤科病房顺利通过验证，建成了"癌痛规范化治疗示范病房"。

第二节　有肺癌专科协作，定肿瘤优势病种

随着浙江中医药大学附属第二医院肿瘤科的不断成长，庞德湘把眼光投

向了更长远的地方。

　　2008 年国家中医药管理局肿瘤重点专科肺癌协作组在全国招募协作伙伴，庞德湘认为这是个与全国同行学习、交流的好机会。于是他两次去到北京，参加协作会议，收集协作资料，回杭州后仔细揣摩，认真总结自己多年来治疗肺癌的经验，将肺癌的临床诊治分为化疗期、康复期、姑息治疗期三个阶段，每阶段分不同证型，分列主症、治则与方剂，并对疗效提出评估标准，同时对治疗过程中遇到的难点、患者常见的并发症等分别列举，并指出相应的处理对策，不仅有内服中药，还有中药外敷、针灸治疗等。全篇共 7000 多字，庞德湘反复斟酌，多次修改，不断完善，终于功夫不负有心人，浙江中医药大学附属第二医院肿瘤科在近百家竞争科室中脱颖而出，成为国家中医药管理局肿瘤重点专科肺癌协作组中的一员。

　　通过参加肺癌协作，给庞德湘带来了更多的启发，为了更好地发挥中医对肿瘤的诊治疗效，同时有利于年轻医师对中医诊治肿瘤的学习总结，他将肺癌、肝癌、大肠癌三个常见肿瘤设定为肿瘤科优势病种，一一制定中医诊疗计划、疗效评价标准，并做好病例统计整理，在临床实践中不断总结、完善，每年进行修订。同时设置了乳腺癌专科门诊。

第三节　用介入事半功倍，内外齐效宏力专

　　虽然庞德湘接受的是祖传中医，且不断接受规范的中医理论学习，获得硕士、博士学位，但他在临床实践中并不仅仅拘泥于中医，因为对于肿瘤的治疗，无论中医还是西医，为患者有效解除病痛才是硬道理，因此在肿瘤的诊治过程中，他不仅熟练运用中医治疗手段，而且还掌握了肿瘤的现代医学知识，并熟知肿瘤的化疗方案、放疗方法，对于介入治疗更是有独到见解。

　　肿瘤科成立伊始，医院尚无介入治疗的先例，为开展介入手术治疗，庞德湘亲自筛选病例，制定手术方案，与放射科、设备科、药剂科等多部门沟通，大到手术室的布置，小到手术中所用的导管型号都一一落实，对于介入药品，庞德湘不仅使用常规的化疗西药，同时加入临床行之有效的中药制剂如消癌平等，这种中西医结合的介入治疗方法，不仅减少了化疗药物的使用剂量，从而减轻了手术治疗后的不良反应，而且取得了较好的临床疗效。肿瘤科的首例肝癌介入治疗患者，当时局部肿块大小为 5cm×4cm，经过 2 次介入治疗，复查肿块大小仅有 2cm×1.5cm，且碘油沉积较好。可惜之后患者没有遵医嘱

定期治疗与复查，3 年后肿块增大至近 10cm，且有局部出血，再无手术指征。完成了大量的肝癌化疗栓塞、灌注，肺癌灌注，脾栓塞等介入治疗。

　　肿瘤治疗是一个多学科的综合治疗过程，在临床治疗中，庞德湘从不仅拘泥于单一的治疗方法，而是从患者的角度出发，给予最好的治疗。在长期的临床实践中，他博采众家之长，勤于思考，善于总结，不仅注重不同脏器肿瘤的辨证论治，同时善于将传统的中医治疗手段与现代医学相结合，如恶性胸腹水的中药制剂腔内灌注、复方草药粉剂敷脐、化疗呕吐患者的甲氧氯普胺穴位注射、癌痛患者的冰片汀湿敷、呃逆患者的针灸治疗、失眠患者的耳豆贴敷等。随着这些治疗方法的不断应用，临床疗效不断提高，越来越多的患者慕名而来，他们看重的就是这份中西医结合治疗的疗效和特色。

第四节　肺金生消瘤有功，医教研成果连篇

　　庞德湘在读博士的时候曾对《金匮要略》中有关肿瘤的治疗方法、方剂进行过梳理，他的毕业论文还因此获得优秀毕业论文。博士毕业后，他依照古训，不断将仲景前辈的理论精神应用于肿瘤临床治疗中，且屡试不爽。肺癌是临床常见肿瘤之一，咳嗽是肺癌的主要症状，依据肺癌的发病原因及机制，庞德湘认为肺虚痰阻为其常见的证型，临证时常在仲景"泽漆汤"的基础上，根据肺癌的发病特点随症加减，不仅有效地缓解了咳嗽等症状，而且提高了患者的生存质量，延长了患者的生存时间。庞德湘因此将由泽漆汤加减而成的方子取名为"肺金生"，寓意能使患病之肺重生。

　　在肺金生方取得较好临床疗效之后，庞德湘又对其进行了深入研究，先后从临床及实验角度探讨其抑制肿瘤复发转移的理论基础，从而为古方今用提供了有力的实验依据。

　　在注重临床治疗的前提下，庞德湘并没有忽略科学研究及理论创新，短短 10 年的时间，他带领团队获得部厅级课题 10 余项，他自己主持的课题有 4 项，其中 3 项获浙江省中医药管理局科学进步奖，发表论文 20 余篇。

　　作为浙江中医药大学附属医院的肿瘤科主任，庞德湘清楚地知道仅有临床和科研还是不够的，教学是他的另一项重要任务，为此，于 2006 年他通过考评，晋升正教授。他不仅为在校学生讲授中医学等课程，还为他们开设了中医肿瘤治疗学选修课，自编教材，采用讲座形式，深入浅出，让听者不仅了解肿瘤知识，而且学会处理方法，深受学生好评。2007 年获批硕士研究生

导师，他既是良师亦是益友，对学生不仅在临床上精心指导，从学术上严格要求，还在生活中也是关怀备至。他先后带研究生 10 名，师承学员 7 名。

第五节　各家争莫衷一是，群期段提纲挈领

从新中国成立至今，中医肿瘤学走过了近 70 年的历程，从早期的单方单药的筛选，到 20 世纪 80 年代的增效减毒，到近年来的循证医学临床观察乃至中医肿瘤诊疗规范的制定，不得不说，肿瘤作为一种复杂的疾病，患者的一般状况、治疗诉求、采取的综合治疗手段、病期不同，中医在面对这些复杂局面时，往往会觉得无从下手。此外，当前阶段，中医治疗肿瘤的真实世界也存在一些乱象，如缺乏辨证，缺乏对患者邪正盛衰的把握，也不管患者是否合用其他治疗措施，一味投以清热解毒、以毒攻毒、软坚散结。这种倾向其实是有悖于中医整体观念、辨证论治基本原则的。

庞德湘经过深入思索，在总结前人经验的基础上，从中医理论出发，结合自己的临床经验，根据患者选择治疗手段，对不同群体和不同治疗阶段的证候规律、治疗原则、预后转归等方面进行整理、归纳，在国内首次提出"肿瘤中医群段分治"的思想，即恶性肿瘤病种多样，病机和证治规律因治而异，可归纳为纯中医治疗和中西医结合治疗两大类。纯中医治疗分为早、中、晚三个阶段；中西医结合治疗类群体分为围手术期群体、无瘤生存群体、带瘤生存群体。围手术期群体分为手术前、后两个阶段，无瘤生存群体分为辅助化疗、辅助放疗、无瘤康复三个阶段，带瘤生存群体分为新辅助化疗、姑息抗癌治疗、中药维持治疗、姑息性症状控制、临终前五个阶段。总而言之，中医药治疗恶性肿瘤共分两类、四群体、十三阶段，依据归类进行群段分治，执简驭繁，易于掌握，为肿瘤的中医治疗提供了纲领总结，有助于厘清思路，操作性强。

第六节　磨砺卅载铸剑成，病患踵至满意归

在 40 余年间的读书临证过程中，庞德湘诊治了很多疑难病例，取得了较好的疗效，也得到了患者的肯定，其中有些病例颇值得琢磨，故不揣浅陋，与中医同道分享。

一、麻黄汤验案

2018 年 12 月 27 日诊，一女，35 岁，几天前杭州下雨，骑电瓶车急行，小雨变急，小风变骤，淋雨后受风，恶寒怕冷，覆盖厚被同时拥两个热水袋，而寒冷不解，无汗，身痛，舌苔白脉浮紧，予麻黄汤原方 2 剂，水煎服，微汗为度，不知再服，1 剂知，2 剂愈。非江南不能用麻桂，而辨病机为贵也。不知同仁以为然否？

杭州留下王某，26 岁，冬至前来诊，恶寒怕冷，四肢酸重，周身不适，脸青唇苍，舌苔白略腻，脉紧，予麻黄加术汤 3 剂。麻黄 10g，桂枝 12g，苦杏仁 10g，炙甘草 10g，炒白术 20g，大枣 15g，生姜 7 片。冬天杭州的冷比较特殊，寒气入皮入骨，特别是冬至前后，若是寒冬则更甚，若是阴雨连绵，日久不出，湿气亦重。再加上个人禀赋不同，寒湿之邪易于侵袭，嘱回家自煎，麻黄煎去沫，患者嫌烦，院代煎，水煎服后，1 剂知，3 剂未服完即解。

二、小儿咳嗽验案

天台平镇女孩，6 岁，以咳嗽厉害不能平息来诊，医院拍片诊断为肺炎。查看患儿顿咳少痰，咳则面红泪出，无寒热，二便无殊，舌苔薄白，脉稍有滑象，询周前曾外感发热，服西药已愈，3 天后开始咳嗽，逐渐加重，再用药不效，来杭州就诊。经拍片示肺内有片状炎症。观患儿精神可，无寒热，唯咳嗽厉害，咳嗽时喉痒，舌不红，心率可，建议服中药以试之。问是否可用麻杏石甘，然虽肺炎而无热陷之证，故不用，而用止嗽散加减，以温化寒痰止嗽。5 剂试投。嘱回家即煎药服药，忌食腥滑黏腻之物，避风以防复感。若出现发热高，喘促鼻翼煽动，随时医院复诊。服药后，咳嗽大减，第二天效果更好，服 5 剂后，拍片复查，肺炎愈矣。

三、小柴胡汤验案

患者女性，54 岁，咳嗽 8 个月来诊。干咳嗽，少痰，夜间亦重，甚则不得眠卧，喉痒不爽利，偶见一点白色黏痰，无寒热，无口渴口苦，舌苔薄白，脉缓细稍有弦象。询及病史，云咳嗽 8 个月，动则顿咳少痰，不得安生，辗转多方治疗无效，近半年来昼夜难安。曾在武汉、北京、上海治疗不效，观检查皆无大碍，特留意中药方，发现多止咳化痰等为主，方向平坦无谬。思

浙江中医临床名家・庞德湘

之仲圣小柴胡汤之证。伤寒五六日中风，往来寒热，胸胁苦满，默默不欲饮食，心烦喜呕，或胸中烦而不呕，或渴，或腹中痛，或胁下痞硬，或心下悸，小便不利，或不渴，身有微热，或咳者，小柴胡汤主之。伤寒中风，有柴胡证，但见一证便是，不必悉具。处小柴胡汤加减 7 剂。患者 1 周后复诊，咳嗽基本已愈，遂开调理中药，1 周收功。

北京周某，35 岁。咳嗽 3 个月有余，不愈来诊。顿咳少痰，日数十次不止，昼不得安，夜不得眠，咳则连声不止，荡气回肠，吐出一丝白色黏痰方止，舌苔薄白，脉细弦。问及病史及治疗经过，查看大叠中药处方及检查报告单，皆止咳化痰清热之类也。思之仲景，予小柴胡汤加减，5 剂，并赠膏药一贴，敷肚脐。5 剂竟痊愈未再发。

桐君堂一诊，高某，23 岁，工厂工人，因咳嗽 20 余天治疗不效来诊。患者咳嗽少痰，声嘶，咽喉不适，无其他不适，舌苔白，脉细弦。处小柴胡汤加减 7 剂。药房代煎。2 周后随访，患者说服 3 剂药即愈。

四、低热不止验案

2003 年夏，患者因低热 1 个月不解，住院半个月余愤而出院。低热（38.2 ～ 38.5℃），神倦疲乏，肢酸重滞，纳呆，便溏、黏腻，舌苔白厚腻。查看住院记录，辨证论治后拟三仁汤加减 5 剂。服 5 剂中药热退身安。

五、前列腺炎伴增生结节验案

上海黄某，42 岁。前列腺增生、结节，前列腺炎，反复发作十余年。因低热住院，反复不愈来诊，服药 5 剂而愈后，要求继续治疗前列腺疾病。腰酸腿软，小便不利、刺痛，行房后 1 周余会阴周边隐痛、灼痛、刺痛牵及腰骶，口干苦，舌苔薄腻，脉沉细。拟知柏地黄汤加减、补中益气汤加减、龙胆泻肝汤加减为主。湿热重时加红藤汤或泄毒救茎汤；热毒重时加化毒丹加减；阳虚者，合二仙汤；气滞者，合天台乌药散加减。同时辨证论治加入散结通络之品，如皂角刺、炮山甲、莪术等。经过半年余治疗，经指检合超声检查已经痊愈，至今没有复发，已经十数年矣。嘱其怡情，适当运动，避免熬夜。

六、胆囊炎胆绞痛验案

相邸邬家岳河邬某，34 岁，因胆绞痛胆囊炎住院 5 天，日夜翻滚，躬身卷曲，大汗淋漓，呼天抢地，闻之极远，静脉注射抗生素、止痉药物等不效，注射布桂嗪等麻醉药疼痛不止。查舌苔薄黄腻，脉弦紧。拟大柴胡汤加减3剂。煎后即服，服一次后20分钟即昏睡痛止，随后调理得安。

七、胆结石伴胆囊炎验案

患者，女，患泥沙样胆结石，疼痛，发热，反复住院，1个月中多则2～3次，少者也有1次，医院建议手术治疗，特向庞德湘求中医药治疗。经过望、闻、问、切诊断，处黄连温胆汤加减。调整服药3个月，超声示胆囊已经清亮无结石，胆汁不浑浊，嘱停药。嘱每2个月复查超声一次，每半年服中药1个月以预防，至今已经数年，未再复发。

八、阑尾炎验案

1981年夏秋，陈某，40岁，因腹痛、呕吐、发热来诊，以"胃肠炎"收住院3天缓解出院，不及旬日，反复3次住院缓解，再发求庞德湘看诊。人瘦得皮包骨，眼窝深陷，胃脘疼痛，发热（体温38.6℃），饮食尚可，大便时通，舌苔白腻，脉仍有洪象。腹部切诊：腹部微紧，右下腹拒按，可触及包块，直径6～8cm，因有手术指征，建议手术治疗，遂转营南县人民医院外科，经手术治疗而愈。

李某，56岁，来诊诉阑尾炎，在浙江大学医学院附属第一医院外科住院，医院建议先中医治疗缩小炎症范围，再行手术治疗。患者无发热，腹痛不明显，大便略干，四肢不温，舌淡无华，有齿痕，苔白，脉沉细。拟附子薏苡败酱散加减：淡附片15g，薏苡仁30g，败酱草20g，紫花地丁30g，厚朴10g，莪术10g，乳香6g，没药6g，甘草10g，生姜7片。7剂，水煎服，加减服药1个月余，切诊右下腹肿块消失。经化验、超声等明确诊断后，已无手术指征，无须再手术。

庞德湘指出，望、闻、问、切一定要到位，切诊不仅仅是三指禅，三部九候不仅仅是寸关尺、浮中沉，望及周全，季节居处，问及微末，病史得全，四诊合参对于临床诊治十分重要，需时时谨慎。

九、声带息肉验案

倪某，28岁，声带息肉，声嘶不能播音，医院建议手术治疗，患者惧怕手术而求诊于庞德湘。经望、闻、问、切，处沙参麦冬汤合养阴清肺汤加减，养阴清肺汤：生地 12g，麦冬 10g，甘草 10g，元参 10g，贝母 6g，丹皮（去心）6g，薄荷 3g，炒白芍 12g，蝉蜕 6g，木蝴蝶 6g，桔梗 10g，7 剂，水煎服。再诊自述感觉大好，继予上方加减 2 周余，后声嘶消失。但因用嗓过度，似有声嘶复发之象，再诊改方续服半个月余，自述一切都好，喉镜复查，声带已无息肉。

十、味觉减退验案

患者，女，65 岁，因突然无味觉住院治疗无效来就诊，经过望、闻、问、切后，给予王清任通窍活血汤加减。服 4 剂而缓解。后经调理而愈。

十一、潮热验案

患者 50 岁，烦躁汗出，潮热，不自觉面红耳赤，日夜反复不知凡几，舌红苔薄，脉细弦。予知柏地黄汤合二仙汤加减。7 剂后复诊。随诊医生质疑，为什么未用止汗药而汗止？清热药不多而潮热大减？庞德湘说："阴阳者，天地之道也。七七之数已至，地道不通，阴阳失衡，给予补之不足，畅其有余，从大平衡之倾斜，修补到小倾斜之平衡，自然症状缓解，但是想回到从前已经不可能了。"

十二、膀胱癌并胰腺癌晚期验案

患者膀胱癌术后数年，现在胰腺癌骨转移，在家里卧床不起。患者仰卧，不能活动，在家人帮助下稍微一动颈项、肩臂、腰肢则痛苦喊叫，口服各种止痛药物不效，纳不振，舌苔白腻，脉沉细。给予乌头汤合柴胡疏肝散加减，14 剂。服 3 剂后痛减，5 剂后食增，14 剂后可以半卧位，疼痛基本能忍耐。后来继服予加味逍遥散合正元丹加减，益气扶正消癥汤加减，症状一度得到缓解。

十三、晚期乳腺癌验案

2009 年冬，从安徽蚌埠来了一位老妪，61 岁，乳腺癌术后放化疗后已经 4 年余，现双肺转移，CT 片上有密密麻麻的"斑块"，因为患者年龄已大，反复化疗，身体已不再耐受，要求中药治疗。经过望、闻、问、切，诊断为肝郁脾虚痰凝，瘤毒传舍于肺。给予逍遥贝蒌散合肺金生加减。毒盛者，加以毒攻毒之全蝎、蜈蚣等品；清热解毒用加猫爪草、半枝莲、蛇舌草；纳不振者，加焦三仙、砂仁等；肺内热壅者，合千金苇茎汤出入；咳嗽重时加苦杏仁、桔梗、炙紫菀、厚朴、瓜蒌子等；木火刑金者，加青黛、蛤壳；呛咳不止者，偶用止痉散合入。有时用开郁散合肺金生加减，有时用参苓白术散合肺金生加减，有时用化坚二陈汤合消瘰丸加减。患者至今健在，能正常生活，面色红润，坚持服药八九年。这类患者较多，如乳腺癌多年后发现骨转移给予纯中药治疗 3～5 年，不仅可以镇痛，而且可以控制病情进展，延长患者寿命。

十四、晚期卵巢癌验案

2010 年秋天来了一位慈溪的老太太，卵巢癌术后化疗后复发，腹腔、盆腔多发转移伴腹水，化疗后身体不支，要求中医药治疗。体力差，贫血，面萎黄，乏力，动则疲劳，纳不振，大便不畅，小便频数，舌苔腻，脉细弱。初拟方补中益气汤合归脾汤加减。14 剂后症状大善，后用脾肾方合散结利水之品、逍遥散合红藤汤加减、五香拈痛丸合散结攻伐之品、少腹逐瘀汤合紫金锭加减、益气扶正消瘰汤加减不一而足。嘱患者肿瘤指标升高特殊或瘤体增长快速时，化疗 2～3 次，再继续服用中药。患者至今仍生存，生活基本自理，卡氏评分 80～90 分。

十五、宫颈癌验案

2017 年 11 月从江西九江来了一位老年患者，儿子、女儿陪同来诊，在当地明确诊断为"宫颈癌"，分期较晚，当地妇产科医生建议中医药治疗。刻诊：宫颈癌未经手术、放化疗，出血不止，面色微黄而晦暗，舌淡暗瘀紫，苔略腻根微黄，脉沉细。拟桂枝茯苓丸合知柏地黄汤加减。血多者，加仙鹤草、藕节炭、地榆炭、侧柏叶炭等；毒盛者，加全蝎、蜈蚣、天龙；清热解毒选加半枝莲、蛇舌草、夏枯草、土茯苓、大血藤、紫花地丁等；温阳止血加炮姜炭、艾叶炭、小茴香、乌药等。偶尔加服加减紫金散。复诊时说服药不到 1 个月流血即止。至今将近 1 年，经过阴道镜复检肿瘤已消失。

十六、肺癌验案

患者，男，73 岁，右肺鳞癌未手术、放化疗来诊。最初肺活检时还发现

肺囊虫卵。刻诊：咳嗽，偶见胸痛、胸闷、气急，咳嗽少痰有少量血丝，舌苔略腻，脉沉细。CT 示肺癌肿块靠近肺门，手术不能根治，患者拒绝放化疗。遂给予肺金生方合消瘰丸加减、参苓白术散合止痉散加减。肺阴虚时，用沙参麦冬汤合消瘰丸加减；肺气虚时，用生脉散合四君子汤加减补益脾肺之气，化痰和胃，佐以化痰散结。清热解毒选用半枝莲、白花蛇舌草、藤梨根等。合并感染者，加千金苇茎汤。以毒攻毒选用全蝎、蜈蚣、天龙、炒蜂房等。治疗第七年患者出现了胸腔积液，加用葶苈大枣泻肺汤及宽胸温阳化饮之品。患者生存近 8 年，到后来为了临终阶段减轻痛苦，建议住院治疗。

十七、肺癌验案

患者，女，65 岁，肺鳞癌，拒绝手术、放化疗，求中医药治疗。患者消瘦，面色萎黄，乏力，疲劳，咳嗽，少痰，偶有白色黏液痰，偶见少量血丝、胸闷，纳可，二便可，舌苔白腻，脉虚弱。予培土生金、化痰散结止咳法，或参苓白术散合化痰散止咳之品，或补中益气汤合消瘰丸加减，或归脾汤合化痰解毒汤加减，或肺金生方合消瘰丸加减，沙参麦冬汤合止痉散加减等。清热解毒选加半枝莲、白花蛇舌草、猫人参等；以毒攻毒选加全蝎、蜈蚣、天龙、炒蜂房等。患者服中药 6 年余，诸症缓解，仍遗留咳嗽。患者拒绝再服中药治疗。

十八、脑膜瘤验案

宁波余姚 74 岁老妪，2016 年 10 月 10 日从宁波来诊，影像检查提示脑膜瘤 4cm，多与血管贴近，手术风险大，脑外科专家建议中医药治疗。患者头晕、头胀、头痛，偶见天旋地转感，无呕吐，肢体活动可，纳一般，二便可，舌苔白腻，脉细弦。给予半夏白术天麻汤合消瘰丸加减，头晕大减后，看到头有微微颤动感，改用天麻钩藤饮合消瘰丸加减。后来根据辨证论治给予镇肝息风汤合消瘤丸加减，或合海藻玉壶汤，或合昆藻二陈汤加减，或加清热解毒，或加化痰散结，或加益气聪明之类。于 2017 年 10 月 9 日来诊，诉在当地检查肿瘤已经消失。

十九、脑瘤验案

患者，女，83 岁，患脑恶性肿瘤，因年纪大、体质差不能手术和放化疗来诊。

患者头晕头胀头痛，饮食不振，二便可，神志清，应答对题，四肢活动可，舌苔白腻，脉细弦。给予天麻钩藤饮合消瘰丸加减，温胆汤合半夏白术天麻汤加减，加减紫金散。一个半月后患者复查 MRI 肿瘤缩小近 2cm，后转化疗。

二十、卵巢癌化疗副反应验案

姚某，因卵巢癌术后化疗不良反应，头晕乏力，疲劳，消化不良，食无味，纳不振，舌淡苔白，脉细弱。经过望、闻、问、切，拟方八珍汤合保和丸加减。14 剂，症状恢复，自述感觉十分满意。建议患者配合中药继续化疗，经一段时间的调理，取得了非常满意的效果。

二十一、肺癌化疗不良反应验案

陈某，山东省临沂市人，肺癌术后在北京某医院化疗，体质下降，白细胞下降（ 2.4×10^9 /L），血红蛋白 90g/L，恶心呕吐，食纳不下，胃脘胀满，舌苔厚腻，脉虚弱。经过望、闻、问、切后，给予香砂六君子汤加减 7 剂，胃和痛止，食欲大振，不再呕吐。遂用八珍汤合补中益气汤加减而血象回升，体力提升，力气大涨，继续配合化疗，完成化疗历程。

近 30 多年来，庞德湘一直致力于恶性肿瘤的诊疗、防治研究和临床实战，积累了大批的临床经验和有效病案，经过提取精华，总结理论，根据恶性肿瘤不同时期的西医治疗，提出了群段辨证分治理论，收到了非常好的效果。在放化疗阶段的中医药治疗，给患者减轻了放化疗毒副作用，增强了疗效，对于顺利完成放化疗尤有独特好处。

（周少玲、陈　冬、郑　健、朱红叶、庞德湘 撰写）

第四章

高超医术

第一节　刀圭化放势难为，中医独担治癌瘤

庞德湘主任（后简称庞师）从中医理论出发，结合自己的临床经验，根据患者选择的治疗手段，对不同群体和不同治疗阶段的证候规律、治疗原则、预后转归等方面进行整理、归纳，提出肿瘤患者可归纳为纯中医治疗和中西医结合治疗两大类。纯中医治疗分为早、中、晚三个阶段；中西医结合治疗类群体分为围手术期群体、无瘤生存群体、带瘤生存群体。概言之，中医药治疗恶性肿瘤共分"两类、四群、十三段"，依据归类进行群段分治，执简驭繁，易于掌握。

对于纯中医治疗类群体，主要的原因在于大部分实体瘤确诊时已经为晚期，没有手术、放疗等局部治疗机会；此外，肿瘤患者多为高龄患者，古稀、耄耋老人比比皆是，且多并发慢性疾病，心、肺、肝、肾等重要器官多已虚衰，手术、放化疗等强烈治疗实难耐受，勉强为之反倒弊大于利。每遇此种境况，庞师均会积极鼓励患者调摄饮食、情志，并精心辨证施治，让患者能够带瘤生存，带病延年。庞师主张纯中医治疗类群体分三个阶段进行中医治疗：早期阶段，患者正气未衰，邪盛表现突出，体质尚可，可耐攻伐，治疗以祛邪为主，佐以益气健脾、养阴生津、补益肝肾，应用攻邪抗癌药物治疗，须注意掌握《黄帝内经》"大毒治病……适可而止"之旨；中期阶段，患者邪气加深，正气受损明显，治宜"且攻且补"，当谨守病机，随症治之，"屡攻屡补"，扶正而不留邪，攻邪而不伤正；晚期阶段，患者正气大伤，不任攻伐，治以扶正为主，少佐攻邪，甚则全投补剂。此阶段诸症迭起，变化迅速，当抓住主症，法随机转，减少痛苦，提高患者生存质量，延长生存时间。

根据身体状况特点，"不断扶正，适时攻邪"。

一、结直肠癌

案 谢某，男，81岁

诊断：直肠癌。

一诊：2013年10月23日。

临床主证：2012年11月22日直肠癌术后化疗1次，后拒绝化疗。病理：高中分化腺癌，乏力纳差，脚软，大便不爽。

舌脉：舌苔薄腻，脉弱。

临床处理：健脾益气散结，清利下焦。

方药：炒黄芪30g，炒当归10g，炒党参20g，炒白术10g，茯苓10g，炒陈皮10g，姜半夏6g，蛇舌草15g，大血藤12g，水杨梅根30g，黄精15g，槟榔10g，炒槐米10g，厚朴10g，炒麦芽15g，肉苁蓉12g，薤白10g，虎杖10g，鹿衔草12g，秦皮10g。

二诊：2013年12月18日。

临床主证：乏力纳差、脚软诸症已经大为改善，唯大便不爽仍未缓解。

舌脉：舌苔薄腻，脉弱。

临床处理：健脾益气散结。

方药：炒黄芪30g，炒当归10g，炒党参20g，茯苓10g，炒陈皮10g，姜半夏6g，蛇舌草15g，大血藤12g，水杨梅根30g，黄精15g，槟榔10g，炒槐米10g，厚朴10g，炒麦芽15g，肉苁蓉12g，薤白10g，虎杖10g，鹿衔草12g，秦皮10g。

按语：直肠癌病位在肠，但与肝、肾关系密切，其病性早期以湿热瘀血为主，晚期则多以正虚邪实为主。直肠癌术后，一则正气受损，同时又需要术后辅助化疗，但患者为81岁老叟，一般状态差，如果勉强化疗，利少弊多，反为不美，此时，审时度势，给予单纯中医辅助治疗，患者反能获益，实为中医治疗肿瘤的典型实例。

二、胰腺癌

案 孟某，男，92岁

诊断：胰腺肿瘤，高血压3级，冠状动脉粥样硬化。

一诊：2013 年 11 月 11 日。

临床主证：胰腺癌未手术，上腹略饱胀不适，纳差乏力，夜眠欠佳，手足欠温。

舌脉：舌苔薄，脉细。

临床处理：疏肝健脾和中，解毒散结除湿。

方药：炒柴胡 10g，石斛（先煎）12g，生白术 10g，茯苓 12g，生白芍 12g，夏枯草 15g，金钱草 30g，郁金 10g，厚朴 10g，紫苏梗 10g，半枝莲 20g，重楼 10g，焦山楂 12g，炒麦芽 15g，炒稻芽 15g，生当归 10g。

二诊：2013 年 12 月 9 日。

临床主证：手足变温，夜眠好转。

舌脉：舌苔薄，脉细弦。

方药：炒柴胡 10g，石斛（先煎）12g，生白术 10g，茯苓 12g，生白芍 12g，夏枯草 15g，金钱草 30g，郁金 10g，厚朴 10g，半枝莲 20g，重楼 10g，焦山楂 12g，炒麦芽 15g，苏梗 10g，生当归 10g，炙鸡内金 15g，砂仁（后下）6g，夜交藤 15g，全虫 6g，黄精 12g。

按语：胰腺癌属于中医"癥瘕""黄疸""伏梁"等范畴，其病位在脾，以湿热瘀毒，气血亏虚为主，该患者胰腺癌，但因为耄耋高龄，手术风险极大，故采取单纯中医治疗，患者上腹略饱胀不适，纳差乏力，舌苔薄，脉细，为肝脾失和，湿毒内蕴，中医采用疏肝健脾和中，解毒散结除湿，共达控制肿瘤，稳定病情，提高生存质量，延长生存期的目的。胰腺癌以脏腑气血亏虚为本，气滞、血瘀、痰凝、毒聚为标，故标本兼治，药用当归、黄精、石斛等补气养血；柴胡、夏枯草、金钱草、半枝莲、重楼、全虫理气，活血，软坚散结，容扶正祛邪为一方，灵活调度。

三、食管癌

案 郭某，男，86 岁

一诊：2018 年 5 月 21 日。

临床主证：2018 年 5 月 9 日浙江省人民医院胸部 CT 示食管癌 cT3N2Mx，未经手术，姑息放疗 30 次，无口干，纳可，二便可。既往冠心病 PCI 术后，高血压、糖尿病病史。

舌脉：舌苔薄，脉细弱。

临床处理：滋阴润燥，软坚散结。

方药：北沙参 12g，麸炒白术 12g，茯苓 12g，炒陈皮 10g，姜半夏 10g，厚朴 10g，猫爪草 15g，山慈菇 6g，三叶青 6g，薏苡仁 30g，射干 10g，威灵仙 15g，紫苏梗 10g，煅赭石 30g，旋覆花 9g，蜈蚣 1 条，炒山楂 12g，焦六曲 15g，炒麦芽 30g，百合 12g，生地黄 12g，半枝莲 30g，大枣 15g，生姜 6g。

二诊：2018 年 8 月 13 日。

临床主证：无口干，纳可，二便可，左下肢酸痛。

舌脉：舌苔薄，脉细弱。

方药：北沙参 12g，麸炒白术 12g，茯苓 12g，炒陈皮 10g，姜半夏 12g，厚朴 10g，猫爪草 15g，山慈菇 6g，三叶青 6g，薏苡仁 30g，射干 12g，威灵仙 15g，木瓜 10g，煅赭石 30g，旋覆花 10g，蜈蚣 1 条，牛膝 12g，焦六曲 30g，石见穿 30g，生地黄 12g，半枝莲 30g，盐杜仲 12g，猫人参 30g，生姜 6g，炒续断 10g。

按语：食管癌属于"噎膈""噎塞""关格"范畴，其病因病机综合古今医家之言论可归为七情郁结、脾胃受伤、气滞血瘀、痰湿凝结、饮食起居不节、气血亏虚、年高肾衰或先天禀赋不足。本案患者病已属局部晚期，但年已八旬又六，无奈之下行姑息放疗，食管癌本为精枯阴伤，更有放射线性燥烈伤津，所以庞师结合患者病情，概括出津亏血燥，瘀毒结聚。药用北沙参、百合滋阴润燥；猫爪草、山慈菇、三叶青、威灵仙、蜈蚣、半枝莲软坚散结，共达带瘤生存的目的。

四、脑恶性肿瘤

案 杜某，女，79 岁

诊断：脑膜瘤。

一诊：2012 年 4 月 30 日。

临床主证：脑膜瘤未经手术，头晕乏力，胃脘不适泛酸，夜眠差，行走偏向。头颅 CT 示 2.6cm×2.4cm 高密度影。

舌脉：舌苔薄腻，脉沉细。

临床处理：化痰散结通窍。

方药：天麻 9g，钩藤 12g，僵蚕 9g，野菊花 15g，炒杜仲 10g，焦栀子 9g，炒黄芩 10g，蛇舌草 15g，酸枣仁 15g，远志 10g，石菖蒲 10g，龙

浙江中医临床名家·庞德湘

齿 30g，生牡蛎 30g，首乌藤 15g，合欢皮 12g，全蝎 6g，天龙 2 条，三叶青 12g，重楼 9g，浙贝母 10g，煅蛤壳 15g，穿山甲（先煎）6g，炒山楂 12g，砂仁（后下）6g，厚朴 10g，石决明（先煎）15g，炒麦芽 15g。

按语： 脑为清窍，痰浊、瘀血、正虚均可导致脑瘤，脑瘤一经形成，清窍功能失司，故表现为头晕、乏力、失眠、走路不稳，苔腻脉沉为痰浊、瘀毒内阻，故而该患者 79 岁老妪，脑瘤无法手术，给予中医化痰散结通窍，而获带病延年之功。

五、肺癌

案一 钟某，男，75 岁

一诊：2012 年 12 月 12 日。

临床主证：肺癌未经手术，化疗 3 次，肌酐升高，呃逆汗出，纳差。

舌脉：舌苔薄，脉沉细。

临床处理：化痰软坚散结。

方药：甘草 10g，泽漆 30g，石见穿 30g，黄芩 10g，蜂房 10g，海浮石 12g，金荞麦 30g，鲜铁皮石斛（另煎）12g，红豆杉 8g，天龙 2 条。

二诊：2013 年 4 月 24 日。

临床主证：肺癌未经手术，化疗 3 次，肌酐下降，呃逆汗出已愈，复查 CA199 339μg/ml，纳振。

舌脉：舌苔薄，脉沉细。

方药：桂枝 6g，白芍 12g，大枣 15g，甘草 10g，泽漆 30g，石见穿 30g，黄芩 10g，党参 15g，海浮石 12g，金荞麦 30g，鲜铁皮石斛（另煎）12g，金雀根 30g，鬼针草 12g，天龙 2 条，黄精 15g，半枝莲 30g，白花蛇舌草 20g，全蝎 3g，炒芥子 6g，三叶青 9g。

按语： 肺癌归属于"肺积""息贲""咳嗽""喘息""胸痛""劳咳""痰饮"等病症的范畴。肺癌是因虚得病，因虚致实，虚以阴虚、气阴两虚多见，实以气滞、血瘀、毒聚为主，病位在肺，与脾、肾关系密切，是一种全身属虚，局部属实的疾病。本案为七旬老叟，素体肺脾肾虚，更兼勉强化疗后出现肌酐升高、肾功能受损，呃逆汗出，纳差，舌苔薄、脉沉细为肺、脾、肾俱虚之象，是故患者一诊时全身属虚，为肺脾肾虚，局部属实，因为肿瘤未除，故治疗原则为扶正祛邪并举，祛邪为主，二诊后肌酐下降，呃逆汗出已愈，纳振，舌苔薄脉沉细，再增加党参、黄精等辈扶正祛邪共举，以利久图。

案二 周某，男，76 岁

诊断：肺癌肺内转移。

一诊：2012 年 11 月 11 日。

2012 年 10 月 12 日因检查发现双肺多发占位半个月余，ECT 示全身骨显像示 T_{10} 骨代谢异常增强。痰涂片见少量成巢的异型上皮细胞，癌疑。2012 年 10 月 17 日病理报告示（右肺肿块穿刺）腺癌 II 级，左肺肿块穿刺腺癌高分化。浙江大学医学院附属第一医院诊断为肺癌，未经手术、化疗，冠心病，睡眠差，胸闷疼痛，心悸，咳嗽，咳痰不利。

舌脉：舌苔薄，脉沉细。

临床处理：宣肺化痰散结。

方药：生桂枝 6g，生泽漆 30g，石见穿 30g，炒黄芩 10g，生晒参 9g，生白前 10g，炒黄芪 30g，南五味子 6g，麦冬 6g，夏枯草 20g，浙贝母 30g，生牡蛎（先煎）30g，金荞麦 30g，全蝎 6g，天龙 2 条，酸枣仁 15g，远志 10g，龙齿 30g，炒山楂 15g，细辛 4g，炒麦芽 15g。

二诊：2012 年 12 月 10 日。

临床主证：患者诉早晨 5 点时有心悸、咳嗽，咳痰不利，胸闷疼痛，乏力好转。

方药：上方去枣仁、远志，加瓜蒌皮 12g，薤白 10g，檀香 6g，炒枳实 6g，细辛 4g，蜜麻黄 6g，葶苈子 10g。

三诊：2013 年 1 月 28 日。

临床主证：患者诉咳嗽、胸闷疼痛、乏力好转，胃纳可，食后腹胀。

舌脉：舌中苔白厚，脉沉细。

方药：生桂枝 6g，生泽漆 30g，石见穿 30g，炒黄芩 6g，炒党参 15g，生白前 10g，炒黄芪 30g，南五味子 6g，炒白芍 15g，夏枯草 20g，浙贝母 30g，海浮石 12g，金荞麦 30g，炒麦芽 15g，瓜蒌皮 12g，薤白 10g，檀香 6g，细辛 4g，蜜麻黄 6g，葶苈子 10g，蜜甘草 6g，厚朴 10g，砂仁（后下）6g，全蝎 5g。

按语：七旬老叟，肺癌双肺多发转移并骨转移，兼合并冠心病，不能耐受手术，也非放化疗所宜，故而采用单纯中医治疗。方中炒麦芽、蜜甘草、厚朴、砂仁、炒党参、炒黄芪、南五味子扶正补虚；生泽漆、石见穿、生白前、夏枯草、浙贝母、海浮石、金荞麦、葶苈子、全蝎、炒黄芩清热解毒，软坚散结；生桂枝、瓜蒌皮、薤白、檀香、细辛、蜜麻黄宽胸除痹，宣肺化痰。全方扶正固本，达带病延年之功。

六、肝癌

案 陈某，女，89岁

诊断：肝恶性肿瘤。

一诊：2012年2月15日。

临床主证：肝恶性肿瘤，高龄，无手术及介入机会，要求中医控制。乏力头晕，纳差。

舌脉：舌苔薄，脉小弦。

临床处理：疏肝散结，理气和胃。

方药：炒柴胡10g，赤芍12g，炒白芍12g，炒白术10g，茯苓15g，炒陈皮10g，制半夏9g，水红花子15g，南方红豆杉8g，炒黄芪30g，龙葵15g，猫爪草30g，白毛藤12g，大腹皮10g，楮实子10g，炒山楂12g，焦六曲12g，炒麦芽15g，佛手10g。

二诊：2012年7月4日。

临床主证：肝功能轻度异常，伴有腰痛不适。

舌脉：舌淡红，苔薄腻。

方药：炒柴胡10g，赤芍12g，炒白芍12g，炒白术10g，茯苓15g，炒陈皮10g，制半夏9g，水红花子15g，南方红豆杉8g，炒黄芪30g，龙葵15g，猫爪草30g，白毛藤12g，大腹皮10g，楮实子10g，炒山楂12g，焦六曲12g，炒麦芽15g，炙鳖甲20g，垂盆草30g，石见穿30g，茵陈10g，生茜草10g，旋覆花12g，黄精15g，枸杞子12g，炒杜仲10g，炒续断10g。

按语： 肝癌属于胁痛"积聚""癥瘕""痞黄""鼓胀""肥气""痞气""肝积"等范畴。肝癌病机为正气虚损，邪气乘袭，蕴结于肝，肝气郁结，气机受阻，血行不畅，痰瘀互结，形成痞块，乃至肝癌。根据患者的症、舌、脉，辨证为肝胃失和，瘀毒内结，投以柴胡、赤白芍、白术、茯苓、半夏调和肝脾；水红花子、南方红豆杉、龙葵、猫爪草、白毛藤、大腹皮、楮实子、制鳖甲、石见穿、生茜草软坚散结消积；黄精、枸杞子、炒杜仲、炒续断补肝肾，强腰膝；炒山楂、炒麦芽消积和中。全方共达疏肝散结，理气和胃之功，从而实现控制肿瘤，稳定病情，提高生存质量，延长生存时间的目的。

（高文仓 撰写）

第二节　围手术期气血妄，术前怡情后培元

除了"纯中医治疗类"以外，其他的肿瘤患者庞师统称为"中西医结合治疗类"。这一类患者中常见的一群称为"围手术期群体"。围手术群体指明确诊断为恶性肿瘤，且有手术切除指征，拟行手术的人群，分为手术前和手术后两个阶段。中医治疗的目标是缓解患者抑郁及精神压力等情志问题，提高机体免疫力，平安度过围手术期阶段。

手术前阶段指从确定手术起，至手术开始的阶段。该阶段患者以邪实为主，以痰、瘀、毒为主要病理因素，以完善术前准备为治疗主线，重在改善患者心肺功能和焦虑、抑郁、失眠、纳差等症状，提高免疫功能，预防手术并发症。疏肝解郁、和胃宽中、安神定志可疏解患者不良情绪，同时增强免疫、预防感染等。手术后阶段，指从手术完成起，至与手术相关的治疗基本结束为止的阶段。该阶段患者以正虚为主，部分又兼余毒未清，治疗以扶正培本为主，增强免疫、处理并发症。刀圭耗伤气血，治以益气健脾养血；脾胃虚弱者，治以健脾和胃；气阴两虚者，治以益气养阴；气滞血瘀者，治以行气活血；要特别注意手术并发症的处理和胃肠手术后通理药物的应用。尽快恢复机体功能，以利于下一步治疗方案的实施。

一、肺恶性肿瘤

案一　周某，男，50 岁

诊断：肺恶性肿瘤。

一诊：2013 年 3 月初。

临床主证：肺癌术后 1 个月余，诉乏力、疲劳、面萎，纳差，白细胞降低（3.4×10^9/L），血红蛋白 95g/L，咳嗽有痰，夜间重。

舌脉：苔腻，脉弱。

中医诊断：肺积（肺脾气虚证）。

临床处理：培土生金，降气化痰。

方药：六君子汤加减。生晒参 9g，白术 12g，茯苓 15g，陈皮 10g，制半夏 10g，炙黄芪 30g，当归 10g，白芍 12g，瓜蒌皮 12g，熟地 30g，鸡血藤 30g，黄精 20g，川朴 10g，杏仁 10g，泽漆 30g，石见穿 30g，炒二芽各 15g，大枣 15g，生姜 3 片。14 剂，水煎服，早晚 1 剂。

二诊：2013 年 3 月下旬。服药后患者咳嗽、食欲明显好转，白细胞逐渐上升，精神状态也明显改善。遂以上方随症加减，按期服药。

按语： 患者肺癌术后、辅助化疗前期，体力状况差，白细胞及血红蛋白轻度降低，考虑患者经过手术后，刀圭药物耗伤气血，脾胃之气耗损，运化功能失常，不能输布水液、精微营养全身。治以益气健脾养血为主。方中以六君子汤为主方，健脾益气，理气化痰；黄芪、当归补气生血，扶正祛邪；川厚朴、炒麦芽等理气健脾，开胃化食，顾护胃气；泽漆、石见穿等消痰散结。服药后患者二诊时，咳嗽、食欲等症状明显好转，白细胞逐渐上升，精神状态也明显改善。顺利完成预定 4 周期辅助化疗。

案二 李某，男，63 岁

诊断：肺恶性肿瘤。

一诊：2012 年 6 月初。

临床主证：局部晚期肺癌新辅助放化疗后，手术后 1 个月余，咳嗽痰多，夜间重，声音嘶哑，咽喉干燥。

舌脉：舌红少苔，脉虚数。

临床处理：滋养肺胃，佐以化痰止咳。

方药：沙参麦冬汤加减。北沙参 12g，麦冬 12g，玉竹 10g，天花粉 10g，杏仁 10g，泽漆 15g，桑白皮 12g，瓜蒌皮 10g，浙贝 10g，莱菔子 10g，白芍 15g，前胡 10g，葶苈子 15g，胆南星 6g，猫爪草 30g，全虫 6g，守宫 2 条，红枣 15g，麦芽 15g，炙甘草 6g，生姜 3 片。14 剂，水煎服，早晚 1 剂。

二诊：2012 年 6 月下旬。患者服药半个月后，虚热渐消，津液恢复，咳嗽咳痰减少，口干已感觉不明显，以上方随症加减，较为顺利地完成预定 4 周期化疗。患者化疗期间坚持服药，不良反应较新辅助化疗时明显减轻。后坚持服用中药 3 年余，至 2015 年 9 月肿瘤再次进展，经积极中西医结合治疗，患者带瘤生存近 2 年。

按语： 该患者为局部晚期肺癌，首诊时经放化疗、手术创伤，患者一般状况差，肺胃气阴亏虚，虚火上炎，症见持久低热，长期咳嗽，夜间更甚，痰少难咳，口渴咽干，舌红少苔等。仲景曰："大逆上气，咽喉不利，止逆下气者，麦门冬汤主之"，庞师尊古而不拘泥于古，健脾和胃，柔养肺阴，从而使肺气生发，常用北沙参、麦冬、玉竹、石斛等；配合黄芪、党参、白术等，滋阴生津、健脾益气，方用麦门冬汤或者沙参麦冬汤加减。虚热甚者，加桑白皮、地骨皮等清热抑瘤。主方以沙参麦冬汤养阴益气，瓜蒌皮、浙贝、胆南星等清热化痰；桑白皮、葶苈子泻肺平喘；天花粉、猫爪草等清热生津，化痰散结；泽漆、守宫等扶正散结抑瘤；莱菔子、麦芽等健脾益胃；夜间咳重，加白芍入阴分而缓急。经合理辨证，该患者服药半个月后，虚热渐消，津液恢复，咳嗽咳痰减少，口干已感觉不明显，疗效显著。

二、乳腺恶性肿瘤

案一 金某，女，55岁

诊断：乳腺癌。

一诊：2008年1月13日。

临床主证：左乳腺癌改良根治术后1个月余；术后病理示：左乳腺浸润性导管癌。分期：T1N1M0，ER（+）、PR（-）、her-2（+）。拟行辅助化疗，肺部CT示：左肺小结节。患者来诊时乏力，神疲肢倦，少气懒言，时有潮热。

舌脉：苔少，脉弱。

中医主证：冲任不调，气阴两虚。

临床处理：滋肾养阴，佐以益气散结。

方药：生地30g，熟地30g，炒山药30g，黄芪30g，天冬30g，猫爪草30g，米仁30g，丹皮10g，当归10g，香附10g，浙贝10g，杜仲10g，炒白术12g，制黄精20g，生晒参9g，茯苓15g，合欢皮15g，三叶青15g，炙鳖甲20g，夏枯草20g，枸杞20g，炒麦芽15g，红枣20g，炙甘草6g，生姜3片。14剂，水煎服，早晚分服。

二诊：2008年1月28日。患者自诉上述诸症均明显改善，乏力好转明显。据上方，适量加减，后多次随访患者病情稳定，定期复查胸部CT示左肺小结节无明显变化，收到了较好的治疗效果。

按语：庞师认为，乳腺癌发病虽属虚实夹杂，却是以内脏虚损为本，正气亏虚首当责之先天肾气不足及后天脾（胃）失养，肾藏精，为先天之本，脾胃是气血生化之源、为后天之本，故先天不足加之后天失养易致癌瘤复发转移，加之此患者经历了手术、化疗、内分泌治疗等综合治疗之后，耗伤气血，损伤脏腑。故在治疗中首重治本，补益脾肾为主，适量配伍散结药物，预防复发转移，收到了良好的治疗效果。现代药理和临床研究证实，该类方药可

浙江中医临床名家·庞德湘

提高机体免疫功能，其具体机制值得进一步探讨。

案二　俞某，女，46 岁

诊断：乳腺癌。

一诊：2006 年 12 月初。

临床主证：日前行"左乳癌根治术"，病理示：乳腺浸润性小叶癌。分期：T2N1M0，ER（-）、PR（-）、her-2（+）。患者来诊时胃纳欠佳，乏力神疲。

舌脉：舌有紫点，苔薄，脉弱。

中医主证：气滞血瘀。

临床处理：行气散结，佐以益气养血。

方药：瓜蒌皮 15g，瓜蒌仁 15g，炙鳖甲 15g，蒲公英 15g，当归 10g，制乳香 10g，制没药 10g，香附 10g，郁金 15g，漏芦 15g，浙贝 12g，柴胡 10g，苏梗 12g，苍术 10g，姜黄 10g，牡蛎 30g，夏枯草 20g，米仁 30g，怀山药 30g，自然铜 20g，黄芪 20g，炙甘草 6g，生姜 3 片。14 剂，水煎服，早晚分服。

二诊：2006 年 12 月 28 日。患者自诉服药后诸症向愈，尤其以胃纳及乏力症状明显缓解，遂以上方适量加减，坚持以疏肝理气为主，兼扶正散结中药配伍；患者坚持服中药 5 年，诸症平稳，定期规律复查，未见疾病复发进展，生活如常人。

按语：庞师认为乳腺癌的病机关键是肝郁。因乳房为阳明气血汇集之所，乳头为肝肾二经之冲，肝气郁结，肝失条达，终致气血不和，气血不和则痰、瘀等病理产物出现，痰瘀毒聚，最终导致乳岩的发生。庞师认为肝郁气滞贯穿于整个发病之始终，对待此类患者，遣方用药之时，应着重疏肝解郁，佐以扶正散结，适时加减。庞师临证中常选用柴胡疏肝散、逍遥散、四逆散加减，气郁甚者加荔枝核、佛手瓜、绿萼梅以理气解郁；胸闷甚者加薤白；有热者加栀子以清内热；痛甚者加郁金（胸痛）、延胡索（腹痛）、威灵仙（骨转移痛）；兼有乳腺增生者加夏枯草、山慈菇、七叶一枝花。用之得当，可收奇效。

案三　王某，女，46 岁

诊断：乳腺癌。

一诊：2013 年 1 月初。

临床主证：右乳腺癌术后，2012 年 3 月 14 日手术，术后病理：右乳腺浸润性导管癌，Ⅲ级，ER（-），PR（-），P53（95%，+++），Cerb-2（+），

CK5（+），E-Cadnerin（+），ki-67（80%，+++），CK630（+）。右腋窝淋巴结 1/20，分期：T1N1M0。患者就诊时感乏力，时有潮热，夜间明显。

舌脉：舌略红，苔少，脉弱。

中医主证：冲任不调，气阴两虚。

临床处理：滋肾养阴，佐以扶正抗癌。

方药：淫羊藿 12g，仙茅 10g，柴胡 10g，茯苓 12g，炒白术 12g，赤白芍 12g，当归 10g，炙甘草 6g，牡丹皮 10g，枸杞子 20g，制黄精 20g，夏枯草 20g，浙贝母 10g，青蒿 9g，地骨皮 12g，全蝎 6g，黄芪 20g，炒麦芽 15g，红枣 20g，生姜 3 片。14 剂，水煎服，早晚分服。

二诊：患者诉诸症明显改善，以后均以上方随症加减，患者病情稳定，基本完成按期术后 6 次辅助化疗及 30 次放疗；继续服用中药近 5 年，定期复查随访，未见肿瘤复发转移。

按语：冲为血海，任主胞胎，冲任之脉隶属于肝肾。冲任失调，则气血失和，月经不行，气郁血瘀，阻塞经络，结于乳中而成乳岩。此患者经历了手术、放化疗等治疗，尤其放化疗对肝肾损伤严重，再辅以激素治疗或本身处于更年期，则肾阴肾阳均受损，更易出现冲任亏损，阴阳失调，故此期患者常有或伴有潮热汗出等症。庞师临证重温肾阳，补肾精，泻肾火，调冲任，消除患者现存不适，常以二仙汤化裁，酌加青蒿、地骨皮等滋阴凉血之品。庞师临证中不仅把握病机，同时注重解决患者的主诉痛苦，是肿瘤临床治疗的一大特色。本例以潮热汗出等阴虚之症为主，治疗上抓住养阴益肾、疏肝解郁的病机总则，以二仙汤合逍遥散化裁，并予大量扶正、抗癌之品，以防病生百端。庞师从整体把握，提纲挈领，得辨证论治之精髓。

三、结直肠癌

案一 周某，男，72 岁

诊断：直肠恶性肿瘤。

一诊：2013 年 6 月 19 日。

临床主证：患者于 2013 年 5 月确诊为直肠癌，并行直肠癌根治术，术后病理示：溃疡型中低分化腺癌伴淋巴结转移癌，淋巴结 1/13，肿瘤大小 2.5cm×1.6cm，拒绝放化疗，要求中药治疗。初诊诉腹泻，每日 6～7 次，不成形，小便频数，夜间尤甚，乏力，手术切口时疼痛。

舌脉：舌淡苔腻，脉细。

中医主证：湿热癌毒蕴结。

临床处理：清热燥湿抗癌。

方药：白头翁汤加减。秦皮 15g，白头翁 6g，黄连 6g，黄柏 10g，炒椿皮 15g，蛇舌草 12g，半枝莲 30g，米仁 30g，炙芪 30g，当归 10g，玄胡 12g，红藤 12g，守宫 2 条，升麻 9g，诃子 9g，桂枝 9g，乌药 10g，炒二芽各 15g，甘草 6g，生姜 3 片。14 剂，水煎服，早晚分服。

二诊：2013 年 7 月 4 日。

临床主证：患者诉小便次数明显减少，大便好转，每日约 3 次，尚成形，自诉夜间睡眠较差，浅睡易醒。

舌脉：舌淡苔腻，脉细。

方药：秦皮 15g，黄连 6g，黄柏 10g，炒椿皮 15g，蛇舌草 12g，半枝莲 30g，米仁 30g，炙芪 30g，当归 10g，玄胡 12g，红藤 12g，诃子 9g，郁金 10g，炒枣仁 15g，桂枝 9g，炒二芽各 15g，生姜 3 片。14 剂，水煎服，早晚分服。

按语：庞师分析患者高龄，年老体虚，行手术后，气血大伤兼瘀，虽瘤体已切除，然病机仍在，即西医所述的"肿瘤微环境"没有改变；大肠主津，手术切除导致对津液重吸收功能失常，故大便频，质稀；患者高龄，《黄帝内经》有云："人年四十而阳气自半也"，肾阳亏虚，膀胱气化不利，故尿频；舌淡脉细为气血亏虚之象，苔腻为湿；因患者有淋巴结转移，未行化疗，故在主方的基础上，加守宫 2 条，使全方抗癌散结之力更上一层；加诃子涩肠，升麻升提清气，且主方中本就有燥湿之药，多角度治疗腹泻；桂枝、乌药温肾阳以助膀胱气化，且温养全身脏腑，激发生理功能，使人体保持一个相对活跃的、健康的状态；甘草调和诸药的同时，还能减守宫之毒，顾护中焦。二诊时，患者诉小便次数明显减少，大便好转，予前方去乌药、升麻、甘草，因守宫、白头翁不宜久服，故去之暂不用，加用郁金 10g，炒枣仁 15g，舒畅情志，改善睡眠，旨在提高患者生活质量。庞师临床上尤其强调癌症患者的生活质量，不仅注重解除身体不适，而且重视患者的心理问题，主张医生、患者、家属多方参与，共谋健康。

案二 王某，男，75 岁

诊断：乙状结肠恶性肿瘤。

一诊：2013 年 7 月 21 日。

临床主证：患者 2 年余前因腹痛就诊于当地医院，完善相关检查提示"乙状结肠肿瘤"，在当地医院行"乙状结肠肿瘤根治术"（2013 年 7 月 14 日），术后病理示：中分化腺癌。目前大便溏薄，每日 5 ～ 6 次，感乏力明显，进食后胃脘部不舒。

舌脉：舌质淡，苔薄白，脉细缓。

中医诊断：肠蕈（脾胃虚弱）。

临床处理：理气健脾，涩肠止泻为主。

方药：生晒参 9g，白术 12g，茯苓 15g，炒陈皮 12g，制半夏 15g，炙黄芪 30g，炒当归 10g，薏苡仁 30g，枸杞 12g，肉豆蔻 6g，赤石脂 15g，白芍 12g，红枣 9g，炙甘草 6g，鸡血藤 30g，炒二芽各 30g，生姜 3 片。14 剂，水煎服，早晚分服。

二诊：2013 年 8 月 13 日。

临床主证：患者自诉服药后进食状况及大便情况较前好转明显，仍稍有乏力，夜寐欠安。

舌脉：舌淡，苔薄白，脉细缓。

方药：生晒参 9g，白术 12g，茯苓 15g，制半夏 15g，炙黄芪 30g，炒当归 10g，薏苡仁 30g，枸杞 12g，白芍 12g，郁金 12g，酸枣仁 9g，红枣 9g，炙甘草 6g，鸡血藤 30g，炒二芽各 30g，生姜 3 片。14 剂，水煎服，早晚分服。

按语：庞师认为大肠癌形成后的基本病机是湿热毒邪蕴结大肠，气血瘀滞不畅，对一般患者，其治疗原则应以清热利湿，化瘀解毒为主。本例患者为术后损伤脾胃，正气亏虚，脾气失摄则清浊下陷，而成腹泻。《脾胃论》云："有胃气则生，无胃气则死"，意在强调脾胃的运化在五脏六腑中的重要作用。因此在遣方用药时应注意保护患者的脾胃之气，此时患者正气已伤，应避免使用攻邪药物；该患者自诉服药后进食状况及大便情况较前好转明显，仍稍有乏力，夜寐欠安，上方去肉豆蔻及赤石脂，加酸枣仁及郁金，疏肝解郁安神；患者服药后，诸症平稳，顺利过渡到辅助化疗阶段，后长期门诊就诊，依从性良好。

四、胃恶性肿瘤

案 管某，男，71 岁

诊断：胃恶性肿瘤。

一诊：2012 年 5 月 21 日。

临床主证：浙江大学医学院附属第二医院肿瘤科诊断为"胃癌伴幽门梗阻？"术后病理：胃小弯低 - 未分化腺癌，浸润至深肌层，两端切缘阴性，小弯侧淋巴结 0/11，大弯侧淋巴结 0/10，另送淋巴结 0/2。胃癌术后未经化疗，感乏力明显，夜眠不安，浅睡易醒，胃纳少，大便略稀，小便无殊。

舌脉：舌苔薄，脉沉细。

临床处理：益气养血，安神培元为主。

方药：生晒参 9g，炒白术 10g，茯苓 15g，炙甘草 6g，生地黄 12g，熟地黄 12g，炒白芍 12g，炒当归 10g，制何首乌 12g，枸杞子 12g，酸枣仁 15g，远志 10g，龙齿 15g，生牡蛎（先煎）30g，首乌藤 30g，合欢皮 15g，红豆杉 8g，鲜铁皮石斛（另煎）12g，炒麦芽 15g，紫苏梗 10g，炒黄连 4g，生姜 3 片。14 剂，水煎服，早晚分服。

按语：庞师认为胃癌发病率及致死率高，早期难以发现，中晚期多见，是全身属虚、局部属实的复杂病症。所谓"得胃者生，失之则死"，胃癌大多数预后不佳。本患者七旬叟，胃癌术后，正气已虚，且受刀圭之伤，部分又兼余毒未清，治疗以扶正培本为主，增强免疫，预防疾病复发。治以益气健脾养血为主；脾胃虚弱者，治以健脾和胃；若有气阴两虚者，治以益气养阴；气滞血瘀者，治以行气活血。特别注意手术并发症的处理和胃肠手术后的通理药物的应用。尽快恢复机体功能，以利于下一步治疗方案的实施。结合患者证候，病机为气虚亏虚，心神不宁，施以益气养血，安神培元乃为治本之法。庞师治疗胃癌时，以扶正散结为总的治则，十分注重对先后天之本的维护，从气血津液角度出发，以益气、养血、生津、温阳等为主要治疗方法，适时加减，常能显著提高患者对于手术及化疗的耐受性，改善患者一般状况，为实现患者身心健康保驾护航。

五、前列腺恶性肿瘤

案 周某，男，70 岁

诊断：前列腺癌术后。

一诊：2012年2月20日。

临床主证：前列腺癌术后3个月余，有乏力，夜尿偏多，夜间烘热，大便畅，胃纳可。

舌脉：舌苔薄白，脉弱。

临床处理：扶正散结为主。

方药：生地黄40g，山药20g，茯苓15g，牡丹皮10g，炒泽泻20g，山茱萸15g，炒知母10g，炒黄柏10g，牛膝12g，仙灵脾12g，菟丝子10g，何首乌15g，枸杞子12g，藤梨根30g，猫爪草30g，三叶青12g，重楼12g，蛇舌草15g，金银花12g，龙胆6g，炒柴胡10g，青蒿12g，炙鳖甲24g，淮小麦30g，大枣12g，炙甘草6g，生姜3片。14剂，水煎服，早晚分服。

按语：患者老年男性，前列腺癌术后维持内分泌治疗阶段，病情基本稳定。按照中医"未病先防，既病防变"的理论，此时应以顾扶正气，预防复发为主，拟扶正散结治则，方选知柏地黄丸加减，配合适量清热散结之品。方中选用青蒿、炙鳖甲、淮小麦等清虚热之品，旨在治疗内分泌药物引起的潮热症状；而鳖甲合三叶青、重楼、蛇舌草有清热散结之功，旨在消除潜在病灶，预防复发及转移。合理进行扶正与抗癌，是庞师"群段"分治的重要内容。

（陈　冬　撰写）

第三节　无瘤生存巧施术，减毒增效防复转

庞师提出的中医药治疗恶性肿瘤共分"两类、四群、十三段"，其中的第三群称为"无瘤生存群体"，该群体指肿瘤根治术后，肿瘤未复发、转移的人群。无瘤康复阶段经手术、辅助放化疗后未见肿瘤复发，进入随访观察阶段。中医药治疗，在于改善机体内环境，减少复发、转移。此阶段正气渐复，多气阴亏虚，或余毒未清、夹痰夹瘀，可考虑适当攻邪，须注意时时顾护脾胃。无明显证候者可根据脏腑病机，扶正散结为主。扶正治法常见益气、补血、养阴、助阳，总不离脏腑、阴阳、寒热、虚实。散结在于化痰、逐瘀、攻毒、清热、软坚等。同时可加强运动康复，练习八段锦、自然换气法散步等导引术调节情志，养护脏腑，增强机体抗肿瘤免疫能力。目标是机体康复和抗复发、转移。

一、鼻咽癌

案 何某，男，63岁

一诊：2012年2月15日。

临床主证：鼻咽癌放疗后，白细胞升至$5.0×10^9$/L，乏力，口干咽痛。

舌脉：舌苔薄，脉弱。

临床处理：扶正通窍散结。

方药：苍耳子6g，辛夷10g，炒柴胡10g，炒白术10g，炒白芍12g，当归6g，炒黄芪15g，炒党参15g，茯苓15g，射干12g，山豆根6g，猫人参30g，野菊花15g，僵蚕10g，生地黄20g，板蓝根15g，猫爪草30g，炒麦芽15g，薏苡仁30g，全蝎6g，天龙2条。

二诊：2012年6月13日。

临床主证：面色少华，颈部皮肤干燥发硬，口干，吞咽困难，胃纳可。

舌脉：舌质红，脉细。

方药：苍耳子6g，辛夷10g，炒柴胡10g，炒白术10g，炒白芍12g，炒当归6g，炒黄芪15g，炒党参15g，茯苓15g，射干12g，藤梨根30g，野菊花15g，僵蚕10g，生地黄20g，板蓝根15g，猫爪草30g，炒麦芽15g，薏苡仁30g，全蝎6g，天龙2条，北沙参12g，天花粉10g。

按语： 鼻咽癌属于"鼻渊""失荣"等范畴。鼻咽癌的病因有内因和外因两端，外因多责之感受时邪热毒，内因多责之情志失调、饮食不节、正气不足。本案鼻咽癌在接受放疗后，乏力，口干咽痛。舌苔薄，脉弱属于燥热损伤气阴，虚中夹实。后期患者又出现颈部皮肤干燥发硬，口干，吞咽困难，为放射线耗伤人体阴津，筋脉失去濡养所致。中医给予清热通窍、活血解毒、益气养阴为治疗大法。苍耳子、辛夷为治疗鼻咽部病损的要药，可引经报使；炒柴胡、炒白术、炒白芍、当归、炒黄芪、炒党参、茯苓、薏苡仁疏肝健脾，调理气血；射干、山豆根、板蓝根、野菊花、生地黄清肺利咽，养阴润燥；猫人参、僵蚕、猫爪草、全蝎、天龙软坚散结，肃清癌毒；炒麦芽和中。

二、甲状腺癌

案 姚某，女，61岁

一诊：2016年3月7日。

临床主证：2015 年 10 月 7 日浙江大学医学院附属第一医院术后病理示：左侧颈区淋巴结 0/12，颈前淋巴结 2/3，甲状腺癌转移，右侧甲状腺乳头状癌 2 枚；左侧甲状腺乳头状癌，大小为 0.6cm×0.8cm、0.5cm×0.3cm，灶性累及被膜。患者觉咽干，时有烦躁，纳差。

舌脉：舌淡红，苔薄，脉弦。

临床处理：疏肝健脾，软坚散结。

方药：炒柴胡 10g，麸白芍 12g，麸炒白术 10g，茯苓 12g，炒陈皮 10g，姜半夏 10g，夏枯草 15g，三叶青 6g，猫爪草 30g，焦栀子 10g，猫人参 30g，天龙 1 条，炒麦芽 15g。

二诊：2017 年 6 月 5 日。

临床主证：病史如前，超声及甲状腺功能检查尚在正常范围，患者诉腰酸。

舌脉：舌淡红微干，苔薄，脉弦。

临床处理：疏肝健脾，软坚散结。

方药：去焦栀子、猫人参、天龙，加紫苏梗 10g，皂角刺 6g，南五味子 6g，麦冬 10g，木瓜 6g，老鹳草 15g，炒续断 10g，槲寄生 12g，厚朴 10g，连翘 12g。

三诊：2018 年 8 月 20 日。

临床主证：病史如前，超声提示颈部淋巴结较 3 个月前无明显变化，甲状腺功能检查尚在正常范围。

舌脉：舌淡红，苔薄腻，脉弦。

临床处理：疏肝健脾，软坚散结。

方药：炒柴胡 9g，麸白芍 12g，麸炒白术 10g，茯苓 12g，炒陈皮 10g，姜半夏 12g，夏枯草 15g，三叶青 6g，猫爪草 30g，焦栀子 10g，藤梨根 30g，天龙 1 条，炒麦芽 15g，瓜蒌皮 10g，薤白 10g，蜜麸青皮 6g，厚朴 10g。

按语：甲状腺癌在中医文献中多属"石瘿"范畴。中医学认为本病的发生与情志因素和饮食有密切关系。现代研究结合古代医家对本病的认识，都认为情志因素是本病发病的主要原因，此外还与饮食及虚、痰、瘀、热、毒关系密切，临床常见虚实兼杂，多因素相杂共同致病。本案患者 61 岁，女性，舌淡红，苔薄腻，脉弦，病责之肝脾两脏，肝郁脾虚，成痰成瘀，郁而化热则舌红。治以疏肝健脾，软坚散结。炒柴胡、麸白芍、麸炒白术、茯苓、炒陈皮健脾疏肝；焦栀子清热；炒麦芽和中；蜜麸青皮、厚朴行气通滞；姜半

夏、瓜蒌皮、薤白、夏枯草、三叶青、猫爪草、藤梨根、天龙化痰软坚散结，全方辨证精炼，用药恰如其分。

三、乳腺癌

案一 许某，女，40岁

诊断：乳腺恶性肿瘤。

一诊：2012年2月15日。

临床主证：乳腺癌术后化疗后，Hp（+，1：240），乏力头晕，潮热汗出，乳房胀痛，大便干，少腹疼痛。

舌脉：舌苔薄，脉虚。

临床处理：扶正散结。

方药：炒柴胡6g，生当归10g，茯苓12g，生白术12g，香附10g，夏枯草15g，瓜蒌皮10g，炒白芍12g，瓜蒌子12g，蛇舌草15g，红豆杉8g，虎杖15g，郁李仁10g，大血藤15g，益母草30g，延胡索15g，鲜铁皮石斛（另煎）12g，炙甘草10g，乌药10g。

二诊：2012年5月23日。

临床主证：B超示子宫内膜异位，头晕、乳房胀痛大减，大便正常，少腹痛减，仍有口苦，潮热，乏力，胃脘不适，夜眠好转不明显。

舌脉：舌苔薄，脉虚。

方药：上方去大血藤、益母草、延胡索、乌药，加酸枣仁15g，远志10g，龙齿30g，炒黄连5g，薏苡仁30g，黄芪30g，生白扁豆12g，炒麦芽12g，蒲公英15g。

三诊：2013年12月18日。

临床主证：月经后延半个月，腰酸、腹部坠痛。

舌脉：舌苔腻，脉细弱。

方药：炒柴胡10g，炒白术10g，炒当归10g，赤芍12g，茯苓15g，石斛10g，蜜甘草6g，决明子15g，炒黄连5g，炒薏苡仁30g，厚朴10g，炒山楂12g，炒续断10g，莪术10g，猫爪草30g，炒麦芽15g，大枣15g。

按语： 本病属中医"乳岩""乳癌"等范畴。肝气郁结，情志不畅，嗜食膏粱厚味是乳腺癌发生的重要病因。冲任失调，肝气郁结，损伤脾胃，是乳腺癌发病的内因。病位在乳房，根据中医经络学说理论，乳头、乳房分别属于肝胆、胃经，所以当七情伤及肝脾，且阴极而阳衰，导致气血失调，痰气凝结，阻于乳络，日久成核成岩。冲任失调致气运失常，气滞血瘀，阻于乳络，日久也成岩。膏粱肥甘致使胃内湿热蕴结，阳明经络阻滞，瘀积不祛，导致脏腑失调，乳房肿块内生。乳癌患者早、中期多为肝郁气滞，冲任失调，毒热蕴结之实象，而晚期多为气血亏虚之虚象。本病多为虚实夹杂之证，只是因病期早晚而侧重不同。

案二 吴某，女，55 岁

诊断：乳腺恶性肿瘤。

一诊：2012 年 2 月 1 日。

临床主证：乳腺癌术后化疗后，既往乳腺增生，面色无华，腰痛，大便稀溏，夜眠差。

舌脉：舌苔薄，脉小弦。

临床处理：疏肝散结，健脾和中，养心安神。

方药：炒柴胡 10g，炒白芍 12g，炒白术 10g，茯苓 10g，生甘草 6g，夏枯草 30g，猫人参 30g，炒麦芽 30g，佛手 10g，浙贝母 10g，生牡蛎 30g，香附 10g，炒薏苡仁 30g，珍珠母 15g，全蝎 6g，酸枣仁 20g，远志 10g，龙齿 30g，柏子仁 10g。

二诊：2012 年 5 月 9 日。

临床主证：面色无华，困乏减轻，大便仍溏，咽痒干咳无痰，夜眠差。

方药：上方去猫人参、佛手、香附、炒薏苡仁、珍珠母、全蝎，加炒当归 10g，鲜铁皮石斛（另煎）12g，竹沥半夏 10g，炒竹茹 10g，赭石 15g，炒麦芽 15g，三叶青 12g，红豆杉 8g，苦杏仁 10g，瓜蒌皮 12g，桔梗 6g。

二诊：2012 年 6 月 27 日。

临床主证：右乳术后，复查乳腺超声：左乳增生性疾病考虑，左侧淋巴结可及，左侧较大约 1.3cm×0.3cm，右侧最大处 1.6cm×0.7cm，界线清晰，有包膜结构，皮、髓质分界清。面色转佳，乏力减轻，大便成形，仍有少许咳嗽。

方药：炒柴胡 10g，炒白芍 12g，炒白术 12g，炒当归 10g，茯苓 15g，炙甘草 6g，浙贝母 10g，生牡蛎 30g，酸枣仁 20g，远志 10g，龙齿 30g，鲜铁皮石斛（另煎）12g，夏枯草 15g，生葛根 10g，片姜黄 10g，赭石 15g，炒麦芽 15g，三叶青 12g，红豆杉 8g，首乌藤 30g，磁石 30g，珍珠母 30g，柏子仁 12g，桔梗 6g，苦杏仁 10g，射干 12g。

按语： 庞师认为，冲任失调，肝气郁结，损伤脾胃是乳腺癌发病的内因。

病位在乳房，根据中医经络学说理论，乳头、乳房分别属于肝胆、胃经。本案乳腺癌化疗后患者面色无华，腰痛，大便稀溏，夜眠差。当属脾胃受损，肝木克伐脾土。情志失调则神不守舍，故有失眠多梦。治当疏肝散结，健脾和中，养心安神。药物选炒柴胡、炒白芍、炒白术、茯苓、生甘草、香附、佛手、炒薏苡仁健脾疏肝，理气和中；炒麦芽消导化积；夏枯草、猫人参、浙贝母、生牡蛎、全蝎软坚散结；酸枣仁、远志、龙齿、珍珠母、柏子仁养心安神，辨证准确，遣药精当。

四、肺癌

案一 陈某，男，79岁

诊断：左下肺鳞癌。

临床主证：2013年3月29日当地医院检查示：左下叶背段占位，周围型肺癌，慢性支气管炎，右肺散在肿瘤，最大6.2cm×5.4cm。2013年4月30日浙江大学医学院附属第二医院气管镜活检病理：左下叶少量癌细胞，考虑低分化鳞状细胞癌。目前气急胸痛，咳嗽少痰偶有血丝。

舌脉：苔薄，脉沉。

方药：炙桑皮10g，泽漆30g，石见穿30g，黄芩炭10g，生晒参9g，白前10g，蜂房10g，枫斗10g，炙芪30g，当归10g，黄精15g，枸杞12g，百合12g，米仁30g，半枝莲30g，玄胡12g，瓜蒌皮12g，薤白10g，檀香（后下）6g，全虫6g。

二诊：2013年6月2日。

临床主证：气急胸痛、咳嗽少痰偶有血丝症状减轻。

舌脉：苔薄，脉沉。

方药：炙桑皮10g，泽漆30g，石见穿30g，黄芩炭10g，生晒参9g，白前10g，蜂房10g，枫斗10g，炙芪30g，当归10g，黄精15g，枸杞12g，百合12g，半枝莲30g，玄胡12g，瓜蒌皮12g，薤白10g，檀香（后下）6g，全虫6g，侧柏叶炭10g，仙鹤草15g，生地炭20g。

按语： 本病属中医"肺积""肺痿""息贲""劳嗽"等范畴。大多认为以"正气虚"为本，感受外邪六淫、内伤七情等病因，同时伴有血瘀、痰浊、热毒等标实证。所以肺癌以气阴两虚为本，痰瘀毒邪为标，病位在肺，常可累及脾肾。本案79岁老叟，下肺鳞癌，气急胸痛，咳嗽痰血，难以耐受手术及放化疗。中医中药正本清源乃为长策，肺中结块，气急胸痛，咳嗽少痰偶有血丝。舌苔薄，脉沉，为肺金气阴两虚，痰瘀毒邪内结。气逆不降则咳嗽，气血不通则痛，肺阴虚虚火灼络则痰血。治宜益气养阴，化痰祛瘀，散结消瘤。药选炙桑皮、黄芩炭清肺热；炙芪、生晒参、百合、枫斗、枸杞、米仁、黄精资肺肾之阴，助脾肺之气；泽漆、石见穿、全虫、半枝莲、蜂房散结消瘤；白前、当归、玄胡、瓜蒌皮、薤白、檀香各得所宜，助益气养阴，化痰祛瘀，散结消瘤之功。

案二 顾某，男，84岁

诊断：肺癌。

一诊：2015年9月21日。

临床主证：肺癌未手术。目前咳嗽，咳痰不利，痰色白而黏，纳差，四肢不温。

舌脉：舌淡红，苔薄黄，脉沉细。

方药：蜜桑白皮12g，泽漆30g，石见穿30g，炒黄芩10g，蜂房5g，天龙2条，金荞麦30g，夏枯草15g，浙贝母10g，海浮石10g，胆南星6g，百合12g，燀苦杏仁10g，葶苈子9g，茯苓12g，三叶青6g，炒黄连5g，山慈菇6g，牛膝12g，炒麦芽15g，鱼腥草30g。

二诊：2016年4月11日。

临床主证：肺癌咳嗽少痰，痰黏不易咳出，纳不振，肢冷。

舌脉：舌苔薄黄，脉沉细。

方药：蜜桑白皮12g，泽漆30g，石见穿30g，炒黄芩10g，蜂房5g，天龙2条，金荞麦30g，夏枯草15g，浙贝母10g，海浮石10g，胆南星6g，桔梗10g，燀苦杏仁10g，葶苈子9g，茯苓12g，三叶青6g，金雀根15g，重楼6g，牛膝12g，炒麦芽15g，鱼腥草30g，蜜紫菀10g。

三诊：2018年8月20日。

临床主证：肺癌咳嗽少痰、痰黏不易咳出、纳不振、肢冷诸症减轻。

舌脉：舌红少苔，脉沉细。

方药：北沙参20g，麦冬12g，石见穿30g，蜜桑白皮12g，生玉竹12g，生地黄15g，金荞麦30g，羊乳30g，蜜黄芪20g，燀苦杏仁10g，黑顺片6g，肉苁蓉12g，麸炒白术12g，炒山楂30g，重楼6g，焦六曲30g，炒麦芽30g，鱼腥草30g，山药30g，薏苡仁30g。

按语：84岁耄耋老叟，虽诊为肺癌，但因风险大，无手术的可能，家属

又拒绝行病理检测及基因检测，拒绝放疗，唯余中医担纲而已。病本在正气亏虚，因虚致病，肺脾肾俱虚，故见咳嗽少痰，痰黏不易咳出，纳不振，肢冷。中医辨证为脾肾两虚，痰湿蕴肺。治以益气养阴，解毒散结，泽漆汤加减收功。

案三　包某，女，65岁

一诊：2013年10月20日。

临床主证：肺癌术后，未经化疗。2013年9月16日浙江大学医学院附属第一医院CT：左上肺癌术后改变，左下肺内炎性病变，少量胸腔积液，右上肺磨玻璃样病灶，右斜裂结节灶，建议随访。腰背酸痛，腹胀嗳气，口干。

舌脉：舌苔薄，脉沉细。

临床处理：宣肺化痰散结。

方药：泽漆汤加减。

二诊：2013年11月18日。

临床主证：腹胀嗳气仍有，腰部酸痛好转。

方药：生桂枝10g，泽漆30g，石见穿30g，胆南星6g，炒黄芩10g，浙贝母10g，生晒参9g，生白前10g，蜂房5g，金荞麦30g，厚朴10g，赭石15g，炒黄芪30g，炒当归10g，炒杜仲10g，炒续断10g，炒麦芽15g，葶苈子12g。

按语：肺癌术后未经化疗，胸部CT：右上肺呈现磨玻璃样病灶，右斜裂结节灶。腰背酸痛，腹胀嗳气，口干，舌苔薄，脉沉细。此为肺脾两虚，痰湿内蕴，投以泽漆汤加减：生晒参、炒黄芪、炒当归扶正固本，生桂枝、泽漆、石见穿、金荞麦、胆南星、浙贝母解毒散结消瘤；炒黄芩、生白前宣肺止咳化痰；炒麦芽和中，方剂配伍得当，容经方和时法于一体，值得效法。

案四　顾某，男，74岁

诊断：肺癌根治术后。

一诊：2012年7月23日。

临床主证：肺中低分化腺癌3cm×2.5cm，淋巴结0/38，乏力纳差，气急，咳嗽痰多，偶见黄痰。

舌脉：舌苔薄，脉沉细。

临床处理：健脾和胃，化痰散结。

方药：生晒参9g，麦冬10g，五味子6g，生桂枝10g，泽漆30g，石见穿30g，炒黄芩10g，生白前10g，蜂房5g，红豆杉8g，炒黄芪30g，炒当归10g，百合12g，生地黄15g，黄精15g，炒山楂12g，紫苏梗10g，厚朴

10g，砂仁（后下）6g，浙贝母10g，苦杏仁10g，瓜蒌皮10g，炒麦芽15g。

二诊：2013年1月28日。

临床主证：复查肺内结节稳定，癌胚抗原（CEA）5.1ng/ml，咳嗽好转，活动后气急，余症尚可。

舌脉：苔薄，脉弱。

方药：炒党参10g，麦冬10g，南五味子6g，生桂枝10g，泽漆30g，石见穿30g，炒黄芩10g，生白前10g，蜂房5g，炒黄芪30g，炒当归10g，生地黄15g，猫人参30g，厚朴10g，浙贝母10g，瓜蒌皮10g，石斛12g，海浮石12g，金雀根30g，葶苈子12g，苦杏仁10g，蛇舌草15g，炒麦芽12g。

按语：肺癌术后，乏力纳差，气急，咳嗽痰多，偶见黄痰，舌苔薄，脉沉细。此乃气血受损，土不生金之象。予以健脾和胃，化痰散结，方选泽漆汤加减，生晒参、麦冬、炒黄芪、炒当归、百合、生地黄、黄精肺脾双补，益气养阴；五味子敛肺；泽漆、石见穿、浙贝母、瓜蒌皮、蜂房、红豆杉化痰软坚散结；苦杏仁、炒黄芩、生白前宣肺清肺；炒麦芽、炒山楂、紫苏梗、厚朴、砂仁理气和中；生桂枝通经利肺。

五、食管癌

案 董某，男，76岁

诊断：食管恶性肿瘤（cT3N1M0 Ⅲ期）。

一诊：2013年3月4日。

临床主证：食管癌未经手术，放疗33次，胸痛，喉咙痛，纳可，口干，前列腺增生，尿不畅。

舌脉：舌苔薄，脉细。

临床处理：扶正固本，宽胸化痰，解毒散结。

方药：威灵仙20g，射干12g，山豆根6g，生晒参9g，炒白术12g，茯苓12g，炒白芍12g，川石斛12g，北沙参12g，生玉竹10g，赭石30g，炒黄芩10g，板蓝根15g，天龙2条，全蝎6g，蛇舌草15g，半枝莲30g，制半夏10g，炒竹茹10g，炒陈皮10g，薏苡仁30g，石韦10g，路路通10g，王不留行12g，急性子10g。

二诊：2013年3月18日。

临床主证：患者胸痛、喉咙痛、乏力减轻，喉间有痰，咳嗽，2013年3

月 12 日生化结果：尿素 10.37mmol/L，肌酐 151.3μmol/L，三酰甘油 2.85mmol/L。

舌脉：舌苔厚略腻。

方药：威灵仙 20g，射干 12g，山豆根 6g，生晒参 9g，炒白术 12g，茯苓 12g，炒白芍 12g，川石斛 12g，北沙参 12g，生玉竹 10g，赭石 30g，炒黄芩 10g，石见穿 30g，积雪草 10g，全蝎 6g，蛇舌草 15g，半枝莲 30g，胆南星 6g，炒竹茹 10g，薏苡仁 30g，鱼腥草 30g，急性子 10g，桔梗 10g，浙贝母 10g，生牡蛎（先煎）30g，豆蔻 6g。

按语：食管癌在中医文献中多属"噎膈"范畴，噎膈以内伤饮食、情志不遂为主因，且相互影响，互为因果，共同致病，使气滞、痰阻、瘀血三种邪气阻于食管，而致食管狭窄。也可造成津伤血耗，失于濡润，食管干涩，食饮难下。在病理性质上表现为本虚标实。肝脾肾功能失调，导致气、血、痰互结，津枯血燥而致食管狭窄、食管干涩是噎膈的基本病机。食管癌放疗后，放射线为热毒，耗伤正气，故肝脾肾复虚，津枯血燥更甚，口干为津亏，尿不畅为肾气不足，舌苔薄、脉细为脾肾两虚之象，治法予以扶正固本，配合宽胸化痰散结，生晒参、炒白术、茯苓、炒白芍、川石斛、北沙参、生玉竹益气养阴；射干、山豆根、板蓝根解毒利咽；炒黄芩、炒竹茹、制半夏清热止咳化痰；赭石降逆；威灵仙、天龙、全蝎、蛇舌草、半枝莲散结消瘤；路路通、王不留行、急性子活血通络定痛；炒陈皮、薏苡仁健脾；石韦利湿通淋。全方共收扶正固本，宽胸化痰，解毒散结之效。

六、胃癌

案一　朱某，女，68 岁

诊断：胃恶性肿瘤。

一诊：2013 年 3 月 4 日。

临床主证：2012 年 11 月 26 日因"头晕，黑便 1 个月余"在浙江省肿瘤医院查胃镜：胃体腺癌。2012 年 11 月 30 日全麻下行"全胃切除术"（食管空肠吻合术 Roux-y 型或襟式），术后病理：胃贲门、胃窦、胃体小弯侧及部分前后壁溃疡浸润（瘤体 7cm×5.5cm×1.5cm），中低分化腺癌，浸润浆膜外纤维、脂肪组织，累犯神经，浸润或转移至贲门 1/8，胃小弯 1/10，胃大弯 0/5，幽门下 0/8，肝总 0/3。免疫组化单克隆抗体及癌基因检测 CerbB-2(2+)。2012 年 12 月 26 日行 SOX 方案化疗 3 次，住院行第 4 次化疗。目前纳差，嗳气，进食后饱胀，乏力，卧床多，活动少。

舌脉：舌苔薄，脉细。

临床处理：健脾和胃降逆。

方药：赭石 30g，旋覆花 12g，生晒参 9g，炒白术 10g，茯苓 12g，炒陈皮 10g，制半夏 9g，炒竹茹 10g，炒黄芪 30g，炒当归 10g，黄精 10g，枸杞子 12g，炒山楂 12g，炒麦芽 15g，砂仁（后下）6g，炒鸡内金 10g，紫苏梗 10g，蒲公英 15g，香茶菜 15g，天龙 2 条，薏苡仁 30g，厚朴 10g。

按语： 胃癌术后，淋巴结阳性，化疗后，依据胃癌的群段治疗思想，患者胃癌术后辅助化疗阶段，重在降低化疗不良反应，益气养血，降逆止呕为主。赭石、旋覆花、生晒参、炒白术、茯苓、炒陈皮、制半夏、炒竹茹、炒黄芪、炒当归、黄精、枸杞子功在扶正固本，益气养血，降逆止呕；炒山楂、炒麦芽、砂仁、炒鸡内金消食化积；紫苏梗、蒲公英、香茶菜、薏苡仁、厚朴重在调理中焦脾胃之气；天龙消瘤散结。

案二 袁某，男，42 岁

诊断：胃癌。

一诊：2013 年 1 月 14 日。

临床主证：2008 年 10 月 7 日胃镜示：胃窦前壁溃疡病变，早癌待排，糜烂性胃炎，病理：胃窦前壁胃黏膜组织中多灶性腺体中－重度异型增生，灶性可疑癌。2008 年 11 月 4 日行胃黏膜剥离术，病理：胃窦前壁胃黏膜组织中多灶性腺体中－重度异型增生，灶性癌变（高中分化腺癌），黏膜内、黏膜层下方及周边切缘均阴性（术中病理胃前壁小弯ⅡC病变），未经放化疗，乏力，易疲劳，便溏，睡眠差。

舌脉：舌苔薄白后根略腻，脉缓弱。

临床处理：健脾和胃，消瘤散结。

方药：六君子汤合桂枝汤加减。炒党参 15g，炒白术 10g，茯苓 12g，炒陈皮 10g，制半夏 9g，紫苏梗 10g，蒲公英 15g，炒黄芪 20g，炒当归 10g，生桂枝 6g，炒白芍 12g，大枣 15g，菝葜 12g，香茶菜 30g，蛇舌草 12g，枸杞子 12g，炒续断 10g，炒杜仲 10g，猫人参 15g，黄精 15g，炒麦芽 15g，川石斛 12g，炒鸡内金 10g。

二诊：2013 年 2 月 4 日。

临床主证：患者面色少华，大便稀溏，一天一次，反复治疗效果不佳，口干目糊，夜眠转好。

舌脉：舌苔薄，脉弱。

方药：上方去蛇舌草、枸杞子、炒续断、炒杜仲、黄精，加炒白扁豆15g，炒薏苡仁30g，红豆杉8g，山药20g。

三诊：2013年3月18日。

临床主证：2013年1月29日电子胃镜：慢性浅表性胃炎，胃ESD术后瘢痕，病理：（胃窦小弯）慢性中度萎缩性胃炎。Hp阴性。患者乏力改善，大便好转。

舌脉：舌苔薄，脉弱。

方药：炒党参15g，炒白术10g，茯苓12g，炒陈皮10g，制半夏9g，紫苏梗10g，蒲公英15g，炒黄芪20g，炒当归10g，炒竹茹10g，厚朴10g，菝葜12g，香茶菜30g，猫人参15g，炒麦芽15g，川石斛12g，炒鸡内金10g，炒白扁豆15g，炒薏苡仁30g，红豆杉8g，山药20g，炒诃子6g。

按语：本病属中医"胃脘痛""反胃"等范畴。胃癌的发病与外邪侵袭、情志失调、饮食不节、正气不足等因素有关，使胃失和降，气滞血瘀痰结，最终聚而成形，导致胃癌。《丹溪心法》归结为："翻胃大约有四，血虚、气虚、有热、有痰兼病。"胃癌的病位在胃，与脾肾关系密切；病性属本虚标实，以标实为主；病机特点是气滞血瘀，痰浊互结。本案为年轻早癌患者，胃镜下行微创手术，治疗重点在预防复发，核心在消除胃癌触发的根源。患者未经溃疡、糜烂性胃炎、黏膜腺体中－重度异型增生，临床表现为乏力，易疲劳，便溏，睡眠差。舌苔薄白后根略腻，脉缓弱。此为中土脾胃升降失司，运化失常，气血生化不足，清阳不升，故乏力、便溏；气血不足，髓海失养，故眠差。气虚推动乏力，中焦不运，水湿停止，气滞湿浊内生久而成积。故立健脾和胃，消瘤散结之法，方用六君子汤健脾和中化湿；桂枝汤温通经脉，调和营卫；紫苏梗理中气；蒲公英、菝葜、猫人参、香茶菜、蛇舌草消瘤散结；炒黄芪、炒当归、枸杞子、炒续断、炒杜仲、黄精、川石斛扶正固本；炒麦芽、炒鸡内金消导和中，全方以经方为根基，再辨病论治，具有代表性。

案三 鲁某，男，62岁

诊断：胃癌。

一诊：2012年9月3日。

临床主证：胃癌术后病理：低分化腺癌，部分印戒细胞癌。淋巴结3/15。化疗7次后替吉奥口服8个月。乏力，纳可，大便稀溏。

舌脉：舌苔薄，脉弱。

临床处理：健脾和胃散结。

方药：炒黄芪 30g，炒当归 10g，生晒参 9g，炒白术 12g，茯苓 12g，炒陈皮 10g，制半夏 10g，香茶菜 30g，菝葜 12g，三叶青 12g，重楼 12g，红豆杉 8g，鲜铁皮石斛（另煎）12g，佛手 10g，炒麦芽 15g，炒白扁豆 15g，山药 20g，炒薏苡仁 30g，炒诃子 10g，肉豆蔻 6g。

二诊：2012 年 11 月 5 日。

临床主证：乏力改善，大便恢复正常，复查 CEA 5.6ng/ml 偏高，肺部有 5mm 的小结节。

方药：炒黄芪 30g，炒当归 6g，生晒参 9g，炒白术 12g，茯苓 12g，炒陈皮 10g，制半夏 10g，菝葜 12g，三叶青 12g，重楼 12g，红豆杉 8g，鲜铁皮石斛（另煎）12g，炒麦芽 15g，炒薏苡仁 30g，猪苓 12g，炒白扁豆 15g，厚朴 10g，全蝎 6g，佛手 10g，香茶菜 30g。

按语：胃癌术后，病理示低分化腺癌，部分印戒细胞癌。淋巴结阳性。复发概率极高，乏力，纳可，大便稀溏，舌苔薄，脉弱，此为脾胃亏虚之象，临床投以健脾和胃，散结消积。炒黄芪、炒当归、生晒参、炒白术、茯苓、炒陈皮、制半夏、佛手、炒白扁豆、山药、炒薏苡仁、鲜铁皮石斛，此乃和中健脾，扶正固本之举；香茶菜、菝葜、三叶青、重楼、红豆杉功擅解毒散结消积；炒麦芽消滞；炒诃子、肉豆蔻温化收敛。复查又见 CEA 偏高，肺部有 5mm 的小结节。所以在辨证论治的基础上给予辨病论治，投以猪苓、全蝎加强散结消瘤之功，实为图本。

七、结直肠癌

案一 史某，女，75 岁

诊断：直肠恶性肿瘤。

一诊：2012 年 4 月 25 日。

临床主证：直肠癌根治术后，淋巴结 4/7，化疗 6 次，伽马刀术后，夜眠差，大便稀溏，一天十余次，血糖偏高（7.5mmol/L）。

舌脉：舌苔厚腻，脉弱。

临床处理：扶正固本，软坚散结，安神定志。

方药：炒黄芪 20g，炒当归 10g，生晒参 9g，炒白术 10g，茯苓 15g，炒陈皮 10g，猫人参 30g，蛇舌草 15g，熟地黄 20g，炒槐米 10g，生地榆 10g，白头翁 10g，炒黄芩 10g，全蝎 6g，天龙 2 条，炒山楂 15g，焦六曲 12g，炒麦芽 15g，大血藤 15g，薏苡仁 30g，砂仁 6g，酸枣仁 15g，远志 10g，合欢皮 15g，首乌藤 30g，珍珠母 30g，磁石 30g。

二诊：2012 年 5 月 21 日。

临床主证：面色无华，大便次数减少。

方药：炒黄芪 20g，炒当归 10g，生晒参 9g，炒白术 10g，茯苓 15g，炒陈皮 10g，猫人参 30g，蛇舌草 15g，生地黄 20g，炒槐米 10g，生地榆 10g，白头翁 10g，炒黄芩 10g，全蝎 6g，天龙 2 条，炒麦芽 15g，大血藤 15g，薏苡仁 30g，砂仁（后下）6g，酸枣仁 15g，远志 10g，合欢皮 15g，炒黄连 6g，凤尾草 15g，磁石 30g，无花果 12g，半枝莲 15g。

按语：本病属中医"肠蕈""积聚""脏毒""便血"等范畴。病因有内外两端，该病初期阶段多呈湿热内蕴，继则气滞血瘀的病理表现，故当正气尚存时应以清热利湿、行气活血为主。病至后期，可出现脾肾阳虚、气血亏虚的表现，因此应以扶正为主，祛邪为辅，治疗以温补脾肾、补益气血为基本法则。该患者直肠癌术后，放化疗后，夜眠差，大便稀溏，一天十余次，舌苔厚腻，脉弱，此为脾肾两虚，湿邪下注所致，治以脾肾双补，解毒散结为宜。药用炒黄芪、炒当归、生晒参、炒白术、茯苓、熟地黄脾肾双补，扶正固本；猫人参、蛇舌草、全蝎、天龙散结消瘤；炒槐米、生地榆、白头翁、炒黄芩、大血藤清热解毒燥湿；炒陈皮、炒山楂、焦六曲、炒麦芽、薏苡仁、砂仁健脾消积除湿；酸枣仁、远志、合欢皮、首乌藤、珍珠母、磁石安神定志。本案辨证准确，选药妥当，效果明显。

案二　史某，男，56 岁

诊断：直肠癌。

一诊：2013 年 10 月 23 日。

临床主证：2013 年 2 月 18 日确诊为"结肠癌"，在浙江省人民医院行结肠癌根治术，术后病理示：溃疡型 6cm×4cm×2cm 中分化腺癌，侵及全层周围脂肪组织，脉管（-），神经累犯（+），手术切缘阴性，淋巴结转移，术后化疗 12 次（mFOLFOX 方案），一般情况好。2013 年 8 月 29 日造口回放，乏力，走路不稳，手足麻木、触碰刺痛难忍。既往有高血压、糖尿病，2013 年 2 月 3 日基底节腔隙性梗死。

舌脉：舌苔薄，脉弱。

临床处理：益气活络散结，清利下焦。

方药：炒黄芪 30g，炒当归 10g，生晒参 9g，桃仁 10g，红花 10g，老鹳草 15g，伸筋草 12g，片姜黄 10g，蜜桂枝 10g，石斛 12g，赤芍 12g，蜜甘草 6g，大枣 15g，炒槐米 10g。

二诊：2013 年 11 月 6 日。

临床主证：手足触碰刺痛感减轻，麻木仍有，空腹血糖 10.0mmol/L，难忍好转。

方药：炒黄芪 30g，炒当归 10g，生晒参 9g，桃仁 10g，红花 10g，老鹳草 15g，伸筋草 12g，片姜黄 10g，蜜桂枝 10g，石斛 12g，赤芍 12g，蜜甘草 6g，大枣 15g，炒槐米 10g，半枝莲 30g，大血藤 12g。

按语：肠癌术后本来气血受损，筋脉受伤，再加上化疗药物性质剧烈，驻于关节肢末，血脉经络受阻，气滞血瘀毒聚，故患者表现为手足麻木、触碰刺痛难忍，奥沙利铂之药属寒毒，故每遇寒加重。乏力，走路不稳，舌苔薄，脉弱，此为脾肾两虚之象。肠癌病在脾肾，与肝有关，所以立益气健脾、活络通经、清利下焦之法，炒黄芪、炒当归、生晒参、石斛、大枣扶正固本；桃仁、红花、老鹳草、伸筋草、片姜黄、蜜桂枝、赤芍活络通经；炒槐米清利下焦；蜜甘草调和诸药。

八、胆囊癌

案 童某，男，63 岁

一诊：2012 年 5 月 23 日。

临床主证：胆囊癌术后化疗后，白细胞 2.7×10^9/L，血小板 57×10^9/L，乏力纳差，喜食咸味，大便稀溏，有时水泻。

舌脉：舌苔厚，脉弱。

临床处理：疏肝健脾散结。

方药：炙黄芪 30g，炒当归 10g，生晒参 9g，炒白术 12g，茯苓 12g，炙甘草 6g，陈皮 10g，制首乌 20g，枸杞 12g，焦三仙各 30g，生地黄 20g，熟地黄 20g，白芍 12g，鸡血藤 30g，菟丝子 10g，益智仁 10g，鲜铁皮石斛（先煎）12g，仙鹤草 15g，砂仁（后下）6g，红枣 15g，生姜 3 片。

二诊：2012 年 6 月 27 日。

临床主证：胆囊癌手术化疗结束后，复查血常规均正常，乏力纳差减轻，大便次数减少，CEA 8.9ng/ml。

舌脉：舌苔腻，脉弱。

方药：炒柴胡 10g，炒白芍 12g，炒白术 12g，猪苓 12g，茯苓 15g，炙甘草 6g，牡丹皮 10g，焦栀子 10g，广金钱草 30g，郁金 10g，猫人参 30g，夏枯草 15g，浙贝母 10g，生牡蛎 30g，炒黄芪 12g，鲜铁皮石斛（另煎）12g，红豆杉 8g，炒山楂 12g，焦六曲 12g，炒麦芽 15g，重楼 12g，黄精 12g，枸杞子 12g。

三诊：2012 年 7 月 18 日。

临床主证：面色少华，乏力，胃纳好，大便 3 次 / 日。

舌脉：舌苔厚腻，脉虚，左关细弦。

方药：上方去焦六曲、炒麦芽、重楼、黄精、枸杞子，加滑石 12g，炒黄芩 10g，藿香 10g，薏苡仁 30g，厚朴 10g，三叶青 12g，炒鸡内金 10g。

按语：胆囊癌好发于女性，病在中焦，与肝、脾、胆等脏腑有关。本案患者胆囊癌化疗后，骨髓抑制，故白细胞 2.7×10^9/L，血小板 57×10^9/L，化疗引起体能受损，消化道反应。脾失健运，湿邪下注，故见乏力纳差，喜食咸味，大便稀溏，有时水泻。辨证为肝木克伐脾土，脾虚不运，湿邪下注，治以疏肝健脾散结，方中炒柴胡、炒白芍、炒白术、猪苓、茯苓、炙甘草、广金钱草、郁金健脾疏肝；牡丹皮、焦栀子清热凉血；猫人参、夏枯草、浙贝母、生牡蛎、红豆杉、重楼软坚消积；炒山楂、焦六曲、炒麦芽和中；黄精、枸杞子、炒黄芪、鲜铁皮石斛扶正固本。全方合用肝气得舒，脾运得健，积滞得除，瘀毒得散。

九、肾癌

案一 李某，女，72 岁

诊断：肾癌术后（浙江大学医学院附属第一医院，2012 年 11 月 12 日）。

一诊：2013 年 12 月 1 日。

临床主证：肾癌术后，卵巢占位，干扰素治疗，感觉腰膝酸软，口干，大便灼热。

舌脉：舌淡红，苔薄，脉沉细。

临床处理：益肾散结。

方药：生地黄 30g，山药 20g，山萸肉 12g，茯苓 12g，丹皮 10g，黄柏 10g，泽泻 10g，知母 10g，蛇舌草 20g，红豆杉 8g，鲜铁皮石斛（另煎）12g，炒二芽各 20g。

二诊：2013 年 3 月 18 日。

临床主证：CEA 13.1ng/ml，三酰甘油 10.95mmol/L（家族史），口干减轻，大便灼热减轻。

舌脉：舌苔薄，脉沉细。

方药：生地黄 30g，山药 20g，山萸肉 12g，茯苓 12g，丹皮 10g，炒黄柏 10g，炒泽泻 10g，炒知母 10g，蛇舌草 20g，三叶青 12g，鲜铁皮石斛（另煎）12g，炒麦芽 20g，重楼 10g，益智 15g，沙苑子 10g，猫人参 15g，炒黄芪 20g，炒当归 10g，半枝莲 30g，砂仁（后下）6g，炒陈皮 10g。

三诊：2013 年 11 月 18 日。

临床主证：CEA 4.5ng/ml，三酰甘油 7.99mmol/L（家族史），2013 年 9 月 24 日浙江大学医学院附属第一医院电子膀胱镜：肾盂癌术后未见复发。

舌脉：舌苔薄，脉沉细。

方药：生地黄 30g，山药 20g，山萸肉 12g，茯苓 12g，丹皮 10g，白及 10g，浙贝母 10g，三叶青 12g，石斛（先煎）12g，厚朴 10g，车前子 15g，炒黄芪 20g，炒当归 10g，熟地黄 15g，制何首乌 12g，黄精 15g，藁本 6g，炒麦芽 15g。

按语： 肾癌病在腰间，与肝、肾两脏有关，病属本虚标实。本案 72 岁老妪，肾癌术后，素体肝肾亏虚，再兼术后气血受损，肝肾更虚，所以表现为腰膝酸软，口干；阴虚虚热扰动故现大便灼热；舌淡红苔薄，脉沉细均为肝肾俱虚之象。病在肝肾，性属阴液虚损，方用知柏地黄丸加减，再加蛇舌草、三叶青、重楼、猫人参、半枝莲散结消瘤；鲜铁皮石斛、炒黄芪、炒当归扶正固本；益智、沙苑子填精固肾；炒麦芽、砂仁、炒陈皮理气和中，以为久图。

案二 王某，71 岁

诊断：肾癌。

一诊：2012 年 2 月 15 日。

临床主证：肾癌术后 5 年，乏力，小便多，心悸，一度房室传导阻滞。

舌脉：舌苔薄，脉小弦。

临床处理：养正消积。

方药：熟地黄 15g，山药 15g，山茱萸 10g，茯苓 12g，薏苡仁 30g，牛膝 10g，石见穿 20g，炒黄芪 15g，垂盆草 20g，三叶青 10g，槲寄生 12g，炒黄连 8g，炒白术 10g，菟丝子 10g，红豆杉 8g，炒麦芽 15g，乌药 10g，益智 10g。

二诊：2012 年 6 月 27 日。

临床主证：面色少华，早醒。

舌脉：舌苔薄，脉小弦。

方药：熟地黄 20g，山药 15g，山茱萸 10g，茯苓 12g，薏苡仁 30g，牛膝 10g，石见穿 20g，垂盆草 20g，三叶青 10g，炒白术 10g，蛇舌草 15g，红豆杉 8g，炒麦芽 15g，重楼 12g，鲜铁皮石斛（另煎）12g，炒山楂 12g，鹿衔草 10g，炒杜仲 10g，黄精 15g，酸枣仁 20g，远志 10g，生牡蛎 30g，龙齿 15g。

按语： 肾癌术后，肝肾亏虚，久虚阴液不足，心火和肾水不能既济，故见心悸，一度房室传导阻滞。舌苔薄，脉小弦，乏力，小便多，是肾气不固之象。辨证为肝肾阴虚，水火不济，方用六味地黄丸滋养肝肾之阴，牛膝、槲寄生助六味地黄丸强腰膝；薏苡仁、垂盆草、炒黄连、炒白术健脾除湿，补后天以资先天，防虚虚实实之弊；石见穿、三叶青、红豆杉消瘤散结；乌药、炒黄芪、菟丝子、益智固肾收敛；炒麦芽和中。全方共奏正本清源，养正消积之功。

十、膀胱癌

案 张某，男，82 岁

诊断：膀胱癌。

一诊：2012 年 4 月 23 日。

临床主证：膀胱癌术后化疗中，尿道刺痛，纳可，乏力，脚麻。

舌脉：舌苔黄腻，脉略有力。

临床处理：滋补肝肾，清利下焦，解毒散结。

方药：木通 6g，车前草 30g，萹蓄 15g，滑石 12g，生甘草 10g，瞿麦 12g，焦栀子 10g，生地黄 20g，炒黄柏 10g，蛇舌草 15g，大血藤 12g，炒山楂 12g，炒麦芽 15g，全蝎 6g，蜈蚣 1 条，石斛 12g，猫爪草 30g，猫人参 30g，佛手 10g，山药 20g，炒泽泻 10g，牡丹皮 10g，仙鹤草 15g，砂仁（后下）6g。

二诊：2012 年 6 月 25 日。

临床主证：易疲劳，四个脚趾麻，无血尿。

舌脉：舌淡红，苔薄黄，脉有力。

方药：车前草 30g，萹蓄 15g，滑石 12g，生甘草 10g，瞿麦 12g，焦栀子 10g，生地黄 20g，炒黄柏 10g，蛇舌草 15g，大血藤 12g，炒山楂 12g，炒麦芽 15g，全蝎 6g，蜈蚣 1 条，石斛 12g，猫爪草 30g，猫人参 30g，土茯苓 30g，山药 20g，炒泽泻 10g，牡丹皮 10g，血余炭 6g，砂仁（后下）6g，石韦 20g，炒黄芪 30g，炒当归 10g，制何首乌 15g，枸杞子 12g，炒麦芽 15g。

三诊：2013 年 1 月 14 日。

临床主证：2012 年 12 月 3 日膀胱镜示：尿道狭窄，尿管扩至 22 号，已留置导尿，前列腺增生。2012 年 12 月 7 日 B 超示：双肾囊肿。乏力减轻，脚麻缓解，继续巩固。

方药：车前草 30g，萹蓄 15g，滑石 12g，生甘草 10g，瞿麦 12g，焦栀子 10g，生地黄炭 20g，炒黄柏 10g，蛇舌草 15g，大血藤 12g，全蝎 6g，蜈蚣 1 条，全蝎 2 条，山药 20g，炒泽泻 10g，牡丹皮 10g，炒黄芪 30g，炒当归 10g，黄精 15g，枸杞子 12g，炒麦芽 15g，佛手 10g，大血藤 12g。

按语： 膀胱位于下焦，与肝、肾两脏有关，本案八旬老翁，素体肝肾亏虚，膀胱癌术后正气更虚，兼化疗药膀胱灌注，药毒下注故尿道刺痛。脾肾两虚，经脉失养故乏力，脚麻。舌苔黄腻，脉略有力提示本虚标实，标实为湿热邪毒停于下焦。故立滋补肝肾，清利下焦，解毒散结为法。药用车前草、萹蓄、滑石、瞿麦、石韦利尿通淋解毒；生甘草、炒黄柏、焦栀子清热解毒燥湿；蛇舌草、猫爪草、猫人参、土茯苓、大血藤、全蝎、蜈蚣散结解毒消瘤；炒黄芪、炒当归、制何首乌、枸杞子、生地黄、石斛、山药、炒泽泻、牡丹皮扶正固本；血余炭加强解毒散结之功；砂仁、炒山楂、炒麦芽消导和中。全方配伍层次分明，效宏力专。

十一、卵巢癌

案 余某，女，54 岁

诊断：卵巢癌术后。

一诊：2015 年 12 月 16 日。

临床主证：卵巢癌术后，曾接受化疗。目前化疗已经完成，口中无味，左侧小腹酸胀牵及后骶，小便黄，大便黑色（1 周前吃鸭血史）。

舌脉：舌质偏淡，苔薄，脉细弱。

方药：炒柴胡 10g，麸炒白术 10g，茯苓 12g，麸白芍 12g，炒当归

10g，焦栀子 10g，浙贝母 10g，蜜黄芪 12g，薏苡仁 30g，厚朴 10g，夏枯草 30g，猫爪草 15g，天龙 1 条，地榆炭 12g，炒麦芽 15g，仙鹤草 15g，白花蛇舌草 15g，大血藤 12g，炒黄柏 10g，生地榆 10g，炒黄连 5g。

二诊：2016 年 9 月 26 日。

临床主证：口中无味，左侧小腹酸胀牵及后骶，小便黄好转，口气重，舌尖麻好转，脚麻木。新近外感后咳嗽，咽喉痒、隐隐痛不适。

舌脉：舌质偏淡，苔薄，脉细弱。

方药：炒柴胡 10g，茯苓 12g，麸白芍 12g，炒黄芩 10g，浙贝母 10g，生牡蛎（先煎）30g，木蝴蝶 3g，炒莱菔子 10g，桔梗 12g，射干 10g，燀苦杏仁 10g，厚朴 10g，大枣 12g，金银花 12g，桑叶 12g，菊花 10g，北沙参 12g，蜜紫菀 10g，蜜百部 12g，炒陈皮 10g，鱼腥草 25g。

按语：卵巢癌为女性生殖系统肿瘤之一，属于难治性肿瘤，难在其易于复发。该患者为 54 岁女性，卵巢癌已经手术切除，辅助化疗也已经完成。患者素体肝肾亏虚，阴虚致病，再兼手术、化疗，正气更虚，口中无味，左侧小腹酸胀牵及后骶，均为正气亏虚，失于濡养之故。小便黄，舌质偏淡，苔薄，脉细弱为肝肾亏虚之证。药用炒柴胡、麸炒白术、茯苓、麸白芍、炒当归健脾疏肝；夏枯草、猫爪草、天龙、浙贝母、大血藤、仙鹤草、白花蛇舌草散结消瘤；蜜黄芪、薏苡仁、厚朴、炒麦芽补气健脾，理气消积；焦栀子、炒黄柏、生地榆、炒黄连清热解毒燥湿。全方共达扶正固本，散结消瘤之功。

十二、宫颈癌

案一 姚某，女，51 岁

诊断：子宫颈癌。

一诊：2012 年 11 月 12 日。

临床主证：子宫颈癌术后放化疗结束 1 个月后，白细胞 2.0×10^9/L，乏力，纳可，头晕，肛门有下坠感。

舌脉：舌苔薄，脉缓弱。

临床处理：益气养血和胃。

方药：蜜黄芪 30g，炒当归 12g，生晒参（包煎）9g，炒白芍 12g，炒白术 12g，茯苓 12g，黄精 20g，枸杞子 20g，制何首乌 20g，鸡血藤 30g，熟地黄 30g，炒川芎 6g，菟丝子 10g，蜜升麻 5g，生葛根 10g，炒山楂 12g，佛手 10g。

二诊：2012 年 12 月 10 日。

临床主证：头晕乏力及下坠感减轻，近日外感，查白细胞 $2.9 \times 10^9/L$。

方药：蜜黄芪 30g，炒当归 12g，生晒参（包煎）9g，炒白芍 12g，炒白术 12g，茯苓 12g，黄精 20g，枸杞子 20g，制何首乌 20g，鸡血藤 30g，熟地黄 30g，炒川芎 6g，菟丝子 10g，蜜升麻 5g，生葛根 10g，炒山楂 12g，佛手 10g，仙灵脾 15g，炒柴胡 6g，大枣 15g。

按语：宫颈癌病在下焦，与肝、肾有关，素体肝肾亏虚，邪之所凑，其气必虚。再兼手术及放化疗损伤，正气更虚。湿邪下注故见下坠感。肝肾阴虚，髓海失养故头晕。药用蜜黄芪、蜜升麻、生葛根补中益气，升清降浊；炒当归、生晒参、炒白芍、炒白术、茯苓、黄精、枸杞子、制何首乌、鸡血藤、熟地黄、菟丝子脾肾双补，扶正固本；炒川芎行气活血；炒山楂和中消积；佛手理气和胃。全方先后天同补，升降同用，扶正祛邪并举，辨证思路清晰，遣方用药灵活得法。

案二　陈某，女，56 岁

诊断：子宫颈癌。

一诊：2012 年 12 月 17 日。

临床主证：2012 年 1 月 30 日上海华东医院盆腔 MRI 示：宫颈及宫颈下部癌，侵及肌层，病灶向上累及宫体下部，向下累及阴道后穹窿。双侧盆壁及腰骶椎前腹膜后淋巴结转移。2012 年 2 月上海市肿瘤医院术后病理示：宫颈 10-2 内生性非角化性鳞状细胞癌 2.5cm×2.5cm×2cm，浸润宫颈纤维壁全层至浆膜外，侵犯子宫下段，脉管内癌栓（＋），神经侵犯（＋），左宫旁组织（＋），淋巴结（13/39）见癌转移。后行放化疗。目前患者宫颈癌术后 9 个月余，下蹲后站起无力，腹胀，小腹偶有疼痛，要求中药治疗。

舌脉：舌苔薄白，脉沉细，右关虚大。

临床处理：清利下焦散结。

方药：生晒参 9g，炒白术 12g，茯苓 12g，炒陈皮 10g，生地黄 15g，熟地黄 15g，炒白芍 12g，炒当归 10g，枸杞子 15g，黄精 15g，炒黄芪 30g，大血藤 15g，石斛 12g，重楼 12g，凤尾草 30g，天龙 2 条，沉香 6g，蛇舌草 12g，三叶青 12g，全蝎 5g，炒麦芽 15g，砂仁（后下）10g，大枣 20g。

二诊：2013 年 3 月 4 日。

临床主证：腹胀及小腹痛好转，大便干，口唇生疮。

方药：炒柴胡 9g，炒白术 12g，茯苓 12g，牡丹皮 10g，生地黄 15g，炒

浙江中医临床名家·庞德湘

白芍 12g，炒当归 10g，牛膝 9g，炒黄芪 30g，大血藤 15g，重楼 12g，凤尾草 30g，天龙 2 条，蛇舌草 12g，三叶青 12g，全蝎 5g，炒麦芽 15g，厚朴 10g，半枝莲 20g。

按语：子宫颈癌是我国女性好发肿瘤，现代医学认为与 HPV 病毒感染有关，祖国医学认为该病属于中医"带下""癥瘕""阴疮""五色带"范畴。多由脏腑虚损、冲任失约、带脉不固、邪毒瘀阻血络和痰湿内结胞宫所致，与肝、脾、肾三脏关系最密切。本病的主要病机为肝郁气滞，或脾虚湿盛，或肾虚不固，导致脏腑功能亏损，冲任失调，督带失约而成。宫颈癌再接受放化疗，正气更伤，再兼放射线性燥烈，最易损耗人体阴津。宫颈癌术后 9 个月余，下蹲后站起无力，腹胀，小腹偶有疼痛，舌苔薄白，脉沉细，右关虚大符合肝肾亏虚，邪毒蕴结的病机。方中诸药脾肾两补，配合消瘤解毒散结，不忘顾护脾胃，以期实现正气得复，邪毒得解的目的。

十三、子宫内膜癌

案 陈某，女，55 岁

诊断：子宫内膜癌。

一诊：2012 年 5 月 8 日。

临床主证：子宫内膜癌，宫腔息肉，子宫内膜切除术 Ⅲ 级，淋巴结 0/20，汗出，下身少量出血。

舌脉：舌苔薄，脉弱。

临床处理：扶正散结止血。

方药：桂枝 10g，赤芍 10g，白芍 10g，茯苓 15g，桃仁 12g，牡丹皮 10g，益母草 20g，夏枯草 15g，浙贝母 10g，生牡蛎（先煎）30g，生黄芪 30g，炒当归 10g，黄精 15g，枸杞子 12g，焦三仙各 20g，淮小麦 30g，红枣 15g，守宫 2 条，枫斗（先煎）12g，猫人参 30g，全虫 6g，生姜 3 片，仙鹤草 15g，川朴 6g。

二诊：2012 年 6 月 6 日。

临床主证：面色少华，自诉胃纳好，下身出血已停。

方药：上方去黄精、枸杞子、红枣、守宫，加炒山楂 10g，天龙 2 条，大血藤 12g。

三诊：2012 年 7 月 18 日。

临床主证：患者面色少华，纳可，下蹲不适。

方药：桂枝 10g，赤芍 10g，白芍 10g，茯苓 15g，桃仁 12g，牡丹皮 10g，益母草 20g，夏枯草 15g，浙贝母 10g，生牡蛎（先煎）30g，炒黄芪 30g，炒当归 10g，淮小麦 30g，全蝎 6g，天龙 2 条，鲜铁皮石斛（另煎）12g，三叶青 12g，大血藤 12g，半枝莲 15g，重楼 12g，凤尾草 30g，仙鹤草 12g，乌药 6g。

按语： 子宫内膜癌属于常见的妇科肿瘤之一，以盆腔肿块、阴道出血为常见临床表现，常引起肠道、泌尿道甚至下肢血管的梗阻。该患者素体肝肾虚损，再兼宫腔息肉，子宫内膜切除术后正气更虚，汗出为气血虚弱之象。下身少量出血的原因为气虚失于固摄。辨证为肝肾两虚，气血受损。治则为正本清源，扶正祛邪。药用炒当归、黄精、枸杞子、生黄芪、桂枝、赤芍、白芍、茯苓、桃仁、牡丹皮，取八珍汤之意，气血双补；益母草调理冲任，补气而不滞，活血而不破，止血而不留瘀；夏枯草、浙贝母、生牡蛎、守宫、枫斗、猫人参、全虫、仙鹤草散结消瘤解毒；焦三仙、淮小麦、红枣、生姜、川朴配合扶正祛邪。全方用药层次分明，前后照应。

十四、脑瘤

案 唐某，女，28 岁

诊断：松果体区肿瘤伴脑积水。

一诊：2012 年 3 月 12 日。

临床主证：患者因"反复头晕 3 个月余，头痛伴视物模糊 1 个月余"入住浙江省人民医院。意识清楚，对答切题，双瞳孔等大，光反射灵敏。查头颅 MRI：现松果体区见异常信号，直径约 1.6mm：松果体区肿瘤伴脑积水。于 2012 年 2 月 28 日行伽马刀治疗，视力恢复，仍有头晕乏力纳差，晨起咽喉有痰。

舌脉：舌苔薄，脉沉细弦。

临床处理：平肝息风散结。

方药：天麻 9g，钩藤 12g，炒杜仲 10g，焦栀子 9g，炒黄芩 10g，石决明 15g，首乌藤 15g，槲寄生 12g，牛膝 10g，茯苓 15g，猪苓 12g，生桂枝 10g，炒泽泻 10g，红豆杉 8g，猫爪草 20g，全蝎 6g，天龙 2 条，炒川芎 10g，制南星 6g，白芷 3g，炒山楂 12g，炒麦芽 15g。

二诊：2012 年 4 月 2 日。

临床主证：浙江省人民医院 2012 年 3 月 29 日 MRI 示松果体区肿瘤伽马刀后，现松果体区见异常信号，直径约 8mm，T1WI、T2WI 不均匀偏高信号，边界尚清，有轻度强化，周围结构未见异常。

方药：天麻 9g，钩藤 12g，炒杜仲 10g，焦栀子 9g，炒黄芩 10g，石决明 15g，泽漆 20g，槲寄生 12g，牛膝 10g，茯苓 15g，猪苓 12g，生桂枝 10g，炒泽泻 10g，红豆杉 8g，猫爪草 20g，全蝎 6g，天龙 2 条，白芷 3g，制南星 6g，白芷 3g，野菊花 15g，炒麦芽 15g，僵蚕 10g，藁本 10g，苍耳子 6g，半枝莲 12g，蛇舌草 15g。

按语：脑为髓海，病理常分虚实两端，在虚为失养，在实为瘀阻。本例为青年女性，松果体区肿瘤伴脑积水，表现为反复头晕、头痛伴视物模糊，行伽马刀治疗，视力恢复，仍有头晕乏力纳差，晨起咽喉有痰。舌苔薄，脉沉细弦，辨证仍以素体肝肾不足，内生痰浊瘀毒阻窍。治以扶正祛邪。病程新近不久，正气尚强，依据癌瘤的中医治疗原则，以祛邪为主。药用炒川芎、石决明、天麻、钩藤、炒杜仲滋阴潜阳，清利头目；焦栀子、炒黄芩清热燥湿；首乌藤、槲寄生、牛膝补肾强腰膝；茯苓、猪苓健脾利湿；白芷、生桂枝解表通经止痛；炒泽泻、制南星、红豆杉、猫爪草、全蝎、天龙软坚散结；炒山楂、炒麦芽和中化滞。

十五、非霍奇金淋巴瘤

案一 江某，男，75 岁

诊断：非霍奇金恶性淋巴瘤，肺边缘区黏膜相关组织淋巴瘤，肺炎。

一诊：2012 年 5 月 28 日。

临床主证：恶性淋巴瘤术后 3 个月，浙江大学医学院附属第一医院术后病理：（左肺上叶）非霍奇金淋巴瘤，免疫组化提示肺边缘区黏膜相关组织淋巴瘤。（左肺）各淋巴结均未见肿瘤转移。2012 年 4 月 26 日予 ROCP 化疗。刻下乏力纳差，失眠。

舌脉：舌苔薄，脉弱。

临床处理：益气升血，健脾和胃，佐以散结。

方药：生晒参 9g，炒白芍 12g，炒白术 12g，茯苓 15g，生地黄 15g，熟地黄 15g，炒当归 10g，炒黄芪 30g，制何首乌 15g，枸杞子 12g，酸枣仁 15g，远志 10g，龙齿 30g，红豆杉 8g，鲜铁皮石斛（另煎）12g，鸡血藤 30g，炒山楂 15g，焦六曲 15g，炒麦芽 30g，紫苏梗 10g，蒲公英 15g，砂仁（后下）6g，大枣 15g。

二诊：2012 年 6 月 11 日。

临床主证：食欲增加，乏力改善，仍有面色少华。

方药：上方去制何首乌、炒山楂、焦六曲，加黄精。

三诊：2012 年 7 月 9 日。

临床主证：2012 年 6 月 29 日浙江大学医学院附属第一医院行美罗华（利妥普单抗注射液）600mg 第 4 次化疗，B 超示：双侧腋下及腹股沟多发淋巴结探及，双侧颈部未见明显肿大淋巴结。胃纳可，夜眠好转。

方药：生晒参 9g，炒白芍 12g，炒白术 12g，茯苓 15g，生地黄 15g，熟地黄 15g，炒当归 10g，炒黄芪 30g，黄精 15g，枸杞子 12g，酸枣仁 15g，远志 10g，龙齿 30g，红豆杉 8g，鲜铁皮石斛（另煎）12g，鸡血藤 30g，炒麦芽 30g，紫苏梗 10g，蒲公英 15g，泽漆 30g，大枣 15g，石见穿 30g，夏枯草 15g，厚朴 10g。

按语： 恶性淋巴瘤属于"石疽""恶核""失荣""瘰疬""痰核"等范畴。中医认为淋巴瘤发病与禀赋不足、脏腑失调、七情内伤、饮食不节、外感六淫等有密切关系。虚、痰、毒、瘀等相互交织，致使脏腑亏损、气血虚弱、阳气衰耗、痰毒凝结、气滞血瘀、水湿内停，聚湿生痰，痰浊留着于经络肌肤，生为本病。本病病位涉及五脏、六腑、经络及肌肤等全身各处。该案为七旬老叟，左肺上叶结外边缘区黏膜相关组织淋巴瘤，ROCP 化疗中，乏力纳差，苔薄，脉弱。病情分析为素体正气虚弱，脏腑功能失常，痰湿瘀毒内结而成，乏力、纳差、苔薄、脉弱为化疗后正气再虚，给予益气升血，健脾和胃，佐以散结。药用鲜铁皮石斛、生晒参、炒白芍、炒白术、茯苓、生地黄、熟地黄、炒当归、炒黄芪、制何首乌、枸杞子、大枣益气升血，健脾和胃；酸枣仁、远志、龙齿安神定志；红豆杉散结；鸡血藤、炒山楂、焦六曲、炒麦芽、紫苏梗、蒲公英、砂仁理气和中，消积导滞。全方配伍得法，也符合肿瘤分类群段的治疗思想。

案二 黄某，男，57 岁

一诊：2013 年 11 月 11 日。

临床主证：小肠非霍奇金淋巴瘤（NHL）并梗阻手术后，化疗 6 次（2013 年 10 月 18 日末次化疗），自诉晨起口苦，半夜易醒。

舌脉：舌苔后根腻。

临床处理：健脾化湿散结。

方药：炒党参20g，炒白术12g，茯苓12g，炒当归10g，炒陈皮10g，姜半夏10g，炒木香6g，砂仁6g，薏苡仁30g，夏枯草15g，浙贝母10g，生牡蛎15g，重楼10g，炒槐米10g，野葡萄根30g，水杨梅根30g，黄芪20g，半枝莲30g，厚朴10g。

二诊：2013年12月2日。

临床主证：稀便，余症如前。

方药：去炒槐米、野葡萄根，加白头翁10g，秦皮10g。

三诊：2014年1月6日。

临床主证：腹泻缓解，仍有乏力。

舌脉：舌淡苔腻，脉虚。

方药：炒党参20g，炒白术12g，茯苓12g，炒当归10g，炒陈皮10g，姜半夏10g，炒木香6g，砂仁6g，薏苡仁30g，夏枯草15g，浙贝母10g，生牡蛎15g，三叶青10g，黄芪20g，焦六曲10g，白及10g，豆蔻6g，葛花10g。

按语：患者五旬叟，素体脾肾俱虚，因虚致病，再加刀圭损伤元气，化疗药损耗脾胃之气，晨起口苦，半夜易醒，舌苔后根腻，此乃脾失健运，痰瘀内结之证，健脾化湿散结可获良效。

十六、黑色素瘤

案　朱某，男，64岁

诊断：黑色素瘤。

一诊：2012年2月20日。

临床主证：黑色素瘤术后，近来口苦，夜间加重，乏力，牙痛1周。

舌脉：舌苔薄，脉虚大。

临床处理：扶正散结，清热解毒。

方药：龙葵15g，石见穿30g，猫爪草30g，炒柴胡10g，薏苡仁30g，炒黄芩10g，生地黄15g，青黛3g，制南星6g，天龙2条，北沙参12g，红豆杉8g，生甘草5g，炒黄芪20g，炒当归6g，焦栀子10g，炒黄连5g，麦冬10g，夏枯草15g，炒芥子5g，香橼10g，蛇舌草15g，猫人参30g，三叶青12g。

二诊：2012年7月18日。

临床主证：患者口苦改善，乏力减轻，牙痛愈，面色少华，胃部不适。

舌脉：舌苔略厚黄，脉弱。

方药：龙葵 15g，石见穿 30g，猫爪草 30g，炒柴胡 10g，薏苡仁 30g，炒黄芩 10g，生地黄 20g，青黛 3g，制南星 6g，天龙 2 条，红豆杉 8g，生甘草 5g，炒黄芪 30g，炒当归 6g，焦栀子 10g，炒黄连 5g，夏枯草 15g，炒芥子 5g，蛇舌草 15g，藤梨根 30g，三叶青 12g，浙贝母 10g，生牡蛎（先煎）30g，金银花 12g，连翘 12g，炒麦芽 15g。

按语： 黑色素瘤是一种相对少见，预后极差的恶性肿瘤，病属本虚标实，因虚致病。该患者为六旬男性，黑色素瘤术后，近来口苦，夜间加重，乏力，牙痛 1 周，舌苔薄，脉虚大，证属正气内虚，痰瘀邪毒内结，投以扶正散结，清热解毒。

（高文仓 撰写）

第四节　带瘤生存参机变，活得且好寿且长

"两类、四群、十三段"的第四群是"带瘤生存群"。该群指无手术切除指征，或拒绝手术，或术后出现复发、转移的人群，分为五个阶段。中医治疗的目标是提高患者生存质量，尽量恢复机体能力，使带瘤生存期无限延长。

一、鼻腔上额窦癌

案 赵某，女，47 岁

一诊：2012 年 4 月 2 日。

临床主证：2011 年 1 月 7 日右侧鼻腔上额窦癌术后，2012 年 3 月 17 日鼻咽 MRI 增强提示复发，双侧颈深可见多发淋巴结，转移不能除外，因拒绝放化疗，要求中医治疗。目前偶有鼻塞，乏力，纳差，心烦。

舌脉：舌红，苔薄，脉沉细。

临床处理：通窍散结。

方药：苍耳子 6g，辛夷 10g，白芷 5g，钩藤 12g，蛇舌草 15g，猫爪草 30g，猫人参 30g，炒白芍 15g，赤芍 12g，炙甘草 10g，延胡索 15g，全蝎 6g，天龙 2 条，胆南星 6g，半枝莲 20g，炒黄芩 10g，炒柴胡 10g，炒麦芽

15g，佛手10g，生地黄12g，黄精12g，僵蚕10g，连翘10g。

14剂，水煎服。

按语： 患者鼻腔上额窦癌术后复发，颈部淋巴结转移，正气未虚，中医治疗以祛邪为主，重视痰、瘀、热毒的治疗，多用化痰散结、祛瘀、清热药物。药用蛇舌草、猫爪草、猫人参、半枝莲化痰解毒散结；柴胡、黄芩、连翘苦寒清热；赤芍、生地清热凉血；延胡索行气活血；病位在官窍，以苍耳子、辛夷、白芷通窍，改善鼻塞流涕等症状；全蝎、无龙、僵蚕通络散结。

二、鼻咽癌

案 林某，男，55岁

一诊：2013年3月24日。

临床主证：1997年患鼻咽癌，2000年淋巴结转移。查CT示：脑积水。口干，便干，吞咽食物不适，手足冷，下午疲劳，面萎。

舌脉：舌红少苔，脉细弱。

方药：生地30g，山药20g，丹皮10g，茯苓10g，山萸肉12g，泽泻10g，北沙参15g，石斛（先煎）12g，天花粉10g，玉竹10g，白术10g，三叶青12g，重楼10g，生芪30g，当归10g，苏梗10g，公英15g，半枝莲30g，苍耳子6g，黄精15g，枸杞12g，板蓝根15g，砂仁（后下）6g，生姜3片，虎杖根10g，苁蓉10g。

按语： 患者病久伤阴耗气、气血衰败，病机关键在气血失调，故以扶正为主。辨证为肝肾阴虚证，处以六味地黄汤加减，改熟地为生地，防熟地之滋腻恋邪；北沙参、石斛、天花粉、玉竹、白术滋阴生津，改善口干症状；黄精、枸杞子、黄芪、当归滋阴补肾，补气养血，有辅助"三补"之意；三叶青、重楼、蒲公英、板蓝根清热解毒，辅助"三泻"；虎杖根、苁蓉通便。

三、胸腺癌

案 王某，女，69岁

诊断：胸腺癌。

一诊：2013年10月23日。

临床主证：胸腺癌术后，浙江大学医学院附属第二医院胸部CT：心包增厚，心包少量积液，右下肺软组织肿块，最大3.7cm×3.0cm×2.5cm，转移瘤考虑，两肺纵隔旁条索状影，放疗后改变，两肺散在纤维增殖灶；肝内多发低密度灶，转移瘤考虑。ECT：L_3椎体、右侧第 10 肋骨代谢增强，考虑转移。B 超：转移性肝癌，腹膜后淋巴结肿大，CEA 16.2ng/ml。术后放化疗 6 周期。目前胸痛，乏力，咳嗽痰少，食欲不振，手足麻木。

舌脉：舌暗有齿痕，脉细弱。

临床处理：宽胸疏表，散结通瘀。

方药：生桂枝 10g，炒白芍 15g，生葛根 15g，瓜蒌皮 10g，蜜甘草 10g，延胡索 12g，砂仁（后下）6g，胆南星 6g，厚朴 10g，石见穿 30g，片姜黄 10g，蛇舌草 15g，半枝莲 15g，炒黄芪 30g，炒当归 10g，炒党参 20g，炒山楂 15g，炒麦芽 20g。

二诊：2013 年 11 月 6 日。

临床主证：胸痛好转，咳嗽减轻，仍有食欲不振，手足麻木。

舌脉：舌暗，有齿痕，脉细弱。

方药：生桂枝 10g，炒白芍 15g，赤芍 15g，生葛根 15g，蜜甘草 10g，延胡索 12g，砂仁（后下）6g，姜半夏 10g，瓜蒌皮 10g，石见穿 30g，片姜黄 10g，蛇舌草 15g，半枝莲 15g，炒黄芪 30g，炒当归 10g，炒党参 20g，炒山楂 15g，炒麦芽 20g。

按语：《金匮要略》瓜蒌桂枝汤治疗太阳柔痉体强证。症见项背强直，肢体拘急，发热，恶风寒，头痛汗出，苔薄白，脉沉细而迟或兼弦。庞师以瓜蒌桂枝汤加葛根打底，加活血化瘀、化痰软坚药。一诊后胸痛缓解，起到了带瘤生存、缓解症状、提高生活质量的效果。

四、肺癌

案一 陈某，男，71 岁

诊断：小细胞肺癌伴骨、双肾上腺转移（广泛期，cT2aN1M1 Ⅳ期）。

一诊：2012 年 12 月 19 日。

临床主证：浙江省肿瘤医院病理：小细胞肺癌，化疗结束 3 个月复查提示肿瘤复发。现化疗后 10 天，乏力纳差，白细胞、血红蛋白偏低，咳嗽咳痰色白。

舌脉：舌苔薄，脉弱。

方药：黄芪 30g，当归 10g，熟地黄 20g，白芍 12g，生晒参 9g，白术

浙江中医临床名家·庞德湘

10g，茯苓 15g，甘草 6g，葶苈子 12g，厚朴 10g，石斛 12g，浙贝 10g，鸡血藤 30g，何首乌 12g，黄精 15g，瓜蒌皮 12g，金荞麦 30g，麦芽 15g，佛手 10g。

二诊：2012 年 4 月 7 日。

临床主证：仍咳嗽有痰色白，白细胞、血红蛋白正常，纳可。

舌脉：舌苔薄，脉弱。

方药：生晒参 9g，白术 10g，茯苓 15g，陈皮 10g，胆南星 6g，砂仁 6g，黄芪 20g，当归 10g，百合 12g，生地 15g，黄精 15g，鲜铁皮石斛（另煎）10g，红豆杉 9g，金雀根 30g，泽漆 30g，瓜蒌皮 10g，杏仁 10g，葶苈子 12g，炒麦芽 15g。

三诊：2013 年 4 月 24 日。

临床主证：咳嗽。

舌脉：舌苔薄，脉弱。

方药：生晒参 9g，炒白术 10g，茯苓 12g，炒陈皮 10g，胆南星 6g，金荞麦 30g，炒黄芪 20g，炒当归 10g，百合 12g，生地黄 15g，黄精 15g，石斛 10g，生白前 10g，金雀根 30g，泽漆 30g，瓜蒌皮 10g，苦杏仁 10g，葶苈子 24g，炒麦芽 15g。

按语： 患者广泛期小细胞肺癌姑息化疗期间，化疗药物易损伤脾胃、耗气伤血，导致脏腑功能失调，引起血液、胃肠及肝肾毒性反应。此阶段以虚证最为突出，治以扶正培本，忌用攻伐之品，健脾和胃减轻消化道反应，补气生血促进骨髓造血。患者顺利完成化疗，二线治疗后病情稳定 1 年余。

案二 张某，女，52 岁

诊断：肺腺癌伴脑、骨转移。

一诊：2012 年 12 月 12 日。

临床主证：2011 年 2 月确诊为肺腺癌伴脑、骨转移，2011 年 6 月 28 日放疗后检测 EGFR 突变型，2012 年 11 月 2 日开始服用特罗凯靶向治疗，疗效评价：PR。目前咳嗽痰少。

舌脉：舌淡红，苔薄，脉沉无力。

方药：桂枝 6g，泽泻 20g，石见穿 30g，黄芩 10g，生晒参 9g，甘草 6g，蜂房 10g，红豆杉 8g，石斛 12g，金荞麦 30g，自然铜 12g，浙贝 10g，三叶青 12g，全蝎 6g，夏枯草 15g，山药 30g，扁豆 15g，细辛 4g，麻黄 6g，鹿衔草 12g，麦芽 15g。

二诊：2013 年 3 月 20 日。

临床诊断：继续特罗凯靶向治疗，评价：PR。目前扁桃体发炎，咽喉干燥不适，咳嗽。

舌脉：舌淡，苔厚腻，脉沉无力。

方药：桂枝6g，泽漆20g，石见穿30g，黄芩10g，北沙参12g，甘草6g，蜂房10g，自然铜12g，夏枯草15g，鲜铁皮石斛（另煎）12g，金荞麦30g，山豆根6g，射干12g，蜜百部12g，黄精15g，百合12g，桔梗10g，重楼10g，厚朴10g，炒黄芪30g，炒当归10g，瓜蒌皮10g，金银花10g。

三诊：2013年7月31日。

临床主证：头晕，咽喉干燥不适，咳嗽已愈，肩痛。

舌脉：舌淡，苔厚腻，脉沉无力。

方药：桂枝6g，泽漆20g，石见穿30g，黄芩10g，生晒参9g，甘草6g，蜂房10g，炒薏苡仁30g，石斛12g，夏枯草15g，葶苈子12g，金荞麦30g，黄精15g，生地15g，桔梗10g，白芍12g，厚朴10g，炒黄芪30g，炒当归10g，瓜蒌皮10g，麻黄6g，莪术6g，桑枝12g，砂仁6g，山楂12g。

按语：庞师认为《金匮要略》泽漆汤是古人治疗肺癌的专方，临证时配以蜂房、红豆杉加强解毒祛邪之效。此患者EGFR-TKI治疗后病情得到控制，中医治疗的目的是减轻咳嗽症状、延缓靶向药物耐药，故诊治过程中加用宣肺止咳、清热利咽、养阴润肺之品，使患者咳嗽痊愈、带瘤生存。

案三 方某，女，58岁

诊断：晚期肺癌合并胸腔积液。

一诊：2012年4月25日。

临床主证：大量胸腔积液，大便略稀，纳可，肩胛不适，皮肤偶痒。

舌脉：舌苔薄白，脉细。

方药：生晒参9g，白术12g，茯苓15g，猪苓15g，陈皮10g，制半夏10g，炙桑皮10g，天葵子15g，葶苈子30g，夏枯草15g，浙贝母10g，金雀根30g，泽漆30g，石见穿30g，桂枝10g，焦三仙各30g，砂仁（后下）6g，石斛12g，苏梗10g，米仁30g，细辛4g，薤白10g，瓜蒌皮12g，红枣15g，生姜3片。

二诊：2012年6月13日。

临床主证：胸腔积液较前减少，面白浮肿，胃纳差，胸闷，左手臂刺痛。

舌脉：舌淡红，苔略腻，脉沉细。

方药：生晒参9g，白术12g，猪苓15g，茯苓15g，陈皮10g，炙桑皮

10g，天葵子 15g，葶苈子 30g，夏枯草 15g，浙贝母 10g，金雀根 30g，泽漆 30g，石见穿 30g，细辛 4g，桂枝 10g，川朴 10g，干姜 6g，熟地黄 10g，檀香 6g，米仁 30g，炙麻黄 4g，当归 10g，炙黄芪 30g，黄芩 10g，焦三仙各 30g，红枣 15g，生姜 3 片。

三诊：2013 年 2 月 6 日。

临床主证：面色苍白，骨 ECT 提示椎体有转移，唑来膦酸治疗。B 超：胸腔积液 3cm（较前减少），痰白，能咳出。

舌脉：舌淡红，苔略腻，脉沉细。

方药：生晒参 9g，白术 12g，茯苓 15g，葶苈子 30g，石见穿 30g，细辛 4g，薏苡仁 30g，瓜蒌皮 12g，石斛（先煎）12g，苦杏仁 10g，炒白芍 15g，金荞麦 30g，炒芥子 6g，蜜麻黄 6g，蜜甘草 6g，鹿衔草 12g，狗脊 10g，浙贝母 10g，煅蛤壳 30g，泽漆 30g，炒黄芪 15g，炒当归 10g，炒麦芽 15g。

按语：肺癌胸腔积液的形成主要归于肺、脾、肾三脏亏虚。肺主气、通调水道，对水液的输布与排泄起着重要的推动和调节作用，肺气亏虚则不能推动水液正常运行，水湿势必停聚胸间；脾居中焦，主运化，为水液升降输布之枢纽，脾气不足则运化无权，酿生痰湿；肾为水脏，乃五脏之本，全身水液输布依赖阳气的温煦和推动，肾阳不足、气化失司，则水液代谢紊乱，水停为饮，聚于胸间。故庞师在治疗肺癌胸腔积液时以补虚培元为法，临床常用生晒参、炒白术、茯苓等补虚培元，复肺、脾、肾三脏之通调水道、运化水液、蒸腾气化之职，从根本上杜绝胸腔积液的产生。

五、乳腺癌

案一 张某，女，65 岁

诊断：乳癌术后肺转移。

一诊：2013 年 11 月 23 日。

临床主证：左乳癌术后 8 年，2011 年 4 月 30 日发现肺部转移。目前咳嗽，咳痰不爽。

舌脉：舌苔薄，脉细弦。

方药：柴胡 10g，炒白芍 12g，炒白术 10g，茯苓 12g，炙甘草 6g，石见穿 30g，牡丹皮 10g，夏枯草 20g，猫人参 30g，泽漆 30g，浙贝母 10g，海浮石 10g，天龙 2 条，川朴 10g，葶苈子 12g，金钱草 30g，金雀根 30g，杏仁

10g，金荞麦 30g，半枝莲 30g，鬼针草 10g，炒麦芽 15g。

二诊：2014 年 1 月 6 日。

临床主证：咳嗽减轻，胸闷。

舌脉：舌苔薄，脉细弦。

方药：柴胡 10g，炒白芍 12g，炒白术 10g，茯苓 12g，炙甘草 6g，石见穿 30g，牡丹皮 10g，夏枯草 20g，檀香 5g，泽漆 30g，浙贝母 10g，海浮石 10g，天龙 2 条，川朴 10g，葶苈子 12g，金钱草 30g，金雀根 30g，杏仁 10g，鬼针草 10g，炒麦芽 15g，薤白 10g，郁金 10g。

按语：肝气郁结是乳腺癌的病机关键，庞师临证中常选用柴胡疏肝散、四逆散、逍遥散加减等疏肝解郁常用方。疏肝解郁的同时可酌加荔枝核、佛手、绿萼梅等行气解郁之品，或瓜蒌、浙贝、猫爪草等疏肝化痰散结之品，或牡蛎、煅蛤壳、郁金、漏芦等消痰散结之品，亦常用猫人参、猫爪草、蒲公英等以清热解毒散结。

案二 施某，女，62 岁

诊断：乳腺癌。

一诊：2012 年 4 月 25 日。

临床主证：乳腺癌术后 18 年出现骨转移，希罗达第 5 周期化疗中，胸闷头晕。

舌脉：舌苔薄白，脉小弦。

方药：生黄芪 20g，炒当归 10g，炒党参 15g，炒白术 10g，茯苓 12g，浙贝母 10g，炒白芍 10g，香附 10g，生地黄 15g，菟丝子 10g，薏苡仁 30g，自然铜 10g，猫人参 30g，炒麦芽 30g，熟地黄 12g，鸡血藤 15g，红景天 5g，郁金 10g，瓜蒌皮 12g，炒枳实 6g，黄精 15g，枸杞子 12g，大枣 15g，炙甘草 6g。

二诊：2012 年 5 月 23 日。

临床主证：希罗达 5 周期化疗后肿瘤指标下降。

舌脉：舌苔薄白，脉小弦。

方药：生黄芪 20g，炒当归 10g，炒党参 15g，炒白术 10g，茯苓 12g，浙贝母 10g，炒白芍 10g，香附 10g，生地黄 15g，菟丝子 10g，薏苡仁 30g，自然铜 10g，猫人参 30g，炒枳实 6g，红豆杉 8g，红景天 5g，郁金 10g，瓜蒌皮 12g，炒麦芽 30g，大枣 15g，炙甘草 6g。

按语：患者乳腺癌骨转移，化疗期间以养血益气健脾为主，生地、菟丝

子入肾经，补肾壮骨；自然铜为庞师治疗骨转移常用药；佐以香附、郁金疏肝理气。

六、食管癌

案一 徐某，男，80 岁

诊断：食管中分化鳞状细胞癌（cT3N1M0）。

一诊：2013 年 11 月 18 日。

临床主证：进食哽噎感 2 年，加重伴呕吐 1 个月余，2013 年 9 月 4 日在杭州市第一人民医院胃镜示食管溃疡，慢性浅表萎缩性胃炎，十二指肠球炎，十二指肠憩室。2013 年 9 月 5 日病理：食管中分化鳞癌，予食管病灶区及纵隔锁骨上淋巴结转移区姑息性放疗。目前放疗后，乏力口干，贫血。

舌脉：舌苔薄腻，脉弱。

方药：威灵仙 10g，射干 10g，山豆根 6g，北沙参 12g，麦冬 10g，炒黄芩 10g，炒黄芪 30g，炒当归 10g，生地黄 12g，厚朴 10g，炒山楂 12g，胆南星 6g，夏枯草 15g，鲜铁皮石斛（另煎）12g，赭石 10g，旋覆花 9g，石见穿 30g，炒麦芽 15g。

二诊：2013 年 11 月 25 日。

临床主证：乏力口干好转，大便 4～5 次 / 日，贫血。

舌脉：舌苔薄腻，脉弱。

方药：威灵仙 10g，射干 10g，山豆根 6g，北沙参 12g，麦冬 10g，炒黄芩 10g，炒黄芪 30g，炒当归 10g，生地黄 12g，厚朴 10g，炒山楂 12g，胆南星 6g，夏枯草 15g，鲜铁皮石斛（另煎）12g，石见穿 30g，炒麦芽 15g。

按语：患者食管癌，以吞咽困难为主症，以威灵仙缓解食管平滑肌收缩，改善症状，但注意久服易伤正气；射干、山豆根清热消痰，与威灵仙三药配伍为庞师治食管癌专药。放疗后阴血亏虚，与养阴清热、益气生血之品配伍；另需注意配伍健运脾胃之品，防滋腻之品碍胃。

案二 陆某，男，77 岁

诊断：食管间质瘤术后。

一诊：2012 年 2 月 26 日。

临床主证：膀胱癌、前列腺癌病史，食管间质瘤术后，目前伊马替尼治疗，面色晦暗，乏力，手足冷，凌晨胸闷，腹胀、嗳气偶见，夜眠可，纳差。

舌脉：舌暗，苔薄，脉沉细。

方药：生晒参 9g，炒白术 10g，茯苓 12g，威灵仙 15g，赭石 30g，炒黄芪 15g，炒当归 6g，炒山楂 15g，红豆杉 8g，天龙 2 条，炙甘草 6g，炒白芍 12g，厚朴 10g，紫苏梗 10g，炒麦芽 15g，檀香 6g，薤白 10g，瓜蒌皮 12g，制半夏 10g，炒丹参 12g，浙贝母 10g，煅蛤壳 30g，砂仁（后下）6g，蛇舌草 15g，石见穿 30g，旋覆花 10g。

二诊：2012 年 3 月 12 日。

临床主证：腹胀嗳气偶见，夜眠好转，纳已振。

舌脉：舌暗，苔薄，脉沉细。

方药：生晒参 9g，炒白术 10g，茯苓 12g，威灵仙 15g，赭石 30g，炒黄芪 15g，炒当归 6g，炒山楂 15g，红豆杉 8g，天龙 2 条，炙甘草 6g，炒白芍 12g，厚朴 10g，紫苏梗 10g，炒麦芽 15g，檀香 6g，薤白 10g，瓜蒌皮 12g，制半夏 10g，炒丹参 12g，浙贝母 10g，煅蛤壳 30g，枸杞子 12g，蛇舌草 15g，石见穿 30g，生地黄 15g。

三诊：2012 年 6 月 4 日。

临床主证：口服伊马替尼，面色无华，打嗝、泛酸、胃纳好转，偶有胸闷。

舌脉：舌暗，苔薄，脉弱。

方药：生晒参 9g，炒白术 10g，茯苓 12g，威灵仙 15g，赭石 30g，炒黄芪 15g，炒当归 6g，炒山楂 15g，红豆杉 8g，天龙 2 条，炙甘草 6g，厚朴 10g，旋覆花 12g，炒麦芽 15g，檀香 6g，薤白 10g，制半夏 10g，炒丹参 12g，浙贝母 10g，生海螵蛸 15g，石见穿 30g，砂仁（后下）6g，佛手 10g。

按语：食管癌多有血行不畅、瘀血内停的病机。中医认为，血行脉中赖气以推动，故有气能行血之论。气虚不能行血而导致血瘀证，临床资料也表明食管癌患者大多存在脾气虚的证候特征，脾气虚或是导致血瘀证的关键因素。庞师在临床中多以四君子汤益气健脾、补气行血，脾胃为气机升降之枢纽，处方时多用调理脾胃气机之药。

七、胃恶性肿瘤

案一 唐某，女，43 岁

诊断：胃癌术后盆腔转移。

一诊：2012 年 4 月 2 日。

临床主证：因"胃癌腹盆腔转移"于 2012 年 3 月 2 日入浙江省肿瘤医院行 FOLFIRI 方案姑息性化疗。目前化疗中，消瘦，纳差，进食后饱胀，乏力，面色不华，少言懒语。

舌脉：舌苔薄，脉细弱。

方药：生晒参 9g，炒白术 12g，茯苓 12g，炒陈皮 10g，制半夏 10g，炒黄芪 30g，炒当归 10g，制何首乌 15g，枸杞子 12g，鸡血藤 15g，炒山楂 12g，鲜铁皮（先煎）12g，猫爪草 30g，三叶青 12g，香菜茶 30g，紫苏梗 10g，厚朴 10g，佛手 10g，广藿香 10g，大枣 15g，金银花 12g，贯众 15g，苦杏仁 10g。

二诊：2012 年 6 月 4 日。

临床主证：面色无华，消瘦，胃脘痛，胃纳差，口淡而无味，乏力。

舌脉：舌质淡，苔略腻，脉弱。

方药：生晒参 9g，炒白术 12g，茯苓 12g，炒陈皮 10g，制半夏 10g，炒黄芪 30g，炒当归 10g，制何首乌 15g，枸杞子 12g，鸡血藤 15g，炒山楂 12g，焦六曲 30g，炒麦芽 30g，鲜铁皮石斛（另煎）12g，猫爪草 30g，紫苏梗 10g，厚朴 10g，佛手 10g，大枣 15g，仙鹤草 15g，大腹皮 15g，楮实子 15g，车前子 15g，浙贝母 10g，白及 15g，炒鸡内金 10g。

按语：胃癌的病机主要与脾胃升降失常、气滞痰凝、癌毒结聚相关。中医治疗胃癌采用辨证论治进行个体化治疗，主要治法包括益气健脾、软坚散结、解毒抗癌等，在化疗期间也常用和胃降逆、补血升白等法。常用中药包括生晒参、白术、茯苓、大枣、半夏、当归、白芍、鸡血藤、佛手等。

案二 何某，男，60 岁

诊断：胃恶性肿瘤。

一诊：2012 年 3 月 21 日。

临床主证：患胃癌 6 年，目前锁骨上淋巴结肿大，反酸。

舌脉：舌苔薄，脉弱。

方药：生晒参 9g，生白术 10g，茯苓 12g，制半夏 10g，炒陈皮 10g，厚朴 10g，浙贝母 10g，煅蛤壳 30g，炒黄连 6g，吴茱萸 2g，炒黄芪 20g，炒当归 6g，猫爪草 30g，猫人参 30g，蛇舌草 15g，炒山楂 12g，焦六曲 12g，炒麦芽 15g，天龙 2 条，全蝎 6g。

二诊：2012 年 4 月 9 日。

临床主证：反酸较前好转。

舌脉：舌苔薄，脉弱。

方药：生晒参 9g，生白术 10g，茯苓 12g，制半夏 10g，炒陈皮 10g，石见穿 30g，浙贝母 10g，煅蛤壳 30g，炒黄连 6g，吴茱萸 2g，炒黄芪 20g，炒当归 6g，猫爪草 30g，猫人参 30g，蛇舌草 15g，焦六曲 12g，炒麦芽 15g，天龙 2 条，全蝎 6g，生葛根 10g，菝葜 12g，牛膝 12g。

按语： 脾胃气机升降失常是胃癌的病机关键，反酸是常见症状，多由于湿邪停滞，阻遏中焦脾胃，或者脾胃虚弱，脾失健运，不能正常运化水湿、津液。常伴有四肢倦怠、食欲不振、呕吐、腹胀、大便稀溏等症状。治以益气健脾、和胃除湿，应用四君子汤、六君子汤或香砂六君子汤加减。方中浙贝母、猫爪草、猫人参化痰清热，左金丸疏肝和胃。

八、胆囊癌

案 郭某，男，78 岁

诊断：胆囊癌。

一诊：2012 年 5 月 7 日。

临床主证：胆囊癌，面色少华，胃纳可。

舌脉：舌苔薄，舌根处略厚，脉弱。

方药：炙黄芪 30g，炒当归 6g，生晒参 9g，炒白术 10g，茯苓 12g，生地黄 12g，熟地黄 12g，川朴 10g，白芍 12g，赤芍 12g，黄精 15g，枸杞子 12g，鸡血藤 15g，仙鹤草 12g，竹茹 10g，焦三仙各 20g，鲜铁皮石斛（另煎）12g，砂仁（后下）6g，红枣 12g，生姜 3 片。

二诊：2012 年 6 月 11 日。

临床主证：面色少华，胃纳可。

舌脉：舌苔薄，脉弱。

方药：炙黄芪 30g，炒当归 6g，生晒参 9g，炒白术 10g，茯苓 12g，生地黄 12g，熟地黄 12g，川朴 10g，白芍 12g，金钱草 30g，郁金 10g，红豆杉 8g，黄精 15g，枸杞子 12g，仙鹤草 12g，全虫 6g，苏梗 10g，生龙牡各 10g，柴胡 10g，黄芩 10g，蛇舌草 20g，焦三仙各 20g，鲜铁皮石斛（另煎）12g，砂仁（后下）6g，红枣 12g，生姜 3 片，远志 10g。

按语： 中医学认为胆囊附于肝，与肝相为表里。凡气血瘀积胆腑，湿热瘀结中焦，必影响肝的疏泄和胆的通降。肝木与脾土常相互影响，肝郁脾虚

气滞，瘀热互结胆经，郁滞成积，积久克土，必损及后天之本，使脾失健运，胃失和降，故胆囊癌发病的关键在于中焦，把精力集中在调理中焦上，调控后天脾胃之枢纽，以后天促先天，调气以调瘀，同时力避滋腻伤中、攻伐伤正，通过调动机体自身的免疫功能控制病情发展才能延长生存期、提高生活质量，最终达到抗癌转移，甚至治愈肿瘤的目的。药用生晒参、炒白术、茯苓、焦三仙、生熟地、黄芪、当归，诸药合用扶助正气，调和脾胃。

九、肝癌

案一　吴某，男，62岁

诊断：肝癌。

一诊：2012年10月7日。

临床主证：2010年12月行肝癌手术，2012年9月25日腹部B超：肝脏多发低回声结节，大者2.1cm×2.6cm，拒绝介入治疗。目前烦躁，偶有胁痛，口干，纳差，乏力。

舌脉：舌苔薄厚腻，脉弦。

方药：炒柴胡10g，赤芍12g，炒白芍12g，炒当归10g，茯苓12g，炒白术12g，牡丹皮10g，焦栀子10g，垂盆草30g，炙鳖甲24g，石见穿30g，龙葵15g，厚朴10g，蛇舌草20g，穿山甲6g，浙贝母10g，全虫6g，守宫2条，生牡蛎30g，石斛12g，重楼12g，三叶青12g，大枣15g，生姜3片。

二诊：2012年11月12日。

临床主证：B超示结节大者3.5cm×3.1cm，患者无不适症状，拒绝介入治疗。

舌脉：舌质暗，苔薄根腻，脉细弦。

方药：炒柴胡10g，赤芍12g，炒白芍12g，炒当归10g，茯苓12g，炒白术12g，茵陈20g，垂盆草30g，炙鳖甲24g，石见穿30g，龙葵15g，厚朴10g，蛇舌草20g，穿山甲6g，浙贝母10g，生牡蛎30g，石斛12g，红豆杉8g，薏苡仁30g，莪术12g，炒麦芽15g，广藿香10g，大枣15g，草果5g。

案二　冯某，女，46岁

诊断：肝肉瘤。

一诊：2012年4月16日。

临床主证：患者2年前行左肝叶肉瘤切除术，2012年2月16日肝脏MRI增强：肝内多发转移瘤。目前胁痛，伴腰背疼痛，明显影响睡眠，纳差，乏力。

舌脉：舌质暗，苔薄根腻，脉细弦。

方药：炒柴胡 10g，赤芍 12g，炒白芍 12g，炒当归 10g，茯苓 15g，炒白术 10g，炙甘草 10g，延胡索 15g，龙葵 15g，茵陈 12g，炙鳖甲 24g，白毛藤 12g，石见穿 30g，全蝎 6g，红豆杉 8g，天龙 2 条，生牡蛎 30g，佛手 10g，甘松 6g，香附 10g，炒黄芪 30g，垂盆草 30g，郁金 10g，炒麦芽 15g，炒山楂 12g。

二诊：2012 年 4 月 23 日。

临床主证：腰背疼痛，无法入眠。

舌脉：舌苔薄，脉小弦。

临床处理：疏肝散结止痛。

方药：炒柴胡 10g，赤芍 12g，炒白芍 12g，炒当归 10g，茯苓 15g，炒白术 10g，炙甘草 10g，延胡索 15g，龙葵 15g，茵陈 12g，炙鳖甲 24g，白毛藤 12g，石见穿 30g，全蝎 6g，红豆杉 8g，天龙 2 条，生牡蛎 30g，制草乌 10g，甘松 6g，莪术 10g，炒黄芪 30g，垂盆草 30g，郁金 10g，炒麦芽 15g，炒山楂 12g。

按语：原发性肝癌虽病位在肝，但往往病及肝、脾、肾三脏，其病性多为本虚标实之证，重视肝、脾、肾三脏同调，标实之气滞、湿邪、热毒、血瘀、痰浊同清。庞师多以行气解郁为法，方药以柴胡疏肝散、逍遥散加味，配伍太子参、茯苓、白术健脾化湿；配伍白花蛇舌草、龙葵、半枝莲、半边莲、败酱草、土茯苓、苦参清热解毒；配伍赤芍、石见穿、丹参活血化瘀；配伍生地、沙参、枸杞子、石斛、知母、当归等补肾滋肝；配伍浙贝、牡蛎、夏枯草、海藻、鳖甲、穿山甲等消癥化积。

十、结直肠癌

案一 陶某，女，75 岁

诊断：结肠癌肺转移。

一诊：2012 年 4 月 16 日。

临床主证：2006 年 7 月行结肠癌根治术，2012 年初浙江大学医学院附属第一医院 PFT/CT：双肺叶转移。目前化疗 4 周期后，大便稀溏，咳嗽黏痰吐不出。

舌脉：舌苔薄，脉沉细。

方药：生桂枝 6g，泽漆 30g，石见穿 30g，炒黄芩 10g，生晒参 9g，制南星

8g，夏枯草15g，金荞麦30g，炙桑白皮10g，红豆杉8g，海浮石12g，瓜蒌皮12g，佛耳草15g，全蝎6g，天龙2条，炒黄芪30g，炒当归6g，百合12g，炒白术10g，茯苓12g，山药20g，薏苡仁30g，北沙参12g，炒麦芽15g。

二诊：2012年4月25日。

临床主证：前症减轻。

舌脉：舌苔薄，脉沉细。

方药：生桂枝6g，泽漆30g，石见穿30g，炒黄芩10g，生晒参9g，制南星8g，夏枯草15g，金荞麦30g，炙桑白皮10g，红豆杉8g，海浮石12g，瓜蒌皮12g，佛耳草15g，全蝎6g，天龙2条，炒麦芽15g，炒黄芪30g，炒当归6g，百合12g，炒白术10g，茯苓12g，山药20g，薏苡仁30g，北沙参12g，麦冬10g，天花粉10g。

按语：《金匮要略》泽漆汤是古人治疗肺癌的专方，庞师也将之用于治疗转移性肺肿瘤。此例患者肠癌术后肺转移，以肺系症状为主，故以泽漆汤为主方化痰散结，补肺涩肠以止泻，取得良好效果。

案二 苏某，女，76岁

诊断：结肠恶性肿瘤。

一诊：2013年10月14日。

临床主证：结肠癌术后（2009年5月24日），今CEA 5.56ng/ml，2012年4月8日腹部CT：结肠癌术后与前片相仿，肝囊肿。目前头晕失眠。

舌脉：舌苔薄，脉缓弱。

方药：太子参15g，炒白术12g，茯苓12g，炒陈皮10g，姜半夏10g，大血藤12g，蛇舌草15g，半枝莲30g，炒黄连6g，炒黄芩10g，炒当归10g，生地黄12g，全蝎6g，鲜铁皮石斛（另煎）12g，炒麦芽15g。

二诊：2013年10月28日。

临床主证：头晕、失眠减轻。

舌脉：舌苔薄，脉缓弱。

方药：生晒参9g，炒白术12g，茯苓12g，炒陈皮10g，姜半夏10g，大血藤12g，蛇舌草15g，半枝莲30g，炒槐米10g，炒黄芪30g，酸枣仁15g，炒当归10g，远志10g，合欢皮15g，鲜铁皮石斛（另煎）12g，炒麦芽15g，首乌藤30g，薏苡仁30g，黄精15g。

按语：患者结肠癌术后以中医药维持治疗近4年，中医治疗以健脾化痰、清热安神为主，是中医治未病中未病先防和既病防变的体现。

案三 马某，男，68岁

诊断：结肠癌。

一诊：2013年11月25日。

临床主证：2013年10月4日肠镜：距肛门20cm，直肠侧向发育型肿瘤（LST），EPMR套圈器套扎分片切除，病理：距肛门20cm绒毛周腺瘤伴高级别上皮内瘤变（重度易行增生、癌变）。2013年10月17日肝脏穿刺中分化腺癌，结合免疫组化：CK7（－－），CK20（＋），CA199（＋），CEA（＋），TTF-1（－－）。直肠癌术后化疗后肝转移，目前化疗中，乏力。

舌脉：舌苔薄，脉弱。

方药：炒黄芪30g，炒当归10g，生晒参9g，炒白术12g，茯苓12g，熟地黄15g，黄精15g，枸杞子12g，鸡血藤30g，炒山楂12g，厚朴10g，炒麦芽15g，菟丝子10g，乌药10g，小茴香6g，延胡索12g，天龙2条，全蝎5g。

二诊：2013年12月23日。

临床主证：乏力、纳可，饭后下腹胀。

舌脉：舌苔薄，脉弱。

方药：炒黄芪30g，炒当归10g，生晒参9g，炒白术12g，茯苓12g，熟地黄15g，黄精15g，枸杞子12g，鸡血藤30g，炒山楂12g，厚朴10g，炒麦芽15g，菟丝子10g，牛膝12g，赭石15g，天龙2条，石决明（先煎）30g，山慈菇10g，槟榔10g。

按语：庞师认为大肠癌化疗不良反应多以脾胃亏虚为本，加之邪毒残留、外邪乘虚而入等因素为标，治疗主张辨证运用中医经方为主，时方为佐，采用中药扶助正气、健脾和胃，实现减毒增效的目的。

十一、肾癌

案 吴某，女，80岁

诊断：肾恶性肿瘤。

一诊：2012年2月26日。

临床主证：2005年7月肾癌手术，2010年5月CT：左肾术后左肾区肿块7.9cm×5.2cm，考虑恶性肿瘤可能性大，右肾小囊肿。近来乏力，胃纳不振，咳嗽，腰酸。

舌脉：舌苔剥脱，脉细弱。

浙江中医临床名家·庞德湘

方药：生地黄 12g，山药 20g，山茱萸 12g，炒泽泻 10g，茯苓 15g，炒黄芪 20g，炒杜仲 10g，炒山楂 15g，焦六曲 15g，炒麦芽 15g，砂仁（后下）6g，紫苏梗 10g，炒当归 6g，厚朴 10g，广藿香 10g，豆蔻 6g，生晒参 9g，炒白术 10g，三叶青 12g，红豆杉 8g，炙甘草 5g，薏苡仁 30g，炒续断 10g。

二诊：2012 年 3 月 12 日。

临床主证：咳嗽，胃纳不振好转。

舌脉：舌苔剥脱，脉细弱。

方药：生地黄 12g，山药 20g，山茱萸 12g，炒泽泻 10g，茯苓 15g，炒黄芪 20g，炒杜仲 10g，炒山楂 15g，焦六曲 15g，炒麦芽 15g，砂仁（后下）6g，紫苏梗 10g，炒当归 6g，厚朴 10g，狗脊 6g，豆蔻 6g，生晒参 9g，炒白术 10g，三叶青 12g，红豆杉 8g，炙甘草 5g，薏苡仁 30g，炒续断 10g，苦杏仁 10g，浙贝母 10g。

三诊：2012 年 5 月 21 日。

临床主证：面色无华，自诉胃纳好转，偶有咳嗽。

舌脉：舌苔剥脱较前减轻，脉细弱。

方药：生地黄 15g，山药 20g，山茱萸 12g，炒泽泻 10g，茯苓 15g，牡丹皮 10g，炒麦芽 15g，砂仁（后下）6g，紫苏梗 10g，炒山楂 15g，厚朴 10g，鹿衔草 12g，红豆杉 8g，炙甘草 5g，薏苡仁 30g，制南星 6g，鲜铁皮石斛（另煎）12g，生晒参 9g，炒白术 10g，炒陈皮 10g，炒白芍 12g，葶苈子 12g，蛇舌草 15g，三叶青 12g。

按语： 中医称肾癌为"肾积""痰癖""溺血"等。其发病与肾、膀胱、脾、肝等脏腑密切相关。腰为肾之府，肾与膀胱互为表里；肾主水，脾主水湿之运化。本病起因多由房劳太过，损伤肾气；或饮食失调，脾失健运；或情志所伤，肝气郁结；或年老体衰，肾虚不足；或起居不慎，身形受寒，邪气自外乘之，以致水湿不化，脾肾两伤，湿毒内生，积于腰府。久而气滞血瘀，凝聚成积块。以健脾补肾、清利下焦湿热为原则。此患者为脾肾亏虚，以六味地黄汤补肾阴，四君子汤益气健脾。

十二、前列腺癌

案 邓某，男，75 岁

诊断：前列腺癌。

一诊：2012 年 5 月 21 日。

临床主证：2012 年 4 月 16 日浙江省人民医院细针抽吸细胞学检查（FNA）：前列腺癌，ECT：全身多发局灶骨代谢异常，考虑肿瘤骨转移。2012 年 4 月 17 日肿瘤标志物 PSA 2.6μg/L，予比卡鲁胺、醋酸戈舍瑞林内分泌治疗，氯化锶（89Sr）内放疗。刻下前列腺癌骨转移，疼痛。

舌脉：舌苔薄，脉沉细。

方药：生地黄 20g，熟地黄 12g，山药 20g，山茱萸 15g，牡丹皮 10g，炒黄柏 10g，牛膝 12g，车前子 15g，蛇舌草 15g，大血藤 15g，广金钱草 30g，郁金 10g，自然铜 12g，鹿衔草 12g，延胡索 12g，炒白芍 15g，炙甘草 9g，红豆杉 8g，鲜铁皮石斛（另煎）12g，浙贝母 10g，生牡蛎（先煎）30g，全蝎 6g，天龙 2 条，炒麦芽 15g，皂角刺 10g，王不留行 12g。

二诊：2012 年 6 月 25 日。

临床主证：面色少华，嘴唇稍紫，胃脘不适，偶有反酸，右上腹不适，胀痛，大便稀。

舌脉：舌苔薄，脉沉细。

方药：熟地黄 12g，山药 20g，山茱萸 15g，牡丹皮 10g，茯苓 12g，牛膝 12g，车前子 15g，蛇舌草 15g，大血藤 15g，广金钱草 30g，郁金 10g，自然铜 12g，鹿衔草 12g，延胡索 12g，炒白芍 15g，炙甘草 9g，红豆杉 8g，鲜铁皮石斛（另煎）12g，浙贝母 10g，生牡蛎（先煎）30g，全蝎 6g，紫苏梗 10g，厚朴 10g，炒山楂 12g，炒麦芽 15g。

按语：晚期前列腺癌以内分泌治疗为主，中医药治疗能缓解症状、延长生存期。中医称之为"癃闭"，病位在下焦，肾虚为本，湿热、瘀毒为标，治疗以扶正祛邪为主。肾阳虚者宜补肾阳，肾阴虚者宜滋养肾阴。肾阳虚者用右归饮加味，肾阴虚者用六味地黄丸加味。牛膝、车前子为庞师常用药对，两药甘而滑利，寒凉清热，合用能加强利水通淋之功。

十三、卵巢癌

案 姚某，女，70 岁

诊断：卵巢癌。

一诊：2012 年 9 月 5 日。

临床主证：卵巢恶性肿瘤术后化疗 6 周期后，白细胞 $4.5×10^9$/L，乏力纳可，夜眠差，胃脘胀满好转，化疗后手麻。

舌脉：舌苔薄，脉弱。

方药：蜜黄芪 10g，炒当归 12g，生晒参 9g，炒白术 12g，茯苓 15g，熟地黄 30g，紫苏梗 10g，红豆杉 8g，鲜铁皮石斛（另煎）12g，炒白芍 12g，制何首乌 12g，酸枣仁 15g，远志 10g，合欢皮 15g，首乌藤 30g，磁石 15g，枸杞子 12g，龙齿 30g，佛手 10g，炒麦芽 15g，菟丝子 10g，薏苡仁 30g。

二诊：2012 年 9 月 19 日。

临床主证：患者面色少华，夜寐差。

舌脉：舌半边无苔，脉弱。

方药：蜜黄芪 10g，炒当归 12g，生晒参 9g，炒白术 12g，茯苓 15g，熟地黄 30g，紫苏梗 10g，红豆杉 8g，鲜铁皮石斛（另煎）12g，炒白芍 12g，制何首乌 12g，酸枣仁 15g，远志 10g，合欢皮 15g，首乌藤 30g，磁石 15g，枸杞子 12g，龙齿 30g，厚朴 10g，大腹皮 12g，炒黄连 8g，肉桂 2g。

三诊：2013 年 12 月 18 日。

临床主证：患者面色少华，夜寐差。

舌脉：舌半边无苔，脉弱。

方药：制何首乌 12g，菟丝子 10g，合欢皮 15g，首乌藤 30g，茯苓 15g，鲜铁皮石斛（另煎）12g，炒白芍 12g，焦栀子 10g，金钱草 15g，龙齿 30g，酸枣仁 15g，远志 10g，珍珠母 30g，磁石 15g，土茯苓 30g，炒黄连 6g，肉桂 2g。

按语：卵巢癌发病因素虽有诸多方面，但其主要病机在于寒凝、气滞、血瘀。盖寒为阴邪，其性凝滞，侵袭机体易致遏阻阳气之升发、气血之运行。妇人在经前或经期，或产后，由于感受风寒，或过食生冷，或因素体阳虚，寒从内生，而致寒客于胞宫经脉，阻滞气血运行，遂致瘀积胞宫，日久形成癥瘕。又因气为血帅，气行则血行，气滞则血瘀，由于情志不畅或抑郁，或烦怒伤胆，或思虑过度，而致气滞血瘀，瘀血凝滞于胞脉之中，渐成此疾。卵巢肿瘤属中医"癥瘕"范畴，中医治疗原则有活血化瘀、清热解毒、温通经脉等。卵巢癌术后复发率高，需积极随访复查、及时发现病情变化。本例患者体虚失眠，先以当归补血汤、四君子汤补气养血和胃，收效欠佳，再以乌菟汤加减养心安神、镇静安神之品取得良好疗效。

十四、黑色素瘤

案 赵某，男，42 岁

诊断：黑色素瘤术后肝转移。

一诊：2012 年 4 月 2 日。

临床主证：眼黑色素瘤术后，2012 年 1 月 26 日上腹增强 CT：肝脏大小未见异常，肝实质见多发低密度结节，边界欠清，增强后轻度强化，肝内外胆管未见扩张，考虑肝多发转移瘤。肝转移瘤介入后，纳可。

舌脉：舌苔薄，脉小弦。

方药：炒柴胡 10g，炒白芍 12g，赤芍 12g，炒白术 10g，茯苓 15g，牡丹皮 10g，焦栀子 10g，夏枯草 15g，石见穿 30g，青黛 6g，浙贝母 10g，生牡蛎（先煎）30g，山药 30g，龙葵 15g，莪术 10g，炒山楂 30g，猫爪草 30g，炙鳖甲 15g，垂盆草 30g，黄精 12g，熟地黄 20g，炒麦芽 15g，天龙 2 条，蛇舌草 15g。

按语：黑色素瘤恶性程度高、易发生转移，中医治疗重在扶正祛邪、防癌传舍。患者术后出现肝转移，病位转至肝部，庞师以疏肝健脾为法，辅以化痰散结。

（郑 健 撰写）

第五节 导管一根圆活用，介入灌注又栓塞

庞德湘虽然是祖传中医，但在临床实践中并不拘泥于中医。他不仅运用中医治疗手段，而且还掌握了肿瘤的现代医学知识，并且熟知肿瘤的化疗方案、放疗方法，对于介入治疗更是具有独到见解。尤其是原发性肝癌、盆腔恶性肿瘤等，通过血管内介入治疗，配合中医药治疗，一方面缓解"介入后综合征"；另一方面也能提高肝脏恶性肿瘤中西医结合治疗的总体疗效。

经皮肝动脉化疗栓塞术（TACE）术后常易出现介入术后综合征，并常伴有肝功能损害。介入术后综合征是指栓塞化疗术后由于化疗药物的不良反应和肿瘤坏死引起的一组症候群，包括发热、肝区疼痛、黄疸、恶心、呕吐及呃逆等胃肠道症状。介入术后综合征的临床表现符合肝脾失和，中焦湿热的表现，此时合理配合中药，调和肝脾，清利湿热，便能够实现减毒增效的目的。原发性肝癌属"癥瘕"范畴，可表现为脾虚、气滞、湿热、血瘀、阴虚等几类，也可互相夹杂。治疗以健脾理气、扶正解毒祛瘀为主要方法。介入序贯中医治疗确实是一种理想的治疗模式，能使很多肝癌患者获益。

案一 龚某，男，65 岁

诊断：肝癌。

一诊：2012 年 7 月 2 日。

临床主证：肝癌介入术后，夜寐差，胃纳差，嗳气。

舌脉：苔薄白，脉弱，左关小弦。

临床处理：疏肝散结。

方药：炒柴胡 10g，炒白术 12g，茯苓 15g，茵陈蒿 12g，垂盆草 30g，石见穿 30g，当归 10g，赤芍 12g，白芍 12g，大腹皮 15g，楮实子 15g，炙鳖甲（先煎）24g，川朴 10g，焦三仙各 20g，炙甘草 6g，枸杞子 12g，夏枯草 15g，青黛 6g，水红花子 30g，炮山甲（先煎）6g，代赭石 15g，红豆杉 8g，红枣 15g，生姜 3 片。

按语： 原发性肝癌属中医"肝积""癥瘕""鼓胀""黄疸"等范畴。肝癌是由于七情内伤、饮食劳倦，或邪毒内侵迁延留滞，致脏腑气血亏虚，脾虚不运，气滞、血瘀、湿热痰毒等互结于肝所致，属本虚标实之证。该案为六旬叟 TACE 术后，夜寐差，胃纳差，嗳气，苔薄白，脉弱，左关小弦。临床主证为肝郁脾虚，胃失和降，治则为疏肝散结降逆。药用枸杞子、当归、赤芍、白芍、大腹皮、楮实子、川朴、炒柴胡、炒白术、茯苓、茵陈蒿、垂盆草、青黛养肝阴，理肝气，除湿热，退黄疸；石见穿、夏枯草、炙鳖甲、水红花子、炮山甲、红豆杉散结消瘤；焦三仙、炙甘草、红枣和中消积导滞；生姜、代赭石降逆。全方可达扶正祛邪，减轻介入不良反应，快速康复的目的。

案二 陈某，女，80 岁

诊断：肝恶性肿瘤。

一诊：2012 年 3 月 21 日。

临床主证：肝癌 2011 年 11 月 23 日至 2011 年 12 月 31 日介入治疗，今胁胀不适。CA199 742.2U/ml，下降 91.8U/ml，原肿瘤 7.9cm×6.7cm 缩小至 5.2cm×4.8cm。纳差，恶心，腿软，夜不能寐。

舌脉：舌苔黄少津，脉小弦。

临床处理：健脾疏肝和胃。

方药：生晒参 9g，炒白术 12g，茯苓 15g，炒陈皮 10g，制半夏 10g，厚朴 10g，炒竹茹 10g，炒黄芩 10g，炒柴胡 10g，广金钱草 30g，郁金 10g，红豆杉 8g，炒山楂 20g，焦六曲 15g，炒鸡内金 10g，紫苏梗 10g，砂仁（后下）6g，焦栀子 10g，远志 10g，龙齿 15g，酸枣仁 12g，佩兰 15g。

二诊：2012 年 4 月 11 日。

临床主证：睡眠改善，乏力纳差减轻，化验 CA199 58U/ml。

舌脉：舌淡红，苔黄少津，脉小弦。

方药：上方去焦栀子、远志、龙齿、酸枣仁，加炒麦芽 30g，垂盆草 30g，茵陈 12g，广藿香 10g。

三诊：2012 年 6 月 13 日。

临床主证：右上腹隐痛，双侧腋下疼痛，大腿内侧疼痛，腰酸明显，大便干，胃纳好转。

舌脉：舌红少津，脉小弦。

方药：生晒参 9g，炒白术 12g，茯苓 15g，炒陈皮 10g，制半夏 10g，厚朴 10g，三叶青 12g，炒黄芩 10g，炒柴胡 10g，广金钱草 30g，郁金 10g，红豆杉 8g，炒麦芽 15g，紫苏梗 10g，砂仁（后下）6g，垂盆草 30g，茵陈 12g，龙葵 15g，石见穿 30g，山药 30g，生茜草 10g，旋覆花 12g。

按语：八旬老妪，肝癌 TACE 介入后，胁胀不适，纳差，腿软，舌苔黄少津，脉小弦，辨证为肝肾固虚，肝郁脾虚，湿热内蕴，治以健脾益气和胃，疏肝除湿退黄。方选生晒参、炒白术、茯苓、炒陈皮、炒黄芩、炒柴胡、焦栀子、广金钱草、郁金补脾气，解肝郁，除湿热，退黄疸；红豆杉软坚消结；炒山楂、焦六曲、炒鸡内金、紫苏梗、砂仁、佩兰消导和胃除湿；远志、龙齿、酸枣仁安神定志；制半夏、厚朴、炒竹茹降逆止呕。全方合用能有效降低 TACE 介入术后不良反应。

案三 胡某，男，54 岁

诊断：肝癌介入术后（肝癌术后复发）。

一诊：2013 年 7 月 15 日。

临床主证：肝癌术后 2 年，复发再手术 2 次后，反复介入治疗后，上腹胀痛不适。曾经因胰腺炎于浙江省人民医院住院。刻下上腹胀痛不适，纳差，厌油腻。

舌脉：舌苔薄，脉弦细。

临床处理：疏肝健脾散结。

方药：炒柴胡 10g，炒白芍 12g，炒白术 10g，茯苓 10g，猪苓 10g，炒当归 10g，牡丹皮 10g，焦栀子 10g，垂盆草 30g，龙葵 15g，白毛藤 12g，炙鳖甲 15g，茵陈 10g，石见穿 30g，预知子 10g，半枝莲 20g，水红花子 30g，炒黄芪 30g，生牡蛎 15g，薏苡仁 30g，炒麦芽 20g，天龙 2 条。

二诊：2013 年 8 月 14 日。

临床主证：上腹胀痛不适好转，谷丙转氨酶 172U/L，谷草转氨酶 151U/L，

γ-谷氨酰转肽酶（γ-GT）100U/L，血小板 $80×10^9$/L，甲胎蛋白（AFP）18.0ng/ml，胸闷心悸。

舌脉：舌苔薄，脉弦细。

方药：炒柴胡 10g，炒白芍 12g，炒白术 10g，茯苓 10g，炒当归 10g，牡丹皮 10g，焦栀子 10g，垂盆草 30g，龙葵 15g，白毛藤 12g，炙鳖甲 15g，茵陈 10g，石见穿 30g，青皮 10g，矮地茶 30g，水红花子 30g，炒黄芪 30g，生牡蛎 15g，莪术 6g，炒麦芽 20g，天龙 2 条，生地黄炭 12g，仙鹤草 12g。

按语： 肝癌术后复发，多次 TACE 后，肝脏储备能力下降，刻下上腹胀痛不适，纳差，厌油腻，舌苔薄，脉弦细。辨证为肝郁脾虚，湿热瘀毒内结。治宜疏肝健脾散结。药用炒黄芪、炒柴胡、炒白芍、炒白术、薏苡仁、炒茯苓、猪苓、茵陈、预知子、炒当归、牡丹皮、焦栀子、垂盆草补中气，理肝气，除湿邪，退黄疸；龙葵、白毛藤、炙鳖甲、石见穿、半枝莲、水红花子、生牡蛎、天龙软坚散结消瘤；麦芽消食化积；为了加强升血小板的功用，加生地黄炭 12g，仙鹤草 12g，综合分析该证候头绪变化多端，处理的思路也要随症而变，不可拘泥。

案四 莫某，男，50 岁

诊断：肝癌复发，慢性乙肝，肝癌术后。

一诊：2013 年 3 月 4 日。

临床主证：患者因"肝癌术后 6 年，发现 AFP 升高 2 年余"入院，浙江省人民医院 2013 年 1 月 21 日磁共振胆胰管成像（MRCP）检查: 肝癌术后复发。MRI：肝脏右后叶异常信号，肝癌术后复发。2013 年 1 月 30 日全麻下行剖腹探查＋腹腔复杂粘连松解＋第Ⅰ、Ⅱ肝门解剖＋右肝癌切除＋胆囊切除＋左肝癌射频消融术。肝癌手术 2 次，介入化疗 1 次，乏力、失眠，呃逆，纳可。

舌脉：舌苔薄，脉沉细。

临床处理：疏肝健脾散结。

方药：炒竹茹 10g，炒陈皮 10g，茯苓 12g，制半夏 10g，炒白术 12g，炒柴胡 10g，炒白芍 12g，夏枯草 15g，龙葵 15g，白毛藤 12g，水红花子 30g，炙鳖甲 20g，茵陈 12g，垂盆草 30g，酸枣仁 15g，远志 10g，龙齿 30g，生牡蛎（先煎）30g，合欢皮 15g，莪术 6g，炒山楂 12g，矮地茶 20g，炒麦芽 15g。

按语： 肝癌是我国常见癌肿，尤其多发于 40 岁以上男性，既往乙肝病史，肝癌术后 6 年 2 次手术后再复发，TACE 治疗后，乏力、失眠、纳可，舌苔薄，脉沉细，辨证为正虚邪实，正虚为肝肾阴虚，邪实为气滞、湿浊、瘀毒内阻，TACE后脾胃受损，胃失和降，故乏力呃逆，舌苔薄为脾胃湿滞，脉沉细为肝肾虚损。治以疏肝健脾散结而收效。

案五 王某，女，62岁

诊断：肝恶性肿瘤。

一诊：2012年11月5日。

临床主证：患者因"末次肝癌介入术后9个月，发现AFP升高1个月"于2012年10月2日入住浙江大学医学院附属第一医院肝胆胰外科中心，精神可，慢性肝病面容，心肺无殊，肝肋下2cm，质硬，脾肋下4cm，质地中等，表面边钝，腹平软，右下肢股静脉中上部可见一点状TACE术后瘢痕，恢复佳。入院后完善各项检查，AFP 23.3ng/ml，白细胞3.4×10^9/L，2012年10月10日螺旋CT：肝介入治疗后碘油沉积改变，病灶强化，肝硬化，脾肿大，考虑肝癌复发，建议手术，家属拒绝，再次行TACE。目前胃胀明显，气逆，便秘呈颗粒状。

舌脉：舌苔薄，脉沉细弦。

临床处理：疏肝和胃，理气散结。

方药：沉香6g，紫苏梗10g，香附10g，砂仁（后下）6g，厚朴10g，蒲公英15g，青皮10g，太子参20g，炒白术10g，茯苓15g，制半夏10g，赭石30g，旋覆花12g，炒山楂20g，炒麦芽15g，炙鳖甲24g，石见穿30g，龙葵15g，虎杖12g，薏苡仁30g，佛手10g。

二诊：2012年11月12日。

临床主证：肝癌介入后，胃脘胀满逆气、便结诸症缓解，大便呈颗粒状、通畅。

舌脉：舌苔薄，脉沉细弦。

方药：上方去厚朴、蒲公英、青皮、制半夏、炒山楂，加炒柴胡10g，炒白芍15g，莪术10g，白毛藤12g，预知子10g。

三诊：2012年11月26日。

临床主证：2012年11月20日浙江大学医学院附属第一医院复查肿瘤全套：AFP11.6ng/ml，白细胞2.6×10^9/L，血小板74×10^9/L，ALT44 U/L，AST 50U/L，γ-GT 138U/L。

舌脉：舌苔薄，脉沉细弦。

方药：沉香（后下）6g，紫苏梗10g，香附10g，砂仁（后下）10g，炒

柴胡 10g，炒白芍 15g，莪术 10g，太子参 20g，炒白术 10g，茯苓 15g，白毛藤 12g，赭石（包煎）30g，旋覆花（包煎）12g，预知子 10g，炒麦芽 15g，炙鳖甲（先煎）24g，石见穿 30g，龙葵 15g，虎杖 12g，薏苡仁 30g，佛手 10g。

按语：肝癌 TACE 术，表现为胃胀明显，气逆，便秘呈颗粒状，舌苔薄，脉沉细弦，此为肝肾阴虚，肠道失于濡润。介入治疗致肝脾受损，胃失和降，故见胃胀明显，气逆，舌苔薄。方中沉香、紫苏梗、香附、砂仁、厚朴、赭石、旋覆花、蒲公英、青皮、太子参、炒白术、茯苓、制半夏、薏苡仁、佛手理气降逆；炒白术补气健脾，化痰除湿；山楂、炒麦芽消食化滞；炙鳖甲、石见穿、龙葵、虎杖清热解毒散结。患者在随访中又见白细胞 $2.6×10^9$/L，血小板 $74×10^9$/L，此为脾亢所致，中医辨证为热迫血络或瘀血阻络，治以凉血止血或收敛止血。

案六　张某，女，67 岁

诊断：原发性肝癌，TACE 术后，乙肝后肝硬化失代偿期，慢性结肠炎，低钾血症，尿路感染。

一诊：2012 年 9 月 19 日。

临床主证：宁波市第二医院 CT：肝恶性肿瘤，胆管细胞癌伴肝内多发转移，门脉右支癌栓形成。肝硬化脾肿大，门脉高压。肝癌介入术后，肿块消失不明显，右胁背胀痛，纳可眠安，二便可。

舌脉：舌苔薄，脉小弦。

临床处理：疏肝散结。

方药：炒白术 12g，茯苓 15g，龙葵 15g，茵陈 12g，炙鳖甲 24g，石见穿 30g，垂盆草 30g，矮地茶 30g，炒黄芪 15g，炒当归 10g，三叶青 12g，水红花子 30g，浙贝母 10g，生牡蛎 30g，黄精 15g，枸杞子 12g，夏枯草 20g，全蝎 6g，大腹皮 15g，楮实子 15g，炒柴胡 10g，炒白芍 15g，泽兰 10g，猪苓 20g，牡丹皮 10g。

按语：本案为六旬老妪，肝癌，肝硬化失代偿，不过特殊之处在于病理类型为胆管细胞癌伴肝内多发转移，门脉右支癌栓形成，合并肝硬化脾肿大，门脉高压。虽行介入治疗但肿块消失不佳，并见右胁背胀痛，舌苔薄，脉小弦。此类患者病证属正虚邪实，同样需要准守肿瘤分早、中、晚三期分治的原则，病中期，正气未大虚，邪气尚亢盛。此种条件下，如果介入乏效，可在一定程度上在顾护胃气，不损正气的条件下，适当加强消瘤散结的力度，也是可行的选择。药用大腹皮、楮实子、炒柴胡、炒白芍、猪苓、炒白术、茯苓健脾理气除湿；夏枯草、龙葵、三叶青、水红花子、浙贝母、生牡蛎、炙鳖甲、石见穿、全蝎散结消瘤；茵陈、垂盆草、矮地茶除湿退黄；炒黄芪、炒当归、黄精、枸杞子补助脾肾；泽兰、牡丹皮理血通络，此所谓用药如用兵。

案七 陈某，男，41 岁

诊断：肝癌。

一诊：2013 年 10 月 23 日。

临床主证：肝癌术后汗出，纳可，乏力，夜眠好，左肝癌复发，右肝有结节，介入治疗 4 次。

舌脉：舌淡胖苔腻，脉细弦。

临床处理：疏肝健脾散结。

方药：炒柴胡 10g，炒白术 12g，茯苓 15g，炒当归 10g，炒白芍 12g，茵陈 12g，龙葵 15g，炙鳖甲 24g，石见穿 30g，白毛藤 12g，夏枯草 20g，水红花子 30g，浙贝母 10g，猪苓 12g，天龙 2 条，炒黄芪 30g，石斛 12g，黄精 15g，薏苡仁 30g，穿山甲 3g，炒麦芽 15g，鹿衔草 12g，大腹皮 12g，自然铜 10g。

按语：肝癌术后复发，TACE 介入后，汗出，乏力，舌淡胖苔腻，脉细弦，此为脾气虚，失于固摄则汗出，脾虚气血生化不足则乏力，舌淡胖苔腻为脾虚有湿之象，脉细弦为肝肾阴液亏虚的明证。临床主证为肝肾阴虚，脾虚湿滞。治以疏肝健脾散结而收功。同样该患者为正气不虚，邪气尚强，扶正祛邪并举，加强消瘤散结的作用。

（高文仓 撰写）

第六节 内科杂病重经方，著述临床功效彰

一、瘿病

案 王某，女，52 岁

诊断：甲状腺结节。

一诊：2014 年 1 月 6 日。

临床主证：甲状腺结节，易急躁，胃脘可，纳可，2013 年 12 月 24 日超声：

甲状腺回声改变，双侧低回声结节 1.1cm×0.7cm。两乳腺小叶增生样改变，甲状腺回声改变。2013 年 12 月 27 日查甲状腺过氧化物酶抗体 661.1IU/ml。

舌脉：舌苔薄，脉细弦。

临床处理：疏肝散结。

方药：炒柴胡 10g，炒白芍 12g，炒白术 10g，茯苓 10g，炒当归 10g，牡丹皮 10g，夏枯草 15g，生牡蛎 30g，射干 10g，黄药子 6g，海藻 12g，浙贝母 10g，厚朴 10g，炒麦芽 15g。

按语：《诸病源候论·瘿候》曰："瘿者，由忧恚气结所生。"本案患者平素心情烦躁，动则易怒，肝气郁结，脾胃失运，痰浊内生，痰随气逆壅结于颈部，故自觉喉部肿块，吞咽不利。庞师以柴胡舒肝散主之，配伍海藻、浙贝、夏枯草化痰散结；郁金、陈皮、厚朴行气；射干利咽；麦芽和胃，气顺则痰饮自消，症状缓解。

二、头晕

案 吕某，男，57 岁

诊断：头晕。

一诊：2012 年 8 月 18 日。

临床主证：头晕，天旋地转、颠倒，进娱乐场所加重。

舌脉：舌苔薄，脉小弦。

临床处理：化痰息风。

方药：天麻 9g，炒白术 10g，制半夏 10g，茯苓 12g，泽兰 10g，猪苓 15g，钩藤 15g，僵蚕 6g，瓜蒌皮 12g，薤白 10g，炒枳实 6g，炒丹参 10g，香橼 10g，佛手 10g，薏苡仁 30g，砂仁（后下）6g，生葛根 12g，片姜黄 10g，生桂枝 6g。

按语：此案病位在肝，风痰上扰，清窍不宁，头晕加重。庞师治以平肝潜阳、化痰息风，天麻钩藤饮主之。薤白宽胸散结；佛手、香橼疏肝理气；枳实清泻肝火；葛根生津。

三、心悸

案 江某，男，27 岁

诊断：心悸。

临床主证：2010 年 7 月 30 日心脏彩超：左心室增大，收缩功能在正常范围，白细胞 3.5×10^9/L。心悸，活动后加重，情绪低落，活动后气短，纳谷不香。

舌脉：舌苔薄，脉细数。

临床处理：益气宽胸。

方药：炙黄芪 30g，炒当归 6g，生桂枝 10g，生晒参 9g，炒白术 10g，茯苓 12g，炙甘草 10g，生地黄 12g，瓜蒌皮 15g，薤白 10g，檀香 6g，炒黄连 6g，炒丹参 15g，瓜蒌子 10g，麦冬 10g，炒枳实 6g，炒麦芽 12g。

按语：此患者心悸心慌，动则加剧，平素忧愁伤感，患得患失，舌淡苔薄，脉细数，本虚为主，但气血不足，脾失健运，又夹杂痰饮，故虚实夹杂。庞师治疗以补益气血为主，又兼顾宽胸散结，四君子汤为主，联合瓜蒌薤白汤主之。7 剂后症状缓解，胸闷得缓。

四、汗证

案一 王某，男，74 岁

诊断：汗证。

一诊：2013 年 12 月 18 日。

临床主证：前列腺疾病，皮肤质地改变，盗汗数年，每遇秋冬季节加重。

舌脉：舌苔薄，脉沉细。

临床处理：养阴清热止汗。

方药：知柏地黄丸加减。生地黄 15g，山药 15g，山茱萸 12g，牡丹皮 10g，茯苓 12g，炒泽泻 10g，炒黄柏 10g，炒知母 10g，淮小麦 30g，糯稻根 30g，瘪桃干 12g，大枣 15g。

按语：此案患者盗汗数年，腰膝酸软，夜间潮热，乏力，舌红苔薄，脉沉细。病属肾阴亏虚，病在阴分，内热迫液外泄，故见盗汗。治以六味地黄丸滋肾阴，降虚火，辅以淮小麦、糯稻根收敛止汗，药证俱佳。

案二 薛某，女，19 岁

诊断：多汗证。

一诊：2012 年 12 月 10 日。

临床主证：晨起汗出，胃脘胀满，嗳气。

舌脉：舌苔薄，脉缓弱。

临床处理：疏肝和胃。

方药：桂枝汤加减。生桂枝 10g，炒白芍 12g，蜜甘草 6g，大枣 15g，炒柴胡 10g，炒白术 10g，茯苓 12g，厚朴 10g，沉香 6g，赭石 15g，旋覆花 12g，糯稻根 30g，瘪桃干 15g，浮小麦 30g。

按语：《素问·宣明五气》指出："五脏化液，心为汗。故有汗为心液之说。"《丹溪心法》也曾指出："自汗属气虚、血虚、湿、阳虚、痰……可见汗证病机不外乎久病体虚或者邪热偏盛。"本病患者汗出，以胸腹部为主，胃脘胀满，嗳气，多汗为肝火内盛，湿热内蕴，木火升腾，邪热郁蒸，津液外迫。庞师治以清泻肝火，疏肝理气，桂枝汤主之，小麦、糯稻根收敛止汗，热除汗自停也。

五、不寐

案　张某，男，34 岁

诊断：失眠，高血压。

一诊：2013 年 9 月 16 日。

临床主证：失眠，胸闷心悸，脘胀，烦躁，口苦。2013 年 9 月 15 日心脏彩超：左室增大（LVDd 64mm）。

舌脉：舌苔薄，脉细弦。

临床处理：宽胸理气安神。

方药：檀香 5g，炒丹参 15g，瓜蒌皮 10g，乳香 6g，没药 5g，琥珀 2g，香附 10g，佛手 10g，青皮 10g，炒竹茹 9g，炒黄连 5g，磁石 30g，沉香 5g，炒麦芽 15g。

二诊：2013 年 10 月 16 日。

临床主证：诸症大减，夜能寐。

方药：檀香 5g，炒丹参 15g，瓜蒌皮 10g，乳香 6g，没药 5g，琥珀 2g，焦栀子 9g，佛手 10g，青皮 10g，炒竹茹 9g，炒黄连 5g，磁石 30g，沉香 5g，炒麦芽 15g，淮小麦 15g，蜜甘草 10g，大枣 15g。

按语：本病辨属肝气郁结，痰热内蕴，丹参饮加减治之。取丹参、乳香、没药活血祛瘀。血之运气，有赖气之推动，气有一息不适，血有一息不行，故配伍香附、佛手、青皮、沉香行气；黄连、竹茹清泻郁火。

六、泄泻

案 陈某，男，37岁

诊断：肠炎。

一诊：2012年9月10日。

临床主证：大便溏稀，日行3～5次，腹痛，反复发作10余年，服药6剂诸症好转，大便2次/日。

舌脉：舌质淡红有裂纹，苔薄，脉弱，左关细弦。

临床处理：健脾止泻，佐以温肾。

方药：炒党参15g，炒白术12g，茯苓15g，猪苓12g，炒薏苡仁30g，炒白扁豆15g，山药20g，桔梗6g，炒黄连5g，肉豆蔻6g，炒诃子10g，刺猬皮9g，炒陈皮10g，炒白芍12g，炒防风6g。

按语：患者久病体弱，脾胃失养，寒湿内蕴，脏腑失于温煦，四君子汤主之，辅以山药、扁豆健脾益气；薏苡仁化湿和胃；桔梗、陈皮行气理气；豆蔻、诃子涩肠止泻，如是，则诸药力协而取效。

七、便秘

案 丁某，女，20岁

诊断：便秘。

一诊：2013年1月14日。

临床主证：患者大便3～4次/日，初头硬。

舌脉：舌苔薄，脉和缓。

临床处理：健脾养血通便。

方药：威灵仙15g，牛膝10g，山药30g，生白术15g，生白芍15g，生当归12g，郁李仁15g，苦杏仁10g，虎杖12g，炒党参12g，炒陈皮10g，火麻仁15g，生地黄15g，厚朴10g。

按语：此案患者过度控制饮食，脾胃失运，气血两亏，脏腑失于濡养，无力推动肠道运化，故大便不畅，四君子汤主之，益气健脾，辅以杏仁、郁李仁、火麻仁润肠通便；虎杖、生地清热通便；厚朴、陈皮行气，达到益气养血通便之功效。

浙江中医临床名家·庞德湘

八、胰腺癌

案 李某，男，56 岁

诊断：胰腺癌。

一诊：2013 年 12 月 18 日。

临床主证：胰腺癌中分化癌姑息性手术后病理：淋巴结 0/25，GS 化疗（吉西他滨＋替吉奥）3 次后，下周化疗，口舌生疮，皮肤和巩膜轻度黄染，纳差，乏力，腹胀不舒，少气懒言。2013 年 11 月 5 日复查 CA199 41.2U/ml，CA125 42.9U/ml。

舌脉：舌苔薄，脉细弦。

临床处理：清肝利胆，益气养血散结。

方药：炒黄芪 30g，炒当归 12g，生晒参 9g，炒白术 10g，茯苓 12g，生地黄 10g，石斛（先煎）12g，鸡血藤 30g，炒白芍 12g，黄精 15g，枸杞子 12g，重楼 10g，全蝎 5g，炒山楂 12g，炒麦芽 15g，金钱草 30g，郁金 10g，灵芝 15g，茵陈 15g，垂盆草 30g。

按语： 本案患者胰腺癌化疗后，脾胃虚弱，中阳不振，寒湿内蕴，肝胆失于疏泄，胆汁外溢肌肤，则身黄目黄；中焦不畅，则腹痛腹胀，不思饮食。治以茵陈术附汤，辅以金钱草、垂盆草清热利湿；山楂、麦芽消食和胃；郁金活血化瘀。

九、皮肤瘙痒症

案 姚某，男，25 岁

诊断：皮肤瘙痒症。

一诊：2012 年 9 月 3 日。

临床主证：病前生活不规律，胃脘不适，有泛酸，皮肤瘙痒红疹 3 个月，在英国时无此症状，遇湿时瘙痒症状加重，夜眠差。

舌脉：舌苔薄白，脉略浮。

临床处理：养血祛风，安神。

方药：桃红四物汤＋祛风之品。生地黄 15g，炒白芍 12g，赤芍 12g，炒川芎 10g，桃仁 10g，红花 10g，炒荆芥 10g，生防风 10g，蒺藜 15g，浮萍 12g，制何首乌 20g，黄精 30g，蝉蜕 10g，野菊花 15g，金银花 10g，炒麦芽

浙江中医临床名家·庞德湘

15g，酸枣仁 20g，远志 10g，合欢皮 15g。

饮食宜忌：禁食海鲜、辣椒等食物。

按语：桃红四物汤具有养血活血的功效，主治血虚兼血瘀证，表现为妇女经期超前，血多有块，色紫黏稠，腹痛等。但用在此处，慢性胃炎，经久不愈，实为久病入络。胃炎合并皮肤瘙痒，为血液亏虚，筋脉失养，或血不容络而变生内风的病理症状。多是失血过多，或血液生化减少，或久病耗伤阴血，或年老精血亏虚，以致肝血不足所引起。病变的本质属虚，其动风之状较轻、较缓，多表现为肢体麻木，筋肉跳动，手足拘挛等。若血燥生风还可见皮肤瘙痒或脱屑。因风药多燥，易伤阴血，故配生地黄、白芍、川芎、桃仁、红花养血活血，使血足而筋自荣，络通则风易散，寓有"治风先治血，血行风自灭"之意，并能制诸风药之温燥，配何首乌补益精血，脾为气血生化之源，故配黄精既补脾阴，益气健脾，以化生气血。由此血络得通、血虚得养、虚风得驻、胃炎得愈。

十、慢性咽炎

案 金某，女，39 岁

诊断：慢性咽炎。

一诊：2012 年 5 月 28 日。

临床主证：慢性咽炎声带小结术后，头痛，咽痛，尿常规：红细胞 2+。

舌脉：舌苔薄，脉沉细。

临床处理：养阴清肺，解毒散结。

方药：北沙参 12g，南沙参 12g，麦冬 10g，炙桑白皮 10g，蝉蜕 10g，炒白芍 10g，玄参 10g，仙鹤草 15g，生地黄 12g，厚朴 10g，紫苏梗 10g，浙贝母 10g，百合 12g，连翘 10g，板蓝根 15g，三叶青 12g，炒麦芽 15g。

按语：此案患者咽痒痛，口干，牙齿松动，舌淡红苔薄，脉细沉，当属阴虚火旺，虚火上炎，灼伤咽喉。治以养阴生津，清热泻火。沙参麦冬汤主之，玄参、生地、百合、板蓝根清热泻火，麦芽消食和胃。

十一、咳嗽

案一 程某，女，22 岁

诊断：咳嗽。

浙江中医临床名家·庞德湘

一诊：2012 年 9 月 24 日。

临床主证：咳嗽，躺下则咳嗽，少痰，白天则无。

舌脉：舌苔薄，脉缓，左关小弦。

方药：半夏厚朴汤合百合地黄汤。厚朴 10g，制半夏 9g，茯苓 12g，紫苏梗 10g，射干 12g，山豆根 6g，木蝴蝶 5g，百合 12g，生地黄 12g，青皮 10g，酸枣仁 30g，远志 10g，龙齿 30g，生牡蛎 30g，合欢皮 15g，首乌藤 30g，佛手 10g。

按语： 本案患者平素肝气郁结，气滞痰凝，肺失宣肃，故止咳先理气，半夏厚朴汤合百合固金汤主之，药后肝气得疏，肺得所养，则病渐愈。

案二 庞某，男，3 岁

诊断：咳嗽。

一诊：2013 年 10 月 28 日。

临床主证：咳嗽痰鸣 2 天，无发热，鼻塞，肺部听诊有湿啰音，左上肺明显。

舌脉：苔边薄黄，中间剥，脉略浮。

临床处理：和解宣肺，化痰止咳。

方药：三拗汤合葶苈大枣泻肺汤。炒柴胡 6g，黄芩 5g，党参 10g，制半夏 6g，炙甘草 3g，红枣 10g，白芍 6g，浙贝母 6g，葶苈子 6g，莱菔子 6g，桔梗 6g，杏仁 6g，生姜 2 片，炙麻黄 3g。

1 剂诸症减轻，3 剂病痊愈。

按语： 幼科又称哑科，为中医学诊治中难者也。本案患者仅 3 岁，咳嗽痰鸣，肺部啰音，稍有不慎，或因治疗不当耽延，变证生矣。咳嗽，痰鸣，鼻塞，苔边薄黄，乃外感表邪，邪气在表不解，并入里犯肺，故表里同治，三拗汤宣肺化痰止咳，葶苈大枣泻肺汤化饮，仅进 1 剂诸症大减，3 剂病已痊愈，辨证准，投药量精确，效果佳。

十二、肺气肿

案 徐某，男，88 岁

诊断：肺气肿。

一诊：2012 年 9 月 24 日。

临床主证：肺气肿，面肿，下肢肿，咳嗽，少量白色泡沫痰。

临床处理：益气止咳利水。

方药：生晒参 9g，麦冬 10g，南五味子 6g，葶苈子 30g，附子 6g，蜜麻黄 4g，细辛 4g，佛耳草 15g，炒当归 10g，老鹳草 15g，猪苓 30g，炒黄芪 30g，炒丹参 15g，蜜甘草 6g。

自煎加 5 片生姜，最好是姜皮。

按语：本案患者有肺气肿病史，久病痰饮内伏。咳嗽新起，痰白，考虑外感寒邪，又寒饮内伏，小青龙汤主之。患者久病，肺脾亏虚，加生晒参、黄芪补益正气，又恐麻黄、细辛发汗太过，合生脉散滋阴生津。7 剂后症状明显缓解。

十三、矽肺

案 徐某，男，56 岁

诊断：矽肺性肺纤维化，腹痛。

一诊：2013 年 12 月 18 日。

临床主证：咳嗽，活动后气急，慢性支气管炎，2011 年红会医院、浙江大学医学院附属第一医院职业病防治所诊断为"矽肺性肺纤维化"。现左下腹痛。

舌脉：舌苔薄，脉沉细。

临床处理：宣肺化痰止咳。

方药：檀香 6g，瓜蒌皮 10g，薤白 10g，炒枳实 10g，炒丹参 12g，蜜桂枝 10g，炒当归 10g，鱼腥草 30g，金荞麦 30g，蜜麻黄 6g，苦杏仁 10g，蜜甘草 10g，莱菔子 12g，葶苈子 10g，海浮石 10g，核桃仁 9g。

按语：本案患者有矽肺性肺纤维化病史，肺络受损，肺失宣肃，痰饮内伏。痰留胸胁，则胸闷如窒，或痛引后背，故治以宣肺化痰，宽胸散结，枳实瓜蒌薤白半夏汤主之。咳嗽较多，加鱼腥草、野荞麦清热化痰。但凡肺病，肺失宣降，气血运行无力，瘀血内阻，故加丹参、当归活血化瘀，莱菔子行气消肿，症状得缓。

十四、肺结节

案 张某，女，83 岁

诊断：左肺部结节，高血压 3 级。

一诊：2012 年 5 月 7 日。

浙江中医临床名家·庞德湘

临床主证：右肺结节，纳差无味，乏力，大便不畅。

舌脉：舌苔腻，脉弱。

临床处理：补气和中，清热解毒。

方药：六君子汤合黄连汤加减。太子参 20g，白术 12g，茯苓 10g，陈皮 10g，制半夏 10g，苏梗 10g，蒲公英 5g，川朴 10g，钩藤 10g，黄连 4g，炙甘草 6g，生姜 3 片，红枣 10g，砂仁（后下）6g，淮小麦 30g。

二诊：2012 年 5 月 14 日。

临床主证：右肺结节，纳差好转，仍无味，乏力，大便不畅。

舌脉：舌苔腻，脉弱。

方药：苦杏仁 10g，米仁 30g，白蔻仁（后下）10g，竹叶 10g，川朴 10g，木通 6g，滑石 24g，制半夏 10g，莱菔子 10g，甘草 6g，广藿香 10g，佩兰 10g，白术 10g，猪苓 12g，茯苓 12g，桂枝 10g，泽泻 10g，焦三仙各 30g，生姜 3 片。

按语：本案患者肺部结节，庞师指出：一切怪病，责之于痰。患者咳嗽气短，神疲乏力，当辨属肺脾气虚。肺失通调水道，脾失运化，水湿内蕴，酿湿成痰。痰瘀互结于肺，则成结节。治则以扶正固本为主，三仁汤合五苓散主之。配伍半夏、海藻、浙贝化痰散结，三棱、莪术活血破血，黄连、黄柏清热解毒，攻补兼施，扶正为主，症状缓解。

十五、间质性肺炎

案 郭某，男，67 岁

诊断：间质性肺炎。

一诊：2013 年 1 月 28 日。

临床主证：杭州市萧山区第一人民医院 CT：两肺间质性肺炎。甲状腺 B 超：甲状腺结节（右叶探及长约 0.2cm 低回声团），甲状腺球蛋白抗体＞500U/ml，甲状腺过氧化物酶 92.5U/ml，咳嗽白痰，量少，晨起明显。

舌脉：苔薄白，脉沉细。

临床处理：宣肺止咳。

方药：麻黄 6g，杏仁 10g，甘草 6g，桂枝 6g，赤芍 10g，白芍 10g，红枣 15g，泽漆 20g，石见穿 15g，白前 10g，黄芩 10g，生晒参 9g，金荞麦 15g，白前 10g，瓜蒌皮 10g，白芥子 10g，苏子 10g，细辛 4g，川朴 10g，生姜 5 片，炒当归 6g，制半夏 10g。

二诊：2013 年 3 月 11 日。

临床主证：咳嗽较前明显减轻，仍间断少量脓痰。

舌脉：苔薄白，脉沉细。

方药：地骨皮 6g，炙桑白皮 10g，杏仁 10g，甘草 6g，泽漆 20g，石见穿 15g，黄芩 10g，生晒参 9g，金荞麦 15g，瓜蒌皮 10g，苏梗 10g，川朴 10g，白术 12g，胆南星 6g，茯苓 10g，枳实 6g，鱼腥草 20g，浙贝母 10g，生姜 3 片。

按语：《金匮要略》指出"咳而脉沉者，泽漆汤主之"。本案患者咳而痰白、量少，气喘，胸闷，舌苔薄白，脉沉。病属肺脾气虚，寒饮内行。庞师治以麻黄汤合泽漆汤加减，宣肺化痰止咳，兼顾扶正气，麻黄、细辛温肺宣肺；荞麦、瓜蒌化痰止咳；半夏、白芥子燥湿化痰。庞师常以泽漆汤为主方治疗肺系疾病，随症加减，均取得不错效果。

十六、支气管扩张

案 胡某，男，85 岁

诊断：支气管扩张。

一诊：2012 年 3 月 5 日。

临床主证：支气管扩张，心房颤动，大便溏稀，易汗。

舌脉：舌苔薄，脉缓弱。

临床处理：补土生金，敛肺止咳。

方药：生晒参 9g，炒白术 10g，茯苓 12g，炒陈皮 10g，制半夏 10g，生地黄 12g，山药 30g，炙百部 12g，芡实 12g，鱼腥草 20g，炒黄芪 20g，炒当归 10g，炒杜仲 10g，炒紫苏子 10g，炒芥子 5g，黄精 12g，覆盆子 10g，糯稻根 30g，炒麦芽 15g。

按语：本案患者反复咳嗽咳痰，痰白黏，神疲乏力，胸闷心悸，白天自汗，舌苔薄，脉缓弱。辨属肺脾气虚，心阳不振，治以四君子汤为主方。补脾益气加黄芪当归汤补益气血；半夏、鱼腥草化痰散结；紫苏解表散寒行气；杜仲补益肝肾；芡实、覆盆子收敛固肾止泻。

十七、皮疹

案 苏某，女，41 岁

诊断：皮疹。

一诊：2012 年 3 月 26 日。

临床主证：皮肤红疹，遇酒可能尤甚。

舌脉：舌苔薄腻，脉略浮。

临床处理：养血祛风。

方药：桂枝汤加减。生桂枝 10g，赤芍 12g，炒白芍 12g，炙甘草 10g，紫草 10g，牡丹皮 10g，蒺藜 10g，浮萍 9g，制何首乌 12g，大枣 15g，炒荆芥 10g，生防风 6g，广金钱草 15g，郁金 10g，白鲜皮 10g，紫苏梗 10g，蒲公英 15g，炒麦芽 15g。

二诊：2012 年 4 月 23 日。

临床主证：皮肤划痕症，外感，咳嗽。

方药：生桂枝 10g，赤芍 12g，炒白芍 12g，炙甘草 10g，紫草 10g，牡丹皮 10g，蒺藜 10g，浮萍 9g，制何首乌 12g，大枣 15g，炒荆芥 10g，生防风 10g，广金钱草 15g，郁金 10g，白鲜皮 10g，紫苏梗 10g，沉香 6g，生地黄 15g，苦杏仁 10g，瓜蒌皮 10g，炒柴胡 10g。

按语： 本病皮肤红疹，遇酒后尤甚，庞师指出，病属营卫不和。仲景指出：病常自汗出者，此为营卫失合，营失和则卫不谐，以卫气不共营气谐和故尔，宜桂枝汤。庞师以桂枝汤调和营卫；紫草、丹皮清热解毒；苏梗、荆防祛风解表；柴胡、郁金、沉香活血行气；瓜蒌宽胸行气。诸药调和，症状得缓。

十八、慢性肾病

案 解某，女，61 岁

诊断：慢性肾病。

一诊：2012 年 4 月 2 日。

临床主证：2010 年 1 月 18 日尿检：尿微量蛋白 217mg/L，尿转铁蛋白 13.3mg/L，尿免疫球蛋白 G 15mg/L。2012 年 2 月 20 日尿 IgG 42mg/L，尿白蛋白 893mg/L，尿转铁蛋白 28.8mg/L，尿肌酐 9719μmol/L。畏寒，四肢不温，排尿量少，下肢肿胀，尿浊，纳差，少气懒言。

舌脉：舌淡，苔白，脉虚。

临床处理：补益肝肾。

方药：熟地黄 15g，怀山药 30g，茯苓 20g，女贞子 15g，炒泽泻 10g，牡丹皮 10g，怀牛膝 12g，车前子 15g，淡附片 5g，仙灵脾 15g，金樱子 15g，益智仁 6g，炒黄芪 15g，生桂枝 6g，菟丝子 6g，旱莲草 15g，萸肉 20g，生白术 10g，乌药 6g。

二诊：2012 年 4 月 16 日。

临床主证：一般情况尚可。

方药：熟地黄 15g，怀山药 30g，茯苓 20g，山茱萸 12g，炒泽泻 10g，牡丹皮 10g，怀牛膝 15g，淡附片 5g，仙灵脾 15g，金樱子 15g，益智仁 6g，生黄芪 15g，芡实 15g，生桂枝 6g，车前子 15g，薏苡仁 30g，干姜 6g，绵萆薢 10g，升麻炭 10g。

按语： 本案患者平素肢寒畏冷，小便不利，下肢浮肿，尿中泡沫多，舌淡白苔薄，脉沉细，当属肾气不足，肾失温煦，治以温肾壮阳，化气利水。庞师以济生肾气丸为主方，加黄芪健脾利水；乌药、仙灵脾温中壮阳行气，达到温肾壮阳，补益肝肾之功效。二诊患者畏寒，肢冷明显缓解，仍有下肢浮肿伴尿浊，泡沫多。庞师仍以原方减附子，加薏苡仁、萆薢清热通淋，利湿化浊，加强通淋之功效。

十九、淋证（膀胱炎）

案 周某，女，31 岁

诊断：膀胱炎。

一诊：2012 年 11 月 19 日。

临床主证：尿常规：潜血 +，白细胞 22 个 /μl。腰酸，神疲乏力，潮热，小腹坠胀不适。

舌脉：舌苔厚腻，脉小弦。

临床处理：益肾清理下焦。

方药：生地黄 20g，山药 20g，山茱萸 12g，牡丹皮炭 10g，茯苓 15g，炒泽泻 10g，炒黄柏 10g，车前子 15g，牛膝 12g，炒柴胡 10g，大血藤 12g，土茯苓 30g，石韦 30g，炒续断 10g，炒黄芪 20g，炒当归 10g，炒麦芽 15g。

按语： 本病当辨属"血淋"范畴。《金匮要略·五脏风寒积聚病脉证并治》指出：热在下焦者则尿血亦令淋秘不通。《诸病源候论·淋病》亦指出：诸淋者，有肾虚而膀胱热故也。湿热蕴结下焦，阴络受损，络损血溢，血随尿出，则见血尿。本案患者腰酸神疲，夜间潮热，故素体阴虚也，以知柏地黄饮滋阴

养肾，配伍黄芪、当归补血活血；石韦、车前子清热利湿通淋；萆薢利湿泌浊；乌药行气。诸药配合，达到治疗血淋的目的。

二十、内伤发热

案一 刘某，男，59岁

诊断：发热待查。

一诊：2012年11月26日。

临床主证：患者发热，体温最高时39℃。2012年11月23日CT：两肺未见明显实质性病变，两侧轻度胸膜增厚。2012年11月17日白细胞12.4×10^9/L，C反应蛋白41mg/L，空腹血糖7.78mmol/L。2012年11月21日白细胞9.5×10^9/L，C反应蛋白198mg/L，予阿莫西林、左氧氟沙星等治疗。2012年11月23日白细胞6.3×10^9/L，C反应蛋白＜1mg/L。现体温正常，自诉胸闷不适、紧束，活动后气急。

舌脉：舌苔薄，脉略浮。

临床处理：疏表宣肺。

方药：炒柴胡10g，炒黄芩10g，炒党参15g，制半夏10g，鱼腥草30g，金荞麦30g，北沙参12g，葶苈子10g，蜜桑白皮12g，地骨皮12g，射干12g，蜜麻黄6g，炒麦芽15g。

二诊：2012年12月3日。

临床主证：偶有头晕，易外感。

方药：炒柴胡10g，炒黄芩10g，炒党参15g，制半夏10g，鱼腥草30g，金荞麦30g，北沙参12g，葶苈子10g，蜜桑白皮12g，射干12g，蜜麻黄6g，瓜蒌皮12g，浙贝母10g，苦杏仁10g，炒麦芽15g。

按语：本案患者发热，无定数，反复发作，病多在卫气之间，少阳与阳明同调，调和营卫。庞师根据病史，诊其为肝失疏泄，营卫不和而致寒热发作，主以调达肝木，逍遥散主之。逍遥散虽非清热之方，但时此高热之证却能取效，主要在于辨证准确，切合病机。

案二 钱某，女，25岁

诊断：内伤发热，便秘。

一诊：2012年12月3日。

临床主证：自诉皮肤烫，手足心热，便秘，不出汗，胃脘胀满。

舌脉：舌尖红，舌苔薄，脉细。

临床处理：养阴清热和胃。

方药：生地黄15g，山药15g，山茱萸12g，牡丹皮10g，茯苓12g，炒泽泻10g，炒黄柏10g，炒知母6g，生桂枝10g，炒白芍12g，炙甘草6g，大枣15g，金银花10g，紫苏梗10g，蒲公英12g，厚朴10g，炒麦芽12g。

按语：《素问·调经论》曰：阴虚则内热。病机为有所劳倦，行气衰少，精气不盛，上焦不行，下脘不适，胃气热，热气熏胸中，故内伤。本病患者阴虚阳盛，虚火内热，则午后发热，病机在阴分，知柏地黄汤主之，加银花清热解表，公英清热解毒，症状得缓。

二十一、虚劳

案 孙某，女，45岁

诊断：虚劳，贫血，良性垂体瘤。

一诊：2013年12月24日。

临床主证：患者因脑垂体瘤于2011年8月进行手术后，血红蛋白61g/L。2013年12月11日MRI：垂体微腺瘤考虑（6mm）。今乏力、头痛、头胀，有响声，眼胀痛，贫血，纳可，便秘。

舌脉：舌苔白腻，脉沉细。

临床处理：健脾化痰散结。

方药：天麻9g，野菊花12g，钩藤12g，炒杜仲10g，槲寄生12g，牛膝12g，车前子15g，益母草30g，炒川芎10g，生麦芽12g，石决明20g，生桂枝10g，茯苓15g，猪苓12g，炒泽泻20g，炒白术12g，夏枯草15g，浙贝母10g。

二诊：2014年1月6日。

临床主证：2014年1月3日肠镜：结肠黑变病。乏力、头胀、头痛减轻，大便一日一行。

舌脉：舌苔白腻，脉沉细。

方药：天麻9g，野菊花12g，钩藤12g，炒杜仲10g，槲寄生12g，牛膝12g，车前子15g，益母草30g，炒川芎10g，生麦芽12g，石决明20g，生桂枝10g，茯苓15g，薏苡仁30g，炒泽泻20g，炒白术12g，夏枯草15g，浙贝母10g，山药30g。

按语： 本案患者头晕、头痛，耳鸣，眼胀痛，苔白腻，脉沉，为肝阳上亢之症。"诸风掉眩，皆属于肝"，故治以平肝潜阳，天麻钩藤饮主之。肝火旺盛，水热互结，小便不利，加猪苓、泽泻清热利水。7剂后症状缓解。

二十二、骨髓异常增生综合征

案 曹某，男，58岁

诊断：骨髓异常增生综合征。

一诊：2013年11月4日。

临床主证：2013年7月16日浙江大学医学院附属第一医院骨髓穿刺结果：巨核细胞增多，功能差，骨髓异常增生综合征，白细胞$3.7×10^9$/L，面萎乏力，失眠，腰背痛。

舌脉：舌淡苔薄，脉虚大。

临床处理：益气养血，健脾益肾。

方药：炙黄芪20g，炒当归10g，党参15g，白术12g，茯苓12g，生地黄30g，山药30g，白芍12g，黄精15g，枸杞12g，鸡血藤30g，黄柏10g，杜仲10g，蛇舌草15g，半枝莲20g，川断10g，红枣15g，菟丝子6g，葛根12g，生姜3片。

按语： 此案患者病属气血两虚，气化于阳，血属于阴，阴阳互根，气血同源，阴阳两虚，气血并亏，心神不宁。庞师以八珍汤主之，益气养血，加黄芪、当归活血补血；黄精、枸杞养阴生津；杜仲、菟丝子、川断扶阳固正。全方阴阳气血并补，效证堪佳。

（俞森权 撰写）

第七节 女科经带胎产杂，辨证论治有善法

庞师7岁时就在祖父教导下开始学习中医，在日复一日的诵读、跟诊中医术逐渐增长。经过多年的对医道孜孜不倦的追求，庞师是在中医学的诸多领域都有丰硕的成果。除了恶性肿瘤等疑难杂症外，受祖父的熏陶和教诲，庞师也非常擅长妇科疾病的诊疗。

一、乳痛症

案 杨某，女，77岁

诊断：乳痛症。

一诊：2012年9月5日。

临床主证：双侧乳房胀痛，流清水。2012年8月5日B超：右乳结节粗大伴钙化，建议进一步检查，左乳结节；钼靶：双侧乳腺腺体增生，右乳钙化灶，建议MRI。患者要求中药调理。既往膀胱癌术后一年余。

舌脉：舌苔薄，脉沉弦。

临床处理：调补冲任。

方药：右归丸合二仙汤加减。熟地黄20g，山药20g，山萸肉15g，鹿角霜12g，菟丝子10g，枸杞子12g，当归10g，杜仲10g，鹿衔草10g，仙灵脾12g，诃子10g，浙贝母10g，夏枯草15g，玄胡12g，香附10g，麦芽15g。

二诊：2012年9月19日。

临床主证：患者乳房胀痛减轻，乳头溢液减少。

舌脉：舌苔薄黄腻，脉沉弦。

方药：熟地黄20g，山药20g，山萸肉15g，鹿角霜12g，菟丝子10g，枸杞子12g，当归10g，杜仲10g，鹿衔草10g，仙灵脾12g，诃子10g，夏枯草15g，瓜蒌皮12g，香附10g，煅牡蛎15g，重楼12g，蛇舌草12g。

按语：凡治病当首分"阴阳"，如寒热、虚实。乳痛为女性最常见病之一，病因繁多，本案患者除乳痛外，还有乳头流清水症状，《黄帝内经》"病机十九条"有云："诸病水液，澄澈清冷，皆属于寒"，考虑患者既往有癌症及手术病史，阳气必伤，结合患者症状、舌脉象（苔薄脉沉），当属于虚寒证，故以右归丸合二仙汤温肾助阳，肾阳为一身阳气之根本，肾阳充则水液得以蒸腾运化；另女子以肝为先天，易于阴郁，郁则气滞血停，表现为乳房肿块、疼痛，结合患者脉弦，当考虑合并有肝郁不舒，气血难行之患，方中延胡索能行血中气滞、气中血滞，专治一身上下诸痛；香附被誉为"气病之总司，妇科之主帅"，两者皆为治疗妇科疾病的常用有效药。浙贝、夏枯草去性存用，取其散结之效；麦芽消食健胃，防伤胃之弊。二诊时患者苔黄腻，疼痛好转，考虑湿热内生，在原方基础上去延胡索、浙贝，加用重楼、蛇舌草以清热利湿。另加瓜蒌皮，取其"皮走皮"之意，与牡蛎合用加强散结之功。

二、乳腺炎

案 孙某，女，29 岁

诊断：乳腺炎。

一诊：2013 年 11 月 11 日。

临床主证：急性乳腺炎，哺乳后 5 年，4 个月前发现乳房乳晕上方红肿疼痛，局部灼热，经过西医反复治疗，浙江省人民医院住院半个月仍不见好转，来诊要求中医治疗。

舌脉：舌苔薄，脉略洪。

临床处理：清热解毒，消肿散结。

方药：蒲公英 50g，青皮 10g，炒陈皮 10g，炒柴胡 10g，郁金 10g，野菊花 15g，紫花地丁 15g，金银花 15g，鹿角霜 12g，赤芍 12g，炒当归 6g，生麦芽 30g。

二诊：2013 年 12 月 23 日。

临床主证：患者偶有脓样液体从乳头溢出。

舌脉：舌苔薄，脉有力。

方药：四逆散加减。炒柴胡 10g，赤芍 12g，生甘草 10g，金银花 15g，蒲公英 30g，连翘 12g，皂角刺 10g，全蝎 4g，蜈蚣 1 条，败酱草 12g，紫花地丁 15g，生地黄 15g，漏芦 10g，炒枳壳 6g，王不留行 10g，丝瓜络 10g。

按语：本案患者乳房红肿疼痛，局部灼热，结合舌脉象，当属实热证无疑，结合女性以肝为先天的生理特点，病属乳痈早期，治以清热解毒，疏肝散结，拟以逍遥散合五味消毒饮加减，其中，逍遥散疏肝郁，行肝气，畅通全身之气血；五味消毒饮清乳房之热，解乳房之毒，麦芽为不忘时时顾护脾胃之意。二诊时，考虑为病情进展，有乳头流脓，此时当以清热攻毒为主，并辅助以通络散结，方中蜈蚣、全虫、败酱草、皂角刺等皆为此意。由此可见，治病更是治证，应该随证施治，不可一味收方而不知变通。

三、乳腺增生

案 潘某，女，31 岁

诊断：乳腺增生，纤维瘤术后。

一诊：2012 年 9 月 12 日。

临床主证：乳腺增生，乳腺纤维瘤术后 6 个月，经前乳房胀痛明显，月经周期、量色均可。

舌脉：舌苔薄略腻，脉弦。

临床处理：疏肝解郁散结。

方药：瓜蒌皮 10g，炒木香 6g，青皮 10g，香附 10g，乳香 3g，没药 5g，郁金 10g，炒柴胡 10g，炒白芍 12g，赤芍 12g，夏枯草 12g，浙贝母 10g，生牡蛎 30g，荔枝核 10g，延胡索 10g，炒麦芽 15g。

二诊：2012 年 10 月 15 日。

临床主证：面色如常，近日乳头痛减轻，色量可。

舌脉：舌苔薄，脉小弦。

方药：瓜蒌皮 10g，炒木香 6g，青皮 10g，香附 10g，郁金 10g，炒柴胡 10g，炒白芍 12g，夏枯草 12g，浙贝母 10g，生牡蛎 30g，荔枝核 10g，薜荔果 10g，三棱 10g，海藻 12g，橘叶 9g，没药 10g，藤梨根 12g。

三诊：2012 年 12 月 3 日。

临床主证：面色如常，近日乳头痛减轻，色量可，今复查乳腺彩超：双乳腺增生症。

舌脉：舌苔薄，脉小弦。

方药：瓜蒌皮 10g，炒木香 6g，青皮 10g，香附 10g，郁金 10g，炒柴胡 10g，炒白芍 12g，夏枯草 12g，浙贝母 10g，生牡蛎（先煎）30g，荔枝核 10g，薜荔果 10g，莪术 10g，海藻 12g，没药 10g，藤梨根 12g，佛手 10g。

按语： 女子乳头属肝，乳房属胃，乳腺增生以肝气不疏，痰凝阻滞多见，病机较为单纯。本案患者为经前乳房胀痛，但月经周期、量色正常，结合舌脉象，当属肝郁气滞，治疗以疏肝解郁散结为法，方以柴胡疏肝散加减，另加用一些行气活血、软坚散结之药。通过本案可知，女性乳房疾病大多从气论治，在脏腑上需从肝论治，临床上能够抓住这两个特点，则疗效可期。

四、霉菌性阴道炎

案 王某，女，50 岁

诊断：霉菌性阴道炎。

一诊：2012 年 5 月 28 日。

临床主证：霉菌性阴道炎，子宫肌瘤，月经量多。

舌脉：舌苔薄，脉小弦。

临床处理：清利下焦，散结。

方药：炒黄柏10g，山药30g，苦参12g，芡实12g，车前子15g，白鲜皮12g，茯苓15g，赤芍12g，桃仁6g，牡丹皮10g，厚朴10g，夏枯草15g，黄精15g，炒麦芽15g，香附10g，藤梨根15g，大血藤12g，海藻10g，佛手10g。

按语： 霉菌性阴道炎主要表现为外阴瘙痒，时发时止，阴道黏膜红肿，白带增多且稠，根据这些症状可以推断病机为湿热之邪蕴结下焦，治疗当以清热利湿为主，方以易黄汤加减，本方出自《傅青主女科》"夫黄带乃任脉之湿热也……唯有热邪存于下焦之间，则津液不能化精，而反化湿也……此不特治黄带方也，凡有带病者，均可治之……盖山药、芡实专补任脉之虚，又能利水……至于用黄柏清肾中之火也"，因患者既往有子宫肌瘤病史，当属湿瘀互结，故加入了大量理气活血化瘀之品，主次兼顾。

五、宫颈炎

案 郎某，女，34岁

诊断：子宫颈炎。

一诊：2012年9月17日。

临床主证：2011年6月2日子宫Leep刀后黏膜慢性炎，CIN Ⅱ～Ⅲ级累及腺体。宫颈/阴道液基细胞病理非典型鳞状细胞，建议短期复查。病理：宫颈黏膜慢性炎伴局灶复层扁平上皮增生及肉芽组织形成，颈管搔刮少许破碎子宫内膜。电子阴道镜TSB：性质未定的不典型鳞状细胞。现腰酸乏力。

舌脉：舌苔薄，脉弱。

临床处理：清利下焦，佐以扶正散结。

方药：生桂枝5g，茯苓12g，桃仁6g，牡丹皮10g，红花6g，益母草15g，大血藤15g，熟地黄15g，炒当归6g，炒黄芪15g，土茯苓20g，炒麦芽15g，炒杜仲10g，半枝莲15g，凤尾草12g，三棱6g，炒续断10g。

二诊：2012年9月24日。

临床主证：腰酸减轻。

舌脉：舌苔薄，脉弱。

方药：生桂枝 5g，茯苓 12g，桃仁 6g，牡丹皮 10g，红花 6g，益母草 15g，大血藤 15g，熟地黄 15g，炒当归 6g，炒黄芪 15g，炒柴胡 10g，炒麦芽 15g，炒杜仲 10g，炒白芍 12g，炒续断 10g，巴戟天 10g，重楼 9g，菟丝子 10g。

按语：本病多为湿热之邪，日久阻滞局部气血成瘀，因此为湿、热、瘀三者合而为病，治以桂枝茯苓丸加减，本方出自《金匮要略》，功能化瘀生新，调和气血，为治疗妇科癥瘕常用方剂，因病机夹湿、夹热，加入半枝莲、凤尾草、土茯苓、益母草清热解毒利湿。因患者伴有腰酸乏力，苔薄脉弱，当属冲任不足，不能充养腰府，故方中加入了熟地、当归、黄芪、杜仲、续断等大量补肾益气之药，反过来又可以帮助气血运行，增化瘀之功。患者二诊仍有腰酸，考虑多以补阴为主，补益之力不足，正所谓"善补阴者，善于阴中求阳"，故在前方基础上加入巴戟天、菟丝子，阳中求阴。

六、卵巢囊肿

案 沈某，女，51 岁

诊断：卵巢囊肿。

一诊：2012 年 3 月 19 日。

临床主证：怕冷腰酸，颈椎不适。

舌脉：舌苔薄，脉沉。

临床处理：补肾通络。

方药：熟地黄 12g，山药 12g，牡丹皮 10g，茯苓 12g，炒泽泻 10g，炒杜仲 10g，炒续断 10g，生桂枝 6g，炒黄柏 6g，牛膝 12g，菟丝子 10g，覆盆子 10g，益智 10g，桃仁 6g，炒当归 6g，炒黄芪 15g，佛手 10g，香附 10g，生地黄 20g。

按语：卵巢囊肿同样是妇科常见疾病之一，卵巢与生殖相关，五脏六腑中与肾关系密切，当从肾论治。腰为肾之府，且肾阴肾阳为一身阴阳之源，肾精亏虚故怕冷、腰酸、脉沉。方以六味地黄汤加减，方中六味地黄汤加覆盆子、牛膝补肾固精，加入少许桂枝、益智仁、菟丝子既可阳中求阴，阴阳并济，又能鼓舞肾精化生，还能助当归、黄芪、桃仁、佛手等畅通气血以通络，治疗颈椎不适。颈部为督脉所经过，督脉为"阳脉之海"，虚则补之，故方中温阳药在补肾的同时，也温养督脉；另现代人因各种原因导致颈椎病，

多为气血不畅，并伤筋阻络，当以行气活血通络为法，配合适当的锻炼，即导引之法。

七、月经失调

案 池某，女，46岁

诊断：月经失调。

一诊：2012年4月16日。

临床主证：月经失调，色黑量少，周期可，下肢胀感明显。

舌脉：舌紫，舌苔薄，脉缓弱、小弦。

临床处理：补益心脾，止血。

方药：归脾汤加减。生晒参9g，炒白术10g，茯苓10g，炙甘草6g，酸枣仁12g，远志10g，香附10g，炙黄芪12g，熟地黄15g，大枣15g，藤梨根15g，炒白芍12g，菟丝子10g，炒当归10g，炒柴胡10g，黄精15g，炒丹参10g，枸杞子12g，炒川芎6g，炒麦芽15g。

二诊：2012年5月21日。

临床主证：面色少华，腰酸好转，小便隐血。

舌脉：舌胖，有紫点，舌苔薄腻。

方药：生晒参9g，炒白术10g，茯苓10g，炙甘草6g，酸枣仁12g，远志10g，香附10g，炙黄芪12g，熟地黄15g，大枣15g，山药20g，菟丝子10g，炒当归10g，炒柴胡10g，黄精15g，炒丹参10g，枸杞子12g，炒川芎6g，莪术6g，制何首乌12g，覆盆子10g，红花6g。

三诊：2012年7月2日。

临床主证：面色少华，月经色量正常，腰疼。

方药：生晒参9g，炒白术10g，茯苓10g，酸枣仁12g，远志10g，香附10g，炙黄芪12g，熟地黄15g，大枣15g，炒当归10g，炒柴胡10g，黄精15g，炒丹参10g，枸杞子12g，炒川芎6g，制何首乌12g，红花10g，炙甘草6g，生地黄炭15g。

按语： 月经失调是女性患者就诊的常见原因，病机纷杂，有因血瘀、气血虚、气滞、痰湿、热邪、寒邪、痰饮等，或单独为患，或夹杂致病。本案患者月经色黑量少，但周期正常，结合舌脉象，当为气血不足夹瘀，方以归脾汤加减。脾胃为气血生化之源，方中在常规补气健脾的基础上，加入补益肾阴、肾阳之品，正所谓"阳化气，阴成形"，为气血生化提供源源不断的动力，鼓舞气血生长，同时，根据病机加入丹参、川芎以活血化瘀，荡涤陈旧瘀血。患者服药后仍有腰酸，面色少华，考虑气血仍虚，续用原方之意，加强补益之功以收效。

八、围绝经期综合征

案 沈某，女，47岁

诊断：更年期综合征。

一诊：2013年3月18日。

临床主证：潮热汗出，失眠，半夜醒来不易入睡，背部重滞紧张不适。

舌脉：舌质偏红，脉虚数。

临床处理：调理冲任。

方药：生地黄30g，山药30g，山茱萸12g，牡丹皮10g，茯苓12g，炒泽泻10g，炒黄柏10g，炒知母10g，地骨皮12g，青蒿12g，酸枣仁15g，远志10g，合欢皮15g，龙齿30g，生牡蛎（先煎）30g，首乌藤30g，肉桂1片，炒黄连5g，炒麦芽15g。

按语：更年期女性患者因女性激素的迅速减少而出现一系列症状。现代医学研究表明，女性激素可以理解为中医理论中冲任二脉的部分生理功能，女性激素减少可以认为是冲任虚损，治疗当以补益冲任为法，治以知柏地黄汤加减，既能够补肾阴，又兼顾清虚热，考虑到患者虚热症状较重，方中又加入了大量清虚热的药物如地骨皮、青蒿等，失眠不易入睡主要为虚火扰心，除了清火，还需安神，方中既有养心安神之品，又有重镇安神之品，多管齐下，以努力解除患者不适为第一要务。同样的，方中肉桂意为阳中求阴，且能防诸药寒凉太过伤脾胃，体现时时不忘后天之本之意。

（胡正国 撰写）

第五章

学 术 成 就

庞师从事中医肿瘤临床和研究工作 40 年，对肿瘤的中医诊治积累了丰富的临床经验，临床效果显著。笔者不揣浅陋，现将庞师治疗肿瘤的学术经验梗概做一总结，以飨同道。

第一节　衷中参西治肿瘤，群段分治立准绳

一、阐发癌因虚与毒

《黄帝内经》言："邪之所凑，其气必虚"，庞师认为，凡诸多慢性疾病，皆为因虚致病，两虚相得，乃客其形。肿瘤之发，亦复如是。正如《医宗必读》言："积之成也，正气不足，而后邪气踞之。"人之所虚之处，即是留邪之地，人体正气不足，脏腑气血经络失调，内外合邪，日积月累，肿瘤乃成。故《诸病源候论》指出："积聚者……虚劳之人，阴阳伤损，血气凝涩，不能宣通经络，故积聚于内也。"庞师强调，肿瘤为病，虽局部易实，而整体多虚，虚者为本，实者为标。故因虚致病，因病更虚，往往恶性循环为患，而成恶病、恶液之重候。而肿瘤之虚，既有气血阴阳之别，又有在脏在腑之殊。庞师认为，大多肿瘤患者，初期先有气虚，进而伤及阴血，终至气虚及阳，元气衰败，而成不治。

肿瘤之发，虚虽为本，而必有毒邪相加为病，此之谓癌毒。在中医学中，"毒"为病因病机学说中一个特定的含义。"毒"者，《说文解字》曰："厚也，害人之草，往往而生。其生蕃多则其害尤厚。"毒既可外感，又可内生，意指病邪之亢盛。尤在泾《金匮要略心典》载："毒，邪气蕴结不解之谓。"观当今名医论肿瘤，主毒者多矣。而庞师认为，癌毒者，非如湿毒、热毒、瘀毒、

124

寒毒之单一，其致病，必错综多变，概而言之：癌毒者，峻烈顽固，极易传变，易凝滞气血，燔灼津液，耗伤阳气，胶着不化，缠绵难愈。正如杨士瀛《仁斋直指方》曰："癌者……毒根深藏，穿孔透里。"

二、提出群段分治论

庞师临证40余年，概括总结大量病例，得出肿瘤"群段分治"的思想。"瘤同人不同，分阶辨和治"，这是对现有肿瘤综合治疗思想下中医辨证论治肿瘤的高度补充。中医不仅要参与肿瘤的综合治疗，更要体现其本身的整体优势。以往多认为，肿瘤之治，扶正祛邪而已，而庞师认为，此论虽不谬，但失于细。肿瘤"分阶论治"思想认为，肿瘤的治疗大致可分为围手术期、围放化疗期、康复期及姑息期。围手术期，多气虚血瘀；围放化疗期，多脾虚阴伤；康复期，多气虚阴虚，夹痰夹瘀；姑息期，病证多杂，多元气不足，癌毒炽盛。阶段不同，其治也殊，随阶治之。

如果细分之，则其"群段"有较多的层次。庞师认为，恶性肿瘤的诊疗，经典著作中虽无专篇论述，但结合历代文献可以看出，在清代光绪年间，从"瘤"到"癌"的认知和辨治过程，"癌"已经和西方医学的癌症概念等同，而中医学仅仅缺少病理一项，今已得到中西医学临床相互补充而应用。庞师认为，中医之辨证，一贯重于考察物质的运动与变化，这种思路恰与西医偏重认识静态及局部实体的习惯形成鲜明对照。任何物质的存在和运动都离不开时间和空间的二维基本形式，中医学对人体之认识，亦复如是，即天人相应观。从客观上看，恶性肿瘤从发生到疾病进展直至终点事件始终处于一个不均质的、恒动的、变化的过程。但在之前的多数研究中，一般都把肿瘤作为单一的、孤立的、均质性的疾病进行整体辨证治疗研究。这种辨治体系之不足为忽视了肿瘤不同阶段中医"证"的异质性规律。

庞师认为中医诊治肿瘤确实存在极大的优势，但不能盲目片面地夸大其作用，如能发挥好中西医各自的特点而取长补短则能止于至善。故结合多年临证经验，庞师认为中医治疗肿瘤大体可以分为两大类：一是纯中医治疗类；二是中西医结合治疗类。两大类又分为五群，五群共分为十一段（图5-1）。其中纯中医治疗可以大体分为早、中、晚三个阶段；而中西医结合治疗类又可以分为四大群体，由于西医手术、放化疗、靶向治疗等多个环节的治疗，患者阴阳气血、虚实寒热、脏腑经络、瘤体有无等因治

而变，故中医亦应因变而治，可以大体分为围手术期人群、无瘤人群、带瘤生存人群和临终前人群。依据此分类进行辨治，则条分缕析，易于掌握。

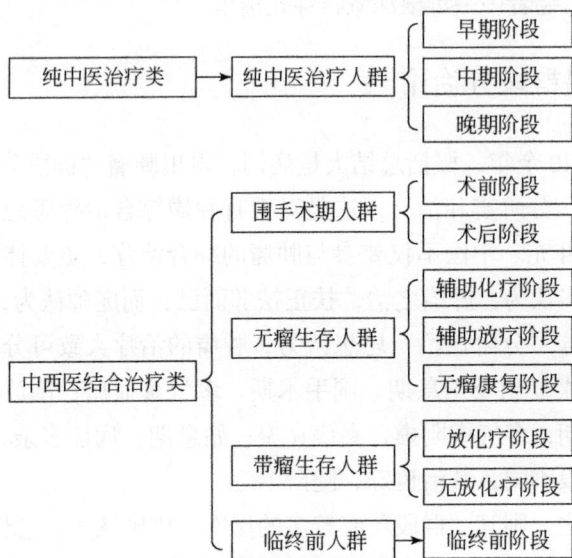

```
                           ┌─ 早期阶段
纯中医治疗类 ──→ 纯中医治疗人群 ┤─ 中期阶段
                           └─ 晚期阶段

                  ┌─ 围手术期人群 ┤─ 术前阶段
                  │            └─ 术后阶段
                  │
                  │            ┌─ 辅助化疗阶段
中西医结合治疗类 ┤─ 无瘤生存人群 ┤─ 辅助放疗阶段
                  │            └─ 无瘤康复阶段
                  │
                  │─ 带瘤生存人群 ┤─ 放化疗阶段
                  │            └─ 无放化疗阶段
                  │
                  └─ 临终前人群 ──→ 临终前阶段
```

图 5-1　肿瘤群段分治简图

三、群段理念详细说

（一）纯中医治疗类人群

此类患者，或因年高，或因体弱，或惧手术，或弃放化疗，或因经济等原因而拒绝或无法进行西医治疗，故而寻求纯中医治疗。其特点有未经手术、放化疗等治疗，患者正气尚可；早、中期元气戕伐不甚；部分患者经济拮据等。庞师认为此类人群纯中医治疗之目的或在于消瘤，或在于延寿，或在于轻疾。应严守肿瘤治疗的基本原则，注重脏腑虚实寒热变化，于治病求本中辨证与辨病相结合，有者求之，无者求之。庞师常告诫，历代医籍汗牛充栋，其中不乏济世良方，为医者，应博汲医源，勤求古训，遣方用药之时，应多从中医历代古籍或民间验方中寻求确有良效或简便廉验的治疗方法，从而使纯中医治疗在恶性肿瘤治疗中发挥更大的优势。

庞师结合患者正气虚实状态和恶性肿瘤自身发展之规律，认为大致可以按早、中、晚三阶段分治之法。

早期阶段，由于未经手术、放化疗等戕伐性手段，元气尚足，癌毒未甚，

126

类似于张景岳"积聚未久而元气未损者",治疗原则应以攻伐为主。庞师非常认同张子和攻下以驱邪的思想"先论攻其邪,邪去而元气自复也""一漂而去""陈莝去而肠胃洁,癥瘕尽而营卫昌",张景岳亦有"积坚气实者,非攻不能去"之论。同时应掌握《黄帝内经》"衰其大半而止""大毒治病,十去其六"之理念。临床可选用香棱丸、阴阳攻积丸、妙应丸等加减,或选用峻猛有毒类中药,如大黄、麻黄、附子、斑蝥、蟾蜍、马钱子、蜈蚣、全蝎、制甘遂、雄黄等。其中如斑蝥、蟾蜍、雄黄等药现多已提纯之后广泛运用于恶性肿瘤的治疗,现代研究也证实以毒攻毒类中药有广泛的抗肿瘤作用。

中期阶段,患者正气渐亏,而主证已显,当谨察病机,攻伐与扶正参半。正如汪机《医学原理》所言:"积聚者乃癥瘕、肠蕈、伏梁、肥气、痞气、息贲、奔豚等证之总名也……莫若攻补兼施"。庞师一般在扶正基础上结合化痰散结法、活血化瘀法、清热解毒法、温阳散结法、理气开郁法等。临床可选用妙应丸、阴阳攻积丸、王清任逐瘀汤类方、西黄丸、大黄䗪虫丸、鳖甲煎丸、泽漆汤等加减。

晚期阶段,患者已为肿瘤晚期,正气已亏,诸证蜂起,病证变化多端。治疗以扶正为主,辅以抓主证以轻其所苦。脾胃乃后天之本,有胃气则生,无胃气则亡,务使脾胃强健,使后天充盈,有力鼓邪。正如张洁古言:"当养正则邪自除""今令真气实,胃气强,积自消矣"。此阶段尚有祛邪之机,法随机转,有的放矢,但攻伐不可太甚,总以减轻痛苦、延长寿命为要。临床可选用八珍汤、沙参麦冬汤、归脾汤、肾气丸、补中益气汤、薯蓣丸等加减。如晚期肺癌日久,症见乏力消瘦、喘息痰鸣、咽干口燥之阴虚痰毒证,庞师在沙参麦冬汤基础上创制养阴散结方养阴扶正以除积而有良效。

明朝李中梓《医宗必读·积聚》中也有类似"初中末之三法"的论述,虽有不同,亦可参考。总之,无犯虚虚之戒,即李中梓所言"盖积之为义,日积月累,匪朝伊夕,所以去之,亦当有渐。太亟则伤正气,正气伤则不能运化而邪反固矣"。

(二)中西医结合治疗类

1.围手术期人群的中医治疗

围手术期人群分为术前和术后两个阶段,大抵以术前术后2周为限。术前阶段,大多患者有肿瘤相关症状体征,同时其内心往往惶惶不安、焦虑难寝、饮食欠佳。术后阶段,往往肿瘤相关症状基本消失,自我暗示为"大病已去",

但同时因麻醉、手术等造成相关不适，如汗出、乏力、头晕、腰膝酸软、胃纳不振、手术创口疼痛等。庞师认为围手术期人群因麻醉、手术创伤及心理应激等因素的影响，其病理状态有特殊性。此阶段因手术治疗使患者经历了从"有瘤"到"无瘤"的过程，故其整体病理往往由实转虚，同时往往夹杂气滞血瘀，故此阶段中医干预之目的在于促进身体对创伤的康复、脏器功能部分缺失的代偿及术后诸多并发症的消除等。

术前阶段应以促进患者耐受手术为目的，给予患者鼓励和疏解，治以养心安神、疏肝解郁、和胃化痰等为法。如庞师术前阶段常用丹栀逍遥散、归脾汤、温胆汤等加减。如丹栀逍遥散，原方用于肝郁化热之月经不调，庞师认为此方为解郁安神之良剂，适于术前焦虑的患者，文献也报道此方有对抗焦虑的作用。

术后阶段因元气损伤，脏腑气机不畅，气滞则血瘀，故当予以理气化瘀、补益脏腑等，如常用复元活血汤、血府逐瘀汤、金铃子散等加减，促其早日复原，并使其在预定的时间，配合西医进行下一步治疗。如复元活血汤，原方用于外伤致胸胁疼痛，庞师认为此方能促进胸腹部手术后的康复，有较好的镇痛作用，也有研究表明此方在抗损伤的同时尚有抗肿瘤复发和转移作用。

庞师在围手术期喜用丹参一味，丹参攻补参半，有养血安神、化瘀抗癌之功，尤适用于此期人群。《神农本草经》谓丹参："主心腹邪气，肠鸣幽幽如走水，寒热积聚，破癥除瘕，止烦满，益气。"故庞师多将丹参用于胸腹腔肿瘤之围手术期。

2. 无瘤人群的中医治疗

无瘤人群是指中早期肿瘤患者根治术2周后，在现代诊疗条件下，机体无肿瘤发现，包括以下三个阶段的人群。

（1）辅助化疗阶段：根治术后，大部分患者需要辅助化疗。这一阶段患者的特点主要表现在化疗之毒副反应，如呕吐、嗳气、泄泻、便秘、纳呆、乏力、萎黄、虚劳等脏腑损伤之证。化疗药物在发挥"以毒攻毒"治疗作用之同时，亦耗伤脏腑，而尤以脾肾为著。脾肾为先后天之本，脾虚则见消化道不良反应诸症，肾虚则见骨髓抑制诸症。《景岳全书·积聚》云："凡脾肾不足，及虚弱失调之人，多有积聚之病。"肿瘤之疾，本发于脾肾不足之体，再遭化疗之攻，则损伤更甚。庞师认为此阶段的治疗原则有健脾和胃以尽早恢复饮食，以司其后天之本之能，庞师常用自拟健脾开胃汤加减；补肝肾、益气血以保护骨髓，庞师常用自拟养血汤加减；调和营卫以益腠理，提高卫外功能以防御外邪等，庞师常用桂枝汤合玉屏风散或黄芪桂枝五物汤加减。刘渡舟教授亦在其《古今接轨论》中论及桂枝汤合玉屏风散有固表实卫之功，用于肿瘤患者提高机体免疫功能效佳。

（2）辅助放疗阶段：术后，部分患者需辅助放疗以巩固疗效，提高生存率。此阶段患者的特点主要为放疗之不良反应，如口渴引饮、唇舌干燥、咽喉灼痛、干咳少痰、恶心呕吐、食欲不振、乏力疲劳、心慌心悸、骨髓抑制、皮肤破损、溃疡感染等热毒伤阴之证。放疗之毒，为燥热火毒，最易耗人气阴。故此阶段的治疗原则有养阴生津以清放疗之燥热；清热解毒以解放疗之火毒；益气补肾以护"髓生血"之功能；滋肾清心以防耗竭心肾之阴。庞师临证中，头颈部肿瘤放疗后常用黄连解毒汤、百合地黄汤加减；胸部肿瘤放疗后常用沙参麦冬汤、竹叶石膏汤加减；腹部肿瘤放疗后常用葛根芩连汤、八正散加减。庞师亦常对症选药以解燃眉之急，如放疗后口干，常用天花粉配乌梅；放疗后咳嗽，常用百合配百部；放疗后腹泻，常用黄连配马齿苋；放疗后口疮常用连翘配黄柏；放疗后皮肤损伤常用水牛角配丹皮等。

（3）无瘤康复阶段：西医认为此阶段无须治疗，只需随访观察。而有众多研究表明此阶段有极大的复发转移率，虽然西医对于此阶段的治疗也提出过"维持化疗"的概念，但其局限性仍很大，对改善总生存的获益并不明显。而庞师认为中医对于此阶段的治疗是大有作为的，也正是中医体现其"治未病"优势的阶段。事实上，此阶段虽然肿瘤未复发转移，但大多数患者仍旧存在或产生新的不适症状，且中医辨证论治确能起到改善作用；同时，此阶段也是中医抗复发转移研究的重点，因为影像学的"无瘤"并不代表血液、淋巴液"无瘤"，而有研究表明此阶段患者很可能存在"微转移"，这也是其日后复发转移之根源。故此阶段的治疗以防肿瘤复发、转移为目标。其治疗原则为放化疗结束初期，以扶正为主，佐以消瘤抗癌；在化疗结束约半年后，以消瘤抗癌为主，佐以扶正。如庞师治疗康复期肺癌常选自拟肺金生方加减，药如泽漆、紫参、黄芩、白前、人参、甘草、红豆杉、胆南星、蜂房等药，攻补兼施，以攻为主，寓防于攻，取得了一定的疗效，同时研究证实肺金生方确有较好的抗转移复发作用。

3. 带瘤生存人群的中医治疗

带瘤生存人群大致可分放化疗阶段和无放化疗阶段。

（1）放化疗阶段：可分两类，即新辅助放化疗与姑息放化疗。前者因未经手术治疗，肿瘤虽在，而正气未虚。放化疗的疗程相对较少，故元气损伤

较少。而后者往往多有内脏侵犯，病属晚期，若体力评分可，尚可进行姑息放化疗。中医干预之目的在于匡扶正气，使之顺利完成手术或放化疗。其诊疗可参考前文"无瘤人群的中医治疗"。但毕竟机体状态与前者有别，所以应把握正气与癌毒的对立关系，即李中梓谓："正气与邪气，势不两立，若低昂然，一胜则一负"，邪正关系，孰多孰少，仔细揆度，机圆法活。

（2）无放化疗阶段：指肿瘤术后经过无瘤期再次出现复发转移的阶段。此阶段主要特征为大多患者经过规范有序之治疗后而出现复发转移，体质状况受到手术、放化疗的损伤，元气大虚，而癌毒深伏。故患者往往有诸多并发症或突出主症，如癌性疼痛、恶病质、胸腹水、诸多感染等。故主要用药原则是在扶正基础上适时攻邪，予而勿夺，生而勿杀，攻而勿伤，即何任先生所谓"不断扶正，适时攻邪"。如癌性疼痛使用吗啡类制剂时往往有便秘的不良反应，庞师临证中常分急缓两端，急则予承气汤类方，缓则予自拟蜜麻缓下汤，以蜂蜜、麻油为君药，润肠而不伤正，缓急而兼补虚。同时，此阶段患者有望进行靶向、内分泌、免疫治疗，故其不良反应的中医药治疗亦显得尤为重要。如靶向治疗后的皮疹、瘙痒、腹泻等，庞师往往从"肺主皮毛"及"肺与大肠相表里"理论出发，采取宣肺祛风、补土生金等法治疗；如内分泌治疗后的潮热、盗汗、乏力、头晕等，往往从"调和肾脏阴阳"出发，采取阴中求阳、阳中求阴法治疗，如知柏地黄汤、二仙汤等。

4. 临终前人群的中医治疗

临终前人群大约生存时间不会超过 3 个月，"精气神"等表观体征每况愈下，为生命之终末期。此阶段人群可以分为两种情况：一是能够饮食（包括鼻饲）的患者；二是不能饮食到死亡的患者。此阶段患者癌毒流窜脏腑经络，机体气血阴阳衰败，属于"膏肓"之证。能食者，说明仍有"胃气"，只要有"胃气"就应该以顾护胃气为要，重在健脾和胃，以期生命得以延长。注意用药平淡，理气切勿刚燥，临床常以异功散、参苓白术散等加减，尽量选陈皮、苏梗、佛手、绿萼梅之类理气醒脾。不能食者，死亡即将来临，不可逆转，百药难效，为医者应重在与患者及家属进行心理安慰和沟通，患者死亡后详细告知尸体料理、离院的处理。孙思邈《备急千金要方·大医精诚》曰："见彼苦恼，若己有之，深心凄怆……无作功夫形迹之心。"对于此类人群，庞师有"三心"之说，即诚心、细心、耐心，注意语言简洁得体，符合当地习俗或其宗教信仰。

总之，肿瘤患者治疗的全过程，中医药治疗都具有不可替代的重要地位。如何进一步发挥中医药治疗的优势，使之在稳定缩小肿瘤病灶、改善机体免疫状态、改善患者生存质量、延长生存时间等方面取得更好的疗效，值得我们继续深入临床实践和研究。而庞师对于恶性肿瘤的"群段"分治思想，是一种对恶性肿瘤中医诊疗思维的有益探索，具有一定的创新性及科学性，条分缕析，易于掌握，对于提高年轻肿瘤医师的中医临床能力不无裨益。

第二节 精研仲景疗疾术，金匮探骊得理法

一、体悟《金匮要略》肿瘤病因病机

病因是指破坏人体自身及其与外界环境之间的相对平衡状态而引发疾病的原因。

外感六淫、内伤七情、饮食失宜、劳逸不当及外伤、虫兽伤等，在一定条件下都能令人发病。另外，在一定病因作用下，脏腑经络、气血津液功能失调所形成的病理产物如痰饮、瘀血、宿食等，停积于体内，又可成为新的致病因素而导致其他疾病。这些因素不仅可引发诸多疾病，也可导致肿瘤的发生。

《金匮要略·脏腑经络先后病》曰："夫人禀五常，因风气而生长，风气虽能生万物，亦能害万物，如水能浮舟，亦能覆舟。若五脏元真通畅，人即安和。客气邪风，中人多死。千般疢难，不越三条：一者，经络受邪，入脏腑，为内所因也；二者，四肢九窍，血脉相传，壅塞不通，为外皮肤所中也；三者，房室、金刃、虫兽所伤。以此详之，病由都尽。"首次对病因进行了分类，提出了病因三条学说。张仲景从"天人合一"的整体观念出发，指出人的生存生长离不开自然气候，而自然气候太过或不及，又能令人致病。

中医肿瘤学和中医学同出一源，是中医学的一个组成部分，病因学说对肿瘤的形成、发生、发展和预后都有一个较为清晰的认识。根据历代医学家对病因的认识和论述，结合临床实际，将肿瘤的病因概括为内伤病因和外源病因。

内伤病因主要包括正气亏虚和精神情志失调；外源病因包括外邪侵袭和饮食所伤。在临床上的应用有如下几个方面。

一是机体内在环境和外界自然界环境是统一联系的。《伤寒论》自序中说："夫天布五行以运万类，人禀五常以有五脏。"而其长养，赖五行之气，即风暑湿燥寒，概言之曰风气。此种风气（自然界四时之气候）之演变，既

能生万物，又能戕害万物。人为万物之灵，处于气交之中，若五脏元真之气通达畅旺，则营卫气血调和，自能适应四时气候的变化，就像《素问·刺法论》中所说："正气存内，邪不可干。"《素问·上古天真论》所说："精神内守，病安从来。"如果人体正气虚怯，不能抵御外来不正之气之侵袭，则易于感受外邪而导致疾病。金代张洁古《活血机要》说："壮人无积，虚人则有之"，此之谓也。

二是仲景先师认为外来致病因素不外三个方面：一者正气不足，经络受六淫之邪，内传脏腑，称为内因；二者正气尚存，邪气伤及皮肤未入脏腑，仅限于四肢九窍之血脉壅塞不通，其病变始终在躯壳外表，故"为外皮肤所中也"；三者房室过度则伤肾精，金刃虫兽所伤则伤血，此等非风气为患，为不内外因。

现代医学的肿瘤病因学说，也仍然不出此范畴。结合西医现代研究，从肝癌的发生发展轨迹看肿瘤的形成和预后，应该是比较清楚的。既有外因因素，同时也有机体的内在因素。正邪消长的过程都能得到充分体现。

原发性肝细胞癌在世界范围内高发区主要在非洲和东南亚国家及我国，而且 80% 以上都有乙肝或肝病原因。我国为了降低乙肝患者的发病率，同时达到原发性肝癌的三级预防目的，实行出生后注射乙肝疫苗，或对母体乙肝携带者的子女给予注射丙种球蛋白，有望在几十年后国人的乙肝和原发性肝癌的发病率有大幅度的下降。

所以，庞师认为癌瘤之所以成，从中医药学的角度来讲，既有身体虚弱，脏腑气血功能紊乱，根本不固等内因，也有风、寒、暑、湿、燥、火等外因，同时也存在着不内外因。

在外主要是感受六淫邪毒、疫疬，客于肌表，阻遏营卫之气的运行，结而成块，由表入里，影响脏腑运化功能，使气、血、津、液的代谢发生异常变化而失调，成瘀、成痰，阻留于某一局部而不去，积久化毒而成为积、聚、癥、瘕。内在的原因，主要是内伤七情，气机怫郁，饮食不调，或禀赋素虚，正气不足，或年老体衰，脏腑失调，蕴生邪毒于体内而无力运化出体外，留结酿毒，久而久之生成癌瘤之疾。

病机即指疾病的发生、发展、变化及其结局的机制。历代医家均十分重视病机。

《黄帝内经》曾言："审察病机，无失气宜""谨守病机，各司其属"，将病机提高到"审察""谨守"的高度来论述，可见病机在辨证中的意义。

从临床看，肿瘤的治疗自始至终贯穿了"病机中心论"的思想。肿瘤的病机在于内虚的基础上，多种致病因素相互作用，导致机体阴阳失调，脏腑经络气血功能障碍，引起病理产物聚结而发生质的改变。

肿瘤本身是一个全身性疾病，是一个全身为虚，局部为实的疾病。由于肿瘤的病因繁杂，病种不一，临床表现多端，所以其病理变化也非常复杂，综合临床观察，结合前人理论，庞师认为肿瘤的病机大致体现在以下三方面。

一是气滞血瘀。中医学认为，气与血是构成人体和维持人体生命活动的最基本物质，它们对人体生命活动具有十分重要的多种生理功能。《难经·二十二难》曰："气主煦之，血主濡之。"简要地概括了气血在功能上的差别。而古语曰："气为血帅""血为气母"，又说明了气血之间相互依赖、相互为用的密切关系。

在正常情况下，气在全身上下，流畅无阻，升降出入，无处不到，借以执行其推动、温煦、营养、气化、防御、固摄的功能，维持着人体的生理活动和机体的健康。血在气的推动下，亦循环全身，内致五脏六腑，外达皮肉筋骨、四肢百骸，对全身组织器官起着营养和濡润作用。由于气血之间生理上存在着联系，病理上亦相互影响，气病可以及血，血病可以及气。

若某些原因而导致气机不畅，血运失调，引起气血不足，便会出现气滞血瘀、气血两虚等多种病理变化而产生疾病。对肿瘤而言，脏腑经络、四肢百骸之中，如气滞不畅，瘀不行，凝滞不散，日久均可成瘤。

如《金匮要略·疟病脉证并治》曰："病疟，以月一日发，当以十五日愈，设不差，当月尽解。如其不差，当云何？师曰：此结为癥瘕，名曰疟母，急治之，宜鳖甲煎丸。"疟母迁延日久，气滞而引起血瘀，致使疟邪瘕血胶结成块聚于胁下而成癥瘕，类似于现代肿瘤学中的肝癌。

二是痰湿凝聚。痰、湿皆同于一源，清者为湿，稠浊者为痰。湿邪为病有内外之分，外湿由气候潮湿、涉水淋雨、居处潮湿等外在湿邪所致。内湿多与脾虚有关。湿为阴邪，重浊而黏腻，留滞于机体，易阻遏气机运行而出现气滞、气郁、经络痹阻等证。湿蕴于内，久而不去成湿毒、湿热，湿毒浸淫，生疮，流汁流水，经久不愈称为"湿毒流注"。

如《金匮要略·呕吐哕下利病脉证并治》之胃反主要是胃癌、幽门癌，当然也包括其他原因的幽门梗阻。第五条："趺阳脉浮而涩，浮则为虚，涩则伤脾，脾伤则不磨，朝食暮吐，暮食朝吐，宿谷不化，名曰胃反。脉紧而涩，其病难治。"

胃反的朝食暮吐，暮食朝吐多属虚寒兼痰湿，即第十六条"胃反呕吐者，大半夏汤主之"和第十八条"胃反，吐而渴欲饮水者，茯苓泽泻汤主之"。以方测证，可知胃反为痰湿凝聚于胃脘而知饮食不下，朝食暮吐、暮食朝吐，故用化痰燥湿的半夏、茯苓、泽泻等治疗。

痰既是病理产物，又是致病因素。它主要是由于肺、脾、肾功能失调，水湿代谢紊乱，停聚而成痰。痰既成之，随气流行，外而经络筋骨，内而五脏六腑，全身上下内外无处不至，从而可导致多种肿瘤变证或转移的发生。

如《金匮要略·血痹虚劳病脉证并治》曰："其病脉大者，痹侠背行，若肠鸣、马刀、侠瘿者，皆为劳得之。"该条文论述了正气不足而致使痰湿流窜，聚于腋下颈部而致转移，类似于肿瘤的颈部淋巴结转移。

三是热毒内蕴。《黄帝内经》言："诸痛痒疮，皆属于心。"心即指心经实火。痈疽原是火毒生。可见火毒致病的范围很广。

疮疡肿痒均与火毒有关。火与热，均为阳盛所生，其性均属于热，但二者同中有异，一者是在热的程度上有差异，即火为热之极；二者是热多为外邪所淫，火既可由外感之邪所化生，而亦多内生，为机体阳气所生。火邪具有耗气伤津，生风动血，易致肿疡等特点。

热毒内蕴可形成肿瘤，因血遇热则凝，津液遇火则灼液为痰，气血痰浊壅阻经络脏腑，遂结成肿瘤。对此，《金匮要略》早有深刻的认识。《金匮要略·呕吐哕下利病脉证并治》曰："热利下重者，白头翁汤主之。"本条论述了热毒稽留肠道而灼伤肠络致便下脓血的证治，极类似于现代医学中的大肠癌。

后世医家也多有论述，如《疡科心得集·辨肾岩翻花绝症论》认为肾岩由"相火内灼，水不涵木，肝经血燥……阴精消涸，火邪郁结"，精辟论述了内生火邪，毒热结肿的病理。

临床上可以看到不少肿瘤患者有热郁火毒的证候，主要发生在伴发肿瘤周围炎症，或伴发全身感染时。晚期肿瘤患者由于肿瘤组织坏死，其组织分解产物被机体吸收，也可以见到热郁火毒的证候。

二、深入剖析《金匮要略》中的肿瘤病

仲景医圣也，其论著《金匮要略》被奉为"医宗之必读""杂病之圭臬"，其学术思想被广泛应用于临床各科。庞师深研《金匮要略》论治肿瘤多年，颇有心得。

（一）瘰疬

《金匮要略·血痹虚劳病脉证并治》中曰："人年五六十，其病脉大者，痹侠背行，若肠鸣、马刀、侠瘿者，皆为劳得之。"

仲师论述了虚劳所致的三种疾病的证候脉象。

马刀为瘰疬之属，结核生于腋下，形如马刀状，故名。《医灯续焰》中说："马刀蛤蛎之属，痈形似之。"侠瘿亦为瘰之属，《灵枢》作挟瘿，结核生于颈部结瘿之处，故名。吕志杰的《金匮杂病论治全书》中认为："马刀侠瘿"语出《灵枢·经脉》等篇，其生于腋下。形如马刀的名为"马刀"；生于颈旁如贯珠的名为"侠瘿"。

古人所谓的"马刀、侠瘿"是颈腋部淋巴结结核、肿物等，包括现代癌瘤所致的颈、腋淋巴结肿大。可以肯定的是，在古代不论是癌瘤所致的颈、腋淋巴结肿大，还是颈、腋淋巴结结核，都称之为"马刀、侠瘿"。《灵枢·痈疽》云："其痈坚而不溃者，马刀侠瘿，急治之。"《灵枢·经脉》云："胆足少阳之脉……是主骨所生病者……缺盆中肿痛，腋下肿，马刀侠瘿。"相当于现代医学之恶性淋巴瘤或由内脏转移至表浅淋巴结的转移瘤等。

《金匮要略》提出本病治疗以扶正补虚为主，佐以化痰散结之品。马刀侠瘿，是因为肝肾不足，阴虚火旺，痰血相搏所致，由于阴虚火旺，故脉亦大。由于此病始于虚，故而《金匮要略》将其归纳在"虚劳"的范围中。

提出病因病机，就是指出治法所在，"皆为劳得之"是病因病机之所在，治当扶正培本，补虚益劳。何处虚，当补何处。阴、阳、气、血、津、液、脏、腑，谨察阴阳盛衰之所在，佐以散结等法，是其治也。

（二）积聚

《金匮要略·五脏风寒积聚病脉证并治》云："问曰：病有积、有聚、有谷气，何谓也？师曰：积者，脏病也，终不移；聚者，腑病也，发作有时，展转痛移，为可治；谷气者，胁下痛，按之则愈，复发，为谷气。诸积大法，脉来细而附骨者，乃积也。寸口，积在胸中；微出寸口，积在喉中；关上，积在脐旁；上关上，积在心下；微下关，积在少腹；尺中，积在气冲；脉出左，积在左；脉出右，积在右；脉两出，积在中央。各以其部处之。"

仲师论述了积与聚的鉴别和用脉诊来诊断、辨别积病的部位。

积聚包括现代医学胸腹部的肿瘤。积聚之病，在《黄帝内经》中已有较多的论述，在《难经》中论述得更为详细，《金匮要略》中的这段文字与《难

经》中的精神是十分吻合的，明确地指出积、聚是两种不同的疾病。从部位上看，积病在脏，固定不移；聚病在腑，推之能移，时聚时散。从疼痛方面说，积病之痛有定处，但是没有发作性；聚病之痛，左右上下走窜移动有发作性。从病情的轻重程度上看，积病在脏，属阴，累及血分，气血渐积，积块由小变大，按之硬，病根较深，难治；聚病在腑，属阳，损伤气分，肿块形状、大小不定，按之柔，病根较浅，可治。积病多由气、血、痰、食、阴寒凝结而成，气血不易外达，脉多沉细，重按至骨，故曰："诸积大法，脉来细而附骨者，乃积也。"《难经》有"气之所积名曰积，气之所聚名曰聚"的论断。

《难经·五十六难》曰："肝之积名曰肥气，在左胁下，如覆杯，有头足。久不愈，令人发咳逆，痎疟，连岁不已……心之积，名曰伏梁，起脐上，大如臂，上至心下。久不愈，令人病烦心……脾之积，名曰痞气，在胃脘，覆大如盘。久不愈，令人四肢不收，发黄疸，饮食不为肌肤……肺之积，名曰息贲，在右胁下，覆大如杯。久不已，令人洒淅寒热，喘咳，发肺壅……肾之积，名曰奔豚，发于少腹，上至心下，若豚状，或上或下无时。久不已，令人喘逆，骨痿，少气。"

积聚的发生，大多与情志有一定的关系，情志郁结，饮食所伤，寒邪外袭，以及病后体虚，或者黄疸、疟疾等经久不愈，以致肝脾受损，脏腑失和，导致气机阻滞，瘀血内停，或者兼有痰湿凝滞，而成积聚。故而《景岳全书·积聚》中云："积聚之病，凡饮食、血气、风寒之属，皆能致之。"

吕志杰在《金匮杂病论治全书》曰："三病既有区别，又有联系，其病因虽未明言情志因素，而'百病生于气'，故三病之始，多与情志失调有关。如肝气郁结，木郁土壅，则水谷之气留滞于中焦而为谷气；聚病与谷气一样，多与气机郁滞有关；气郁不解，久而久之，则波及血分而致血瘀，血瘀不散，积病乃成。治疗大法：谷气宜疏肝和胃；聚病调气为主；积病治血为要。"

聚病在腑，属阳，损伤气分，肿块形状、大小不定，按之柔，病根较浅，故而聚病以调气为主；积病在脏，属阴，累及血分，气血渐积，积块由小变大，按之硬，病根较深，故积病以治血为要。

二者在病机和治疗上有一定的联系。聚病日久，气病及血，可转化为积，而积病早期，治疗及时得当，病可由血转气，由脏出腑，病即由重转轻。由于气为血帅，血为气母，气行则血畅，气滞则血瘀，故治血当理气，行气当养血，所以临床上往往积聚并提。

至于具体治疗，本书有下瘀血汤、桂枝茯苓丸、大黄䗪虫丸等方剂可与此互参。气之病虽有疼痛，但与积聚之疼痛迥异，不可混淆。气之治，后世常用越鞠丸、六郁汤，每有良效。

张璐《张氏医通·积聚门》第一方即"金匮奔豚汤""治肾积上贲犯肺，喘胀发热"。广州中医药大学周岱翰指出：《金匮要略》中的桂枝加桂汤治疗奔豚，是治疗少腹肿瘤的一种方法。

《李可老中医急危重症疑难病经验专辑》用奔豚汤加减治疗肠痉挛，脐下筑动震衣，痛作时觉有块状物攻冲直奔中脘，按之痛不可忍。关元、神阙冷硬如冰，膝冷，用后而愈。同时治疗朝食暮吐案和噎膈重证案，取得非凡疗效。药物虽有出入，但是义理则一。治疗大法都是温阳散寒，调理气机。

肾积之治，温阳散寒，调理脏腑是其治疗大法，可以推测，肾积不仅指现代医学所说的肾脏肿瘤，而是肿瘤或"积"到一定阶段，久病及肾，肾中元阳元阴极度亏损，或雷龙不安，或玄武出动所致的一种临床症状，当须明辨，今后临床以探求之，各以其部处之。

既要明确诊断，又要按疾病所在的部位，结合起来诊治。张璐在《张氏医通·积聚门》下列名方有金匮三物大建中汤、理中汤、十全大补汤、六君子汤等。可见积聚中后期脏腑气血虚弱是常见之证，当细心调养，把握病机而治之。

（三）胃反

《金匮要略·呕吐哕下利病脉证并治》云："脉弦者，虚也，胃气无余，朝食暮吐，变为胃反。寒在于上，医反下之，今脉反弦，故名曰虚""寸口脉微而数，微则无气，无气则营虚，营虚则血不足，血不足则胸中冷""趺阳脉浮而涩，浮则为虚，涩则伤脾，脾伤则不磨，朝食暮吐，暮食朝吐，宿谷不化，名曰胃反。脉紧而涩，其病难治""胃反呕吐者，大半夏汤主之。（《千金》云：治胃反不受食，食入即吐。《外台》：治呕，心下痞硬者）"。

大半夏汤方：半夏二升（洗完用）、人参三两、白蜜一升。

上三味，以水一斗二升，和蜜扬之二百四十遍，煮取二升半，温服一升，余分再服。

《临证指南医案》指出："食下良久复出，或隔宿吐出者，名曰反胃。"朱丹溪对于噎膈、反胃作了详细的叙述："近咽之下，水饮可行，食物难入，入亦不多，名之曰噎；其槁在下，与胃为近，食虽可入，良久复出，名之曰膈。"

《素问·邪气脏腑病形》谓："胃病者腹胀，胃脘当心而痛……隔咽不通，食饮不下。"与胃癌临床特点非常相似。

张景岳在《景岳全书》中分析其病机："食入反出者阳虚不能化……食不得下者以气结不能行。"又曰："少年少见此证，而唯中衰耗伤者多之。"治疗方面主张："治反胃之法，当辨其新久及所成之因……虚在上焦……若寒痰胜者，宜小半夏汤之类主之。虚在中焦……宜五君子煎，理中汤，温胃饮，圣术汤之类主之。虚在下焦……宜六味回阳饮，或人参附子理中煎，或右归饮之类主之"。

吴谦在《医宗金鉴》中曰："幽门干枯，则入出腐化之道路狭隘，故食入反出为翻胃也……胸痛如刺，胃脘伤也。便如羊粪，津液枯也。吐沫呕血，血液不行，皆死症也"，非常明确地指出了胃反的症状、晚期的证候及不良预后。

仲师在《金匮要略》中用大半夏汤主治此证。

本病为胃气虚弱，津液不足之胃反证，故治宜益气生津，降逆润肠为法。方中半夏降逆止呕；人参益气和胃；白蜜甘润和中，且缓解半夏之燥，三味相伍，共奏补脾和胃，降逆止呕之功。

正如李东垣所云："辛药生姜之类治呕吐，但治上焦气壅表实之病，若胃虚谷气不行，胸中闭塞而呕者，唯宜益胃推荡谷气而已"，阐明本方之方意所在。本方配伍周密，凡气虚呕吐者，均可化裁应用之。

胃癌的病变在脾胃，胃主受纳，脾主运化。若因六淫外侵，七情受困，饮食所伤，或素体不足，都可以导致脾胃运化功能失常；肝主疏泄，肝气郁滞，同样会影响脾胃气机的升降；疾病日久，脾阳虚弱，腐熟水谷的功能下降，都可以导致饮食停留。而气滞血瘀、痰湿内阻，是本病的主要病理特点。

仲师论述胃反的病机、病证与预后，在此所论及的胃反，可以看出描述的症状表现与现代医学胃癌的临床表现极为相似。

脾胃虚寒为胃癌在临床主证论治中的常见证型，最主要的临床表现有胃脘胀而隐痛，喜按喜温，或见朝食暮吐，或暮食朝吐，或食入经久不化，仍复吐出，时时呕吐清水，四肢清凉，神疲乏力，舌质淡胖而有齿痕，舌苔白滑而润，脉象缓弱，或沉细而濡。治疗这一类型的胃癌多采用温中散寒，健脾和胃等方法。

胃反如见脉紧而涩，紧主寒盛，涩主津亏，此时助阳散寒则伤阴，而滋阴生津则困阳，治疗起来较为棘手。

大半夏汤中重用半夏以和胃降逆，化痰散结；人参补虚健中；白蜜补虚润燥，药虽三味，合之共奏补脾和胃，降逆止呕之功。后世据此衍化出《外台秘要》的范汪半夏汤、《御药院方》的橘皮竹茹汤、《证治准绳》的大半夏汤、《杂病源流犀烛》的大半夏汤等方。现代临床常用本方治疗胃癌、贲门癌等恶性肿瘤伴见呕吐者。

叶天士治疗噎膈、反胃三案：案一，朱52岁。未老形衰，纳谷最少，久有心下忽痛，略进汤饮不安，近来常吐清水，是胃阳日薄，噎膈须防，议用大半夏汤，补腑为宜。人参、半夏、茯苓、白香粳米、姜汁、河水煎。案二，冯67岁。有年阳微，酒湿厚味，酿痰阻气，遂令胃失下行为顺之旨，脘窄不能纳物，二便如昔。病在上中，议以苦降辛通，佐以养胃，用大半夏汤。半夏、人参、茯苓、姜汁、川连、枳实。案三，朱妪。目垂气短，脘痞不食，太阴脾阳不运，气滞痰阻，拟用大半夏汤。人参、炒半夏、茯苓、伽楠香汁。

李文瑞在《金匮要略汤证论治》中说："现代临证，本方常用于神经性呕吐，急性胃炎，胃及十二指肠溃疡、贲门痉挛、胃扭转、胃癌等见本方证者。"

本方治疗大法为和胃补虚降逆。现代临床主治噎膈、反胃等，如现代医学的胃癌、食管癌和食管狭窄等良性疾病。

反胃，仲师称之"胃反"，后世称之为"反胃""翻胃"。本病之因多为饮食不当，饥饱失常，或嗜食生冷，损伤脾阳，或忧愁思虑大伤脾胃，导致中焦虚寒，不能消化腐熟水谷，饮食停留不下，最终呕吐而出。

《圣济总录·呕吐门》曰："食久反出，是无火也。"反胃日久，可久病及肾，使肾阳亦虚，下焦火衰，釜底抽薪，不能腐熟水谷，病情趋重。大半夏汤方中君药半夏辛温有毒，入肺、脾、胃三经。功能燥湿化痰，降逆止呕，消痞散结。

张仲景用半夏的条文有49处，41个方剂中，只有奔豚汤和大半夏汤用量均为四两，是最大剂量者。治疗肾积和胃反用量最重，可见半夏在治疗此类疾病时的重要性。

人参味甘微苦，性平，入脾、肺二经。张仲景用人参的条文共有76处，见于42个方剂中。在治疗肿瘤的方剂中，人参主要起到健脾补中、培土生金、培土制水、益气生津等作用。《名医别录》对于人参的评述曰："疗肠胃中冷，心腹鼓胀疼痛、胸胁逆满、霍乱吐逆，调中，止消渴，通血脉，破坚积，令人不忘。"

白蜜味甘，性平，无毒。张仲景用蜂蜜者有 8 处（用作蜜丸除外）。在大半夏汤中用于润燥治呕，滑膈下瘀，治疗噎膈。胃家久虚，白蜜能补胃，润阳明之燥。其黏腻之性又能流连于胃，不致急速下行，而使半夏、人参之力可以徐徐斡旋于胃中，使得久虚得以补益，胃反得以痊愈。

（四）肺痿肺痈

《金匮要略·肺痿肺痈咳嗽上气病脉证并治》记载："咳而脉沉者，泽漆汤主之。"

泽漆汤：半夏半升，紫参五两（今之石见穿，《中药大辞典》）、泽漆三斤（以东流水五斗，煮取一斗五升），生姜五两，白前五两，甘草三两，黄芩三两，人参三两，桂枝三两。

上九味，咬咀，内泽漆汁中，煮取五升，温服五合，至夜尽。

《金匮要略·呕吐哕下利病脉证并治》中又曰："下利，肺痛，紫参汤主之。（注：肺痛有作腹痛；有作胸痛）紫参半斤，甘草三两。上二味，以水五升，先煮紫参，取二升，内甘草，煮取一升半，分温三服。"

本方证叙证简略，只"咳而脉沉"一句。"脉沉者"是承上方证"咳而脉浮者"来。所以理解其方证之意，重点在"脉沉"二字。

沉为在里，亦为有水之证，故而脉沉可以概括为水饮内停，喘咳身肿之病机。

再从《千金方》所载之泽漆汤"治上气其脉沉者"理解，可知本方证咳而脉沉，必兼有上气之证，若病在表或近于表，则咳而上气，其脉必浮。

今脉反沉，可知病邪在里，由于水饮上逆，故咳而上气。

泽漆功同大戟，去水之力甚峻，且能消痰结。方中以此为君药，以药测证，故知其水饮内结，可能还有身重而肿、小便不利等症。故以本方通阳逐水，止咳平喘。《脉经·平三关病候并治宜》有"寸口脉沉，胸中引胁痛，胸中有水气，宜服泽漆汤"的记载，较为符合仲景原意。

金寿山认为泽漆汤可能是古代治疗肺部癌肿之方。厚朴麻黄汤证与泽漆汤证较难解释。难解之处在于：第一，只辨脉之浮沉，不详见证……第二，两方中有三味药用得特别，是否有特殊作用？一味是小麦，治咳用小麦，在仲景方中只有厚朴麻黄汤中用它。还有两味是泽漆、紫参，也只是泽漆汤中用以治咳，而且泽漆用量特别重，也有人认为紫参并不治咳，可能是紫菀之误，究竟是否有误？

对于这些难解之处，庞师的体会是：泽漆汤很可能是古代治肺部癌肿之方。

泽漆俗称猫儿眼睛草，功能利水消痰。紫参今称石见穿，是否即仲景所用之紫参还需进一步考证，如属一物，用其功能活血散坚。此二药都是攻破之品，今人用于治癌，那么古人也治癌，亦在事理之中。

《金匮要略》把咳嗽一证分归两篇论述，一属肺痿肺痈，一属痰饮，泽漆汤就属于前者。此因古人对肺癌一病还没有明确的认识。见其出现咳嗽、胸痛、吐脓血，把它认作肺痿肺痈。泽漆汤以攻为主，但又加入人参扶正，攻补兼施，以治癌肿，正为合理。如是一般咳嗽，则宰鸡焉用牛刀？

研究证实泽漆苷是泽漆汤方主药泽漆中的主要止咳单体，对急性支气管炎和慢性支气管炎肺型均有较好的止咳作用，而对痰多的"慢性支气管炎脾型"则疗效较差（肺型、脾型是实验研究者对咳嗽的分型方法）；对偏寒证疗效高而不良反应少，偏热证则相反。

至于泽漆的毒性物质，则主要存在于鲜草的乳白色浆液中。

然泽漆之名，众说纷纭。如《名医别录》谓为大戟苗，《本草纲目》则明确指出是猫儿眼睛草。各地又有不同的名称，如《贵州民间方药集》称"五盏灯""五朵云"，《福建民间草药》称"白种乳草"，《泉州本草》称"乳草"，《江苏植物志》称"五点草""五灯头草""乳浆草"，《山东中药》谓"肿手棵""马虎眼"，《四川中药志》谓"倒金伞""一把伞"，江西《草药手册》谓"龙虎草""铁骨伞"。

金寿山提出紫参可能是今之石见穿。考《中药大辞典》石见穿所用药材植物即唇形科植物紫参的全草，今人多有提出同为一物。然二者是否确为一物，尚需进一步考证。

庞师在临床上常用此方药治疗癌肿，如肺癌用泽漆 15～50g，石见穿 30g，黄芩 10g，浙贝母 12g，全瓜蒌 30g，杏仁 10g，白前 10g，蛇舌草 30g，桑白皮 10g，太子参 30g，茯苓 20g，白术 12g，半夏 10g，炒陈皮 10g。水煎服，日 1 剂。治疗胃癌用泽漆 15～30g，猫人参 30g，蛇舌草 30g，半枝莲 15g，党参 20g，白术 12g，茯苓 15g，陈皮 10g，姜半夏 10g，砂仁 6g，炒麦芽 20g，炙甘草 6g。水煎服，日 1 剂。

山东临沂地区民间常用泽漆水煮鸡蛋治疗各种肿瘤。如恶性淋巴瘤、肺癌、胃癌、肠癌、食管癌、妇科肿瘤等。

庞师对泽漆汤原方作了动物移植性肿瘤的实验研究，有一定的抑制肿瘤

作用。

对于紫参汤，陈修园曰："《本草经》云：紫参主治心腹寒热积聚邪气，甘草解百毒，奠中土，使中土有权，肺受益，肠胃通畅，而肺气自安，肺气安则清肃之令行矣，何有肺痛下利之病哉。"

金寿山指出"肺痛，程氏疑是腹痛之误，可从《本草经》紫参主治心腹积聚，寒热邪气，则此下利当指久利。久痢腹痛，则肠中有积聚，故用活血化瘀攻积之方"。紫参又名水丹参、石打穿、石见穿，为唇形科植物，此说也有参考价值。现代临床可主治肺癌、转移性肺肿瘤等。

本方以泽漆为君，功专消痰行水。紫参通九窍，利大小便，《神农本草经》谓主治心腹寒热积聚邪气，以助泽漆逐水消痰之功。桂枝、生姜、半夏、白前温阳化饮，降气消痰。人参、甘草健脾以扶正气，稍佐黄芩以清泄水饮久留所化之郁热。诸药共奏逐水通阳，止咳平喘，化痰散结之功。

《脉经·平三关病候并治宜》也有"寸口脉沉，胸中引胁痛，胸中有水气，宜服泽漆汤"的记载。可以看出此胸中水气，是痰饮阻络，与十枣汤、葶苈大枣泻肺汤证大异，非悬饮可比。脉沉，胸中引胁痛，与今之肺部肿瘤的症状相去不远。现代社会物欲横流，饮食不节，空气污染，肿瘤发病率骤然升高，见此证者不足为怪。

李文瑞给出了泽漆汤临证参考用量：泽漆 150g，半夏 9g，紫参 15g，生姜 15g，白前 15g，黄芩 9g，人参 9g，桂枝 9g，甘草 9g。先以水 1500ml 煎泽漆，煎取 1000ml，将其他 8 味药纳入泽漆汁中，再煎取 500ml，温服 50ml，至夜饮完，可资参考。

值得一提的是，方中对病位脏器的气机调理非常重视，以桂枝温阳开结，气化水液痰浊，配合生姜、半夏、白前降气消痰，疏理肺脏气机。病情发展到一定时期，患者体质状况下降，故用人参、甘草大补元气以扶正。补脾气亦补肺脏气也，肿瘤患者正气大虚，治当不忘培本，是一大要义。

泽漆先煎，可去其毒性，乃护正安胃之举。

（五）癥瘕

《金匮要略·疟病脉证并治》曰："病疟以月一日发，当以十五日愈；设不差，当月尽解；如其不差，当云何？师曰：此结为癥瘕，名曰疟母，急治之，宜鳖甲煎丸主之。"

鳖甲煎丸方：鳖甲十二分（炙），乌扇三分（烧），黄芩三分，柴胡六分，鼠妇三分（熬），干姜三分，大黄三分，芍药五分，桂枝三分，葶苈一分，石韦三分（去毛），厚朴三分，牡丹皮五分（去心），瞿麦二分，紫葳三分，半夏一分，人参一分，䗪虫五分（熬），阿胶三分（炙），蜂窝四分（炙），赤硝十二分，蜣螂六分（熬），桃仁二分。

上二十三味，为末，取煅灶下灰一斗，清酒一斛，浸灰，后酒尽一半，着鳖甲于中，煮令泛烂如胶漆，绞取汁，内诸药，煎为丸，如梧子大，空心服七丸，日三服（《千金方》用鳖甲十二片，又有海藻三分，大戟一分，䗪虫五分，无鼠妇、赤硝二味，以鳖甲煎和诸药为丸）。

病疟者，当为病寒热者也，不一定全是今之疟疾。

肝胆之病寒热者常见，此条当为鉴别诊断，疟疾寒热发作，当月尽解是也。若仍然不解，是怎么回事呢？这类寒热的疾病有癥瘕结成，取名为疟母。这类疟母可能有两种情况：一是疟疾日久成癥瘕；二是有癥瘕而发寒热的另一种情况，当包括肝脾肿大和肝胆肿瘤在内。

临床上以鳖甲煎丸治疗原发性肝细胞癌和转移性肝癌较多。原发性肝癌起病多隐匿，早期症状不明显，难以早期发现，一旦出现症状，病情多已经进入中晚期，又因为大多数患者有肝硬化，在临床上常见症状为胁下肿块，疼痛难忍，腹大胀满，消瘦浮肿等。

根据其临床症状表现和中医学的症状描述，肝癌可以隶属"癥""瘕""积聚"等范畴。癥、瘕、积聚在中医学中泛指腹腔内的肿块瘤体。

"癥""瘕"多倾向于恶性肿瘤。在《诸病源候论》中曰："盘牢不移动者，是之，言其形状可验也，若积引岁月，人即柴瘦，腹转大，遂致死。"《难经·五十五难》说："气之所积曰积，气之所聚曰聚，故积者为五脏所生，聚者六腑所成也。积者阴气也，其始发有常处，其痛不离其部，上下有所始终，左右有所穷处。聚者阳气也，其始发无根本，上下无所留止，其痛无常处，谓之聚。"

根据这些理论和疾病特点，把肝癌诊断为肝积最为恰当、贴切。

肝积的发病可以与六淫侵袭、饮食不节、情志郁结、脏腑失调、正气虚弱等有关。

《灵枢·九针》说："四时八风之客于经络之中，为瘤病者也。"六淫邪毒，客侵人体，日久化热积毒，阻滞气血；嗜食厚味醇酒，辛辣炙煿，损伤脾胃，中焦运化失司，聚湿生痰，蕴热化火，痰毒瘀阻；七情不畅，肝失疏泄，必然会出现气滞血瘀，而木失调达，横克脾土，亦致痰湿内生。气、血、痰、

毒相互胶结，在局部表现为癥积肿块。

肝积发生的关键，乃脏腑失调，阴阳失衡所致。正如《医宗必读》中所说："积之所成，正气不足，而后邪气踞之。"由于正气不足，脏腑功能失调，血脉瘀阻，经络阻塞，各种外感、内伤等致病因素乘虚而入，而正虚无力祛邪外出，导致气滞血瘀，痰凝毒聚，肝积由此而发生。

所以说，肝积是本虚标实之病，其全身属虚，局部属实，无论外感、内伤，虚是产生积的必要条件。气滞、血瘀、痰凝、热毒是在此基础上，在致病因素作用下而发生的一系列病理改变。

疟母与肝积，证有相似，均为胁下有形之邪搏结，正气不足于内。

鳖甲煎丸治疗肝积，主要取其软坚散结，活血化瘀之功用。肝积病变在肝，而肝为刚脏，主疏泄，喜条达，恶抑郁，体阴而用阳，治疗时宜柔宜舒，平和勿燥。

王旭高《西溪书屋夜话录》中说："肝火燔灼，游行三焦，一身上下内外皆能为病，难以枚举，如脸红颧赤，痉厥狂躁，淋秘疮疡，善饥烦渴，呕吐不寐，上下血溢皆是"，反映出肝火炽盛，易于迫血妄行，出现上消化道大出血等严重并发症。

临床上用药注意避免峻烈温燥之品，以防伤阴助热，煽风破血。同时，肝气郁结，中土不健，可致脾虚。肝郁化火，肝阴耗损，则肾水亏乏。

方中鳖甲为君药，味咸，性寒，入肝经，《神农本草经》记载："主心腹癥瘕坚积，寒热，去痞息肉"；用白芍、大黄为臣，白芍柔肝平肝，补血敛阴，"可主邪气腹痛，除血痹，破坚积，寒热疝瘕"，大黄"下瘀血……破癥瘕积聚"。本方突出软坚散结，活血化瘀，攻补兼施，肝脾肾兼顾。标本同治，驱邪不伤正，使气滞得疏，瘀血得化，癌毒得清，痰湿得除。

目前此成药临床应用较为广泛，确有扶正祛邪、消癥化积之效。如原发性肝细胞癌、转移性肝癌、胆囊癌、胰腺癌、腹腔转移瘤、白血病、子宫肌瘤、卵巢囊肿等。

鳖甲煎丸乃消法之代表方，实际细细推敲，其中包含着下列七种治法。

（1）软坚散结法：鳖甲为君，味咸，性寒，能入肝软坚散结，灶下灰能消癥化瘀；酒能通血脉；赤硝软坚散结，共奏软坚散结；活血化瘀之功。

（2）活血化瘀法：佐以桃仁、牡丹皮、芍药、紫葳、大黄活血祛瘀通滞。

（3）以毒攻毒法：用鼠妇、䗪虫、蜂窝、蜣螂等有毒之品，攻毒散结，化瘀消坚，效果更著。

（4）化痰利湿法：《本草备要》云："射干（乌扇）泻火、解毒、散血、消痰。行太阴肺脾、厥阴肝之积痰。治结核疝瘕。"半夏化痰，石韦、瞿麦、葶苈通利水道。

（5）通调少阳气机法：柴胡、半夏、黄芩、干姜等药，入少阳，疏通少阳气机，调寒热，故而临床应用时不仅限于肝积，同时也可用于胆囊癌、胰腺癌、盆腔肿瘤、白血病和其他癌性肿块。

（6）疏通三焦气机法：方中既有小柴胡、半夏、黄芩疏通少阳气机；又有桂枝、芍药解表和营，使上焦肺气条畅；厚朴、大黄通调中焦阳明之气。实际含小柴胡汤、桂枝汤、承气汤三方之加减，共理三焦气机，使之畅达。气为血之帅，有利于痰湿、血瘀的消散，配合得当，确有四两拨千斤之能。

（7）补益气血法：人参、阿胶补益气血，补脾以防守邪气的传变。肝病与脾脏关系密切，生理病理相互影响，故仲师举例，"见肝之病，知肝传脾"。方剂应用，鳖甲煎丸、小柴胡汤都有充分体现。

诸法合用，成为消癥除痰，行气化瘀，寒热并用，攻补兼施，以攻为主的治疗肿瘤的有效方剂。

在现代临床应用方面，治疗胰腺癌、胆囊癌等都是依据肿块积聚在上腹部，符合鳖甲煎丸的临床特征和病机。又如鳖甲煎丸合少腹逐瘀汤治疗妇女盆腔肿瘤；合四物汤治疗白血病，异病同治，同中有异，扩大了临床应用范围。

（六）干血痨

《金匮要略·血痹虚劳病脉证》中云："五劳虚极羸瘦，腹满不能饮食，食伤，忧伤，饮伤，房室伤，饥伤，劳伤，经络营卫气伤，内有干血，肌肤甲错，两目黯黑，缓中补虚，大黄䗪虫丸主之。"

大黄䗪虫丸：大黄十分（蒸），黄芩二两，甘草三两，桃仁一升，杏仁一升，芍药四两，干地黄十两，干漆一两，虻虫一升，水蛭百枚，蛴螬一升，䗪虫半升。

上十二味，末之，炼蜜和丸小豆大，酒饮服五丸，日三服。

金寿山在《金匮诠释》中指出：本条所指五劳是指五脏虚损，与下文的七个"伤"合起来称为五劳七伤。

本方的组成，正如尤在泾所说："润以濡其干，虫以动其瘀，通以去其闭，而仍以地黄、芍药、甘草合养其虚"，故称为缓中补虚。本方为消中有补，寓补于消，药虽猛峻，以丸缓治，使瘀祛新生，气血渐复，即所谓"缓中补虚"

之意也。

《济阴纲目》用大黄䗪虫丸治疗"腹胀有形块，按之而痛不移，口不恋食，小便自利，大便黑色，面黄肌削者"；《类方准绳》用于"结在内者，手足脉必相失"。

现代临证，将大黄䗪虫丸应用于各种肿瘤、肝胆疾病、血液病等。从临床角度看来五劳虚极羸瘦当包括肿瘤病中后期恶病质在内。

据临床观察，以大黄䗪虫丸为主，用于治疗子宫内膜癌瘀血内结者，破血消肿，逐瘀抗瘤；还用于治疗恶性滋养细胞瘤，辨证属于气滞血瘀者；对于卵巢癌、慢性粒细胞白血病属瘀血内结者，治法均为破血消肿，逐瘀通经，方药仍当选用大黄䗪虫丸。

大黄䗪虫丸亦多用于治疗原发性肝癌、胆囊癌、肝硬化、慢性活动性肝炎、亚急性重型肝炎等。因肝、胆病基本病理变化为气滞血瘀，邪毒蕴结。基本治则为活血化瘀，疏肝行气。本方祛瘀为主，寓补于消，故能获得良效。

治疗大法：扶正祛瘀，缓中补虚，通络消癥。

临床主治：子宫内膜癌、卵巢癌、恶性滋养细胞瘤等。大黄荡下逐瘀为君；䗪虫破血通络，力专而缓，合大黄则更引直达下焦以逐干血为臣；桃仁、干漆、水蛭、虻虫、蛴螬等药物消癥散痕，合大黄、䗪虫更能增强祛瘀阻、通血闭之力；地黄、甘草、芍药滋阴润肾，养血濡脉，和中缓急；并以黄芩、杏仁清宣肺气，而解郁热；酒送服以行药势，共为佐使。诸药共奏扶正祛瘀，通经消癥之功。

大黄䗪虫丸扶正祛瘀，通经消癥，实际包括下列三种治法。

（1）逐瘀破血通络，以毒攻毒法：大黄荡下逐瘀为君，䗪虫破血通络，力专而缓，合大黄则直达下焦以逐干血；干漆、桃仁合虫类药物水蛭、虻虫、蛴螬等，祛其瘀阻、以毒攻毒；合大黄、䗪虫更能增强祛瘀阻、消癥痕、通血闭之力，用酒送服，以行药势。

（2）滋阴养血濡脉，和中缓急法：地黄、芍药、甘草滋阴，养血濡脉，和中缓急。

（3）清气解热法：以杏仁清宣肺气，黄芩解其郁热。

大黄䗪虫丸是治疗干血痨的有名方剂。历代医家都有论述和记载。本方消中有补，寓补于消，药虽猛峻，以丸缓治，使瘀祛新生，气血渐复，即所谓"缓中补虚"之意也。尤妙在方中桃仁配杏仁，一入血分，一入气分，润燥通下，更能破血降气。《医方考》谓："杏仁、甘草致新气于逐败之余"，肺主一身之气，说明调畅脏腑气机在肿瘤治疗中是非常重要的。

（七）妇人癥病

《金匮要略·妇人妊娠病脉证并治》曰："妇人宿有癥病，经断未及三月，而得漏下不止，胎动在脐上者，为癥痼害。妊娠六月动者，前三月经水利时，胎也。下血者，后断三月衃也。所以血不止者，其癥不去故也，当下其癥，桂枝茯苓丸主之。"

桂枝茯苓丸方：桂枝、茯苓（去心）、芍药、桃仁（去皮尖，熬）各等份。

上五味，末之，炼蜜和丸，如兔屎大，每日食前服一丸。不知，加至三丸。

方以桂枝茯苓命名，足知二者在方中占有举足轻重之地位。

桂枝温阳化气，和营而通血脉，《本草疏证》云"亦能入血，辛能散结"；茯苓健脾化湿，引湿下行，与桂枝同用，可以通阳化气，利水除湿；芍药除血痹，与桂枝同伍，则又起调和气血之功；丹皮、桃仁活血化瘀，以攻癥痼。五味相协，破癥行瘀，调和营卫，瘀去则漏下恶血自除矣。用蜜为丸，并从小剂量开始服，亦是提示医家在用药时注意祛邪不要伤正。

《黄帝内经》云："任脉为病，女子带下瘕聚。"陈自明在《妇人良方大全》曰："产后血气伤于脏腑，脏腑虚弱，为风冷所乘，搏于脏腑，与血气相结，故成积聚癥块也。"王肯堂也在《女科准绳》中云："妇人癥瘕，并属血病……宿血停凝，结为痞块。"

张景岳总结前人之说，提出癥瘕之证及"血留滞作瘀，唯妇人有之。其证则或由经期，或由产后，凡内伤生冷，或外受风寒，或恚怒伤肝，气逆而血留，或忧思伤脾，气虚而血滞，或积劳积弱，气弱而不行，总由血动之时，余血未净，而一有所逆，则留滞日积，而渐以成癥矣"。

关于治疗方法，《医宗金鉴·妇科心法要诀》指出："凡治诸癥积，宜先审身形之壮弱，病势之缓急而治之。如人虚，则气血虚弱，不任攻伐，病势虽盛，当先扶正，而后治其病；若形证俱实，宜先攻其病也。经云：'大积大聚，衰其大半而止'，盖恐过于攻伐，伤其气血也。"

《医宗必读》曰："初、中、末之三法不可不讲也。初者，病之初起，正气尚强，邪气尚浅，则任受攻；中者受病渐久，邪气较深，正气较弱，任受攻且补；末者病势经久，邪气侵袭，正气消残，则任受补。"可谓言之凿凿。

仲师论述妇女癥病与妊娠的鉴别，以及癥病的治法。历代医家多认为本条是癥胎互见之证，即宿有癥病又兼受孕，并因癥病致使孕后下血不止。故

均以"有故无殒"之旨，作为本方的使用依据。

但从实践看来，素有癥病而受孕者，毕竟少见，而解释为癥胎的鉴别及癥病的治疗似乎更有临床意义。临床上常用于子宫肌瘤、子宫癌、卵巢癌、软组织肉瘤、腹壁肿瘤等。

桂枝茯苓丸，活血化瘀，缓消癥瘕，实际包括了以下三种治法：

（1）温阳化气，和营通脉法：桂枝，《本草疏证》云"亦能入血，辛能散结"。既能温阳化气，同时和营而通血脉。芍药除血痹，与桂枝同伍，则又起调和气血之功。

（2）健脾化湿法：茯苓健脾化湿，引湿下行，与桂枝同用，可以通阳化气，利水除湿。

（3）活血化瘀消癥法：丹皮、桃仁活血化瘀，以攻癥瘤。同时顾护脾胃，久积缓攻：炼蜜为丸，顾护脾胃，益气缓中。

桂枝茯苓丸根据妇科癥瘕生成的机制，莫不因痰湿之所由生，阳气不布，气机不利，气血瘀滞。桂枝，味辛温，微甘，入肺、心、膀胱三经。张仲景用桂枝的条文有130余处，77个方。多用于治疗表证，或解表散寒，或温阳通痹，或补中益气，或温阳化饮，或降逆平冲，治疗疟母、癥瘕的鳖甲煎丸中亦用之。

可见仲景治疗癥瘕、积聚时，对温通阳气治法的重视。奔豚者肾之积也，方用桂枝加桂汤，取其温散水寒之气，降其上冲之势，不亦昭然乎！桂枝茯苓丸以桂枝为君，与茯苓健脾化湿配合，达到通阳化气，利水除湿之效。同时桂枝能入血分散结和营而通血脉，合芍药、丹皮、桃仁活血化瘀消癥。

故方中点睛治法，当为桂枝的应用，"天之大宝，只此一丸红日"，红日当空，阴霾全消。况置此下焦阴寒之地，痰湿瘀血作祟，舍此为何？

（八）阴疮

《金匮要略·妇人妊娠病脉证并治》曰："少阴脉滑而数者，阴中即生疮，阴中蚀疮烂者，狼牙汤洗之。"

狼牙汤方：狼牙三两。

上一味，以水四升，煮取半升，以绵缠筋如茧，浸汤沥阴中，日四遍。

本病应该属于中医学的"崩漏""带下""癥瘕"等的范畴。可能与现代医学中的子宫颈癌类似。

孙思邈在《备急千金要方》中曰："妇人崩中漏下，赤白青黑，腐臭不可近，令人面色无颜色，皮骨相连，月经失度，往来无常……阴中肿如有疮之状。"朱丹溪用实例叙述了妇人"糟粕出前窍，溲尿出后窍，六脉皆沉涩""三月后必死"等类似晚期子宫颈癌的临床表现。《妇人良方大全》曰："妇人脏腑调和，经脉循环，则月水以时而无病。若乘外邪而合阴阳，则小腹胸胁腰背相引而痛，月事不调，阴中肿胀，小便淋沥，面色黄黑，则生癥矣"；又云："产后血气伤于脏腑，脏腑虚弱，为风冷所乘，搏于脏腑，与血气相结，故成积聚癥块也"，说明妇科肿瘤的发生，主要由于产后、经行不慎，风、寒、湿、热之邪内侵，或者七情、饮食内伤，导致脏腑功能失常，气血失调，冲任损伤，瘀血、痰饮、湿毒等有形之邪相继内生，留滞腹中、胞中、冲任，积结不解，日久而成矣。治疗时仲景用狼牙汤主之。

下焦湿热，前阴蚀疮，湿热郁遏前阴则致前阴糜烂成疮，兼见带下之证。狼牙汤清热解毒，燥湿，杀虫止痒。浸沥阴中，以外治之。狼牙草味苦性寒，寒能胜热，苦能燥湿，故用以清热解毒，燥湿杀虫，止痒。用筷子缠绵如茧，蘸药液沥阴中，通过直接接触患处，"取效甚速也"。

狼牙草究系何物，历代医家看法不一。

（1）有人提出"狼牙即野蜀葵，或木蓝"，如《汉药神效方》。据《中药大辞典》记载，野蜀葵乃鸭儿芹的异名，原植物为伞形科植物鸭儿芹。其名始见于《国药提要》。《名医别录》记载别名"三叶、起莫、三石、当田"。具有消炎、解毒、治血、消肿之效。木蓝，始载于《本草图经》，其原植物为豆科植物木蓝，具有清热解毒，祛瘀止血的功效。

（2）有人提出狼牙草就是龙牙草，也就是仙鹤草，如叶橘泉。考《中药大辞典》，仙鹤草的确有一异名为狼牙草。

（3）指出可以用狼毒代之，如吴谦、陈念祖。考《神农本草经》曰：狼毒"味辛，平，主咳逆上气……恶疮，鼠瘘疽蚀，蛊毒"。以上各种说法见仁见智，各有所凭据，但是也难以定论。

陈锐深认为此文论述阴疮，包括妇科外阴肿瘤之证治。中医强调望、闻、问、切四诊合参，上述以"少阴脉滑而数"诊断为阴中生疮，脉滑为湿，脉数为热，湿热相合，而系在少阴，阴中为肾之窍。验之于临床，确是阴中生疮或湿热带下，常见少阴脉滑而数，少阴脉可主下窍病是也。

现代临床取仙鹤草之嫩芽，煎成浓汁外洗治疗湿热下注之外阴癌、阴道癌及阴道炎等。

本方治疗大法为清热解毒，除湿杀虫。

清热解毒药或清热解毒法，是临床比较常用的药物和法则，能解除热邪及火毒郁结所致的病症，属于八法中之清法。就是说当病邪化热燔灼阴液，即用寒凉药来消除发热因素，起着泻火解毒，清热保津等作用。

如《素问·至真要大论》说："治诸胜复……热者寒之，温者清之""热淫于内，治以咸寒，佐以甘苦，以酸收之，以苦发之"，提出了火热之邪侵入人体所造成的各种热性病症，均应用咸寒、苦寒、甘寒、酸寒等药进行治疗。

《黄帝内经》曰："诸痛痒疮，皆属于心。"刘元素谓："疮疡者，火之属。"心生火，火性躁动，是发生疮疡的根本，肿瘤或许可以认为是一种"内生痒疮"。

狼牙汤不仅是单味药治疗妇科疾病的问题，更重要的是代表了妇科肿瘤外治法的鼻祖，外治之法由此而始。

清热解毒治法在仲师方剂中屡屡可见，但是由于时代的不同，所用药物有所不同，而清热解毒治法同。无论狼牙是狼毒还是仙鹤草芽，都是清热解毒，利湿杀虫之品。

临床实践证明，清热解毒药或清热解毒法对某些恶性肿瘤或某些恶性肿瘤的某个阶段有一定疗效，这是清热解毒药能控制肿瘤周围炎症其他感染的缘故。清热解毒药不仅能减轻症状，且在一定程度上能控制肿瘤的发展。

炎症和感染往往是促使肿瘤恶化和发展的因素之一。据动物实验证实，许多清热解毒药具有抗肿瘤作用。

如现代药理研究报道，白花蛇舌草具有广谱抗癌作用，除对白血病细胞、肝癌细胞、大鼠瓦克癌256、小鼠宫颈癌14、肉瘤180等有抑杀作用外，又能使网状内皮系统显著增生，网状细胞增生肥大，胞浆丰富、吞噬活跃，以及白细胞的吞噬功能增强，使机体在免疫过程中防御功能显著增强。如紫草除能抗感染、抗肉芽、促进创伤愈合外，还可抑制腹水型肉瘤180细胞的生长，延长带瘤小鼠的生存期等。又如白英除对小鼠肉瘤180、艾氏腹水癌、人体肺癌有抑制作用外，还可增强机体非特异性免疫反应。蒲公英除有广谱杀菌抗炎作用外，还能提高淋巴细胞转化率。

由此可见，清热解毒药在治疗中起到祛除病因和调整机体抗病能力的双重作用。故在治疗肿瘤中重视清热解毒药的应用和突出清热解毒法也是防治肿瘤转变、恶化、发展的关键。

第三节 经典论著剖而析，历代名方传而承

一、鳖甲煎丸

原文 《金匮要略·疟病脉证并治》曰："病疟以月一日发，当以十五日愈；设不差，当月尽解；如其不差，当云何？师曰：此结为癥瘕，名曰疟母，急治之，宜鳖甲煎丸主之。"

鳖甲煎丸方：鳖甲十二分（炙），乌扇三分（烧），黄芩三分，柴胡六分，鼠妇三分（熬），干姜三分，大黄三分，芍药五分，桂枝三分，葶苈一分，石韦三分（去毛），厚朴三分，牡丹皮五分（去心），瞿麦二分，紫葳三分，半夏一分，人参一分，䗪虫五分（熬），阿胶三分（炙），蜂窝四分（炙），赤硝十二分，蜣螂六分（熬），桃仁二分。

上二十三味，为末，取煅灶下灰一斗，清酒一斛，浸灰，后酒尽一半，着鳖甲于中，煮令泛烂如胶漆，绞取汁，内诸药，煎为丸，如梧子大，空心服七丸，日三服（《千金方》用鳖甲十二片，又有海藻三分，大戟一分，䗪虫五分，无鼠妇、赤硝二味，以鳖甲煎和诸药为丸）。

庞师参考处方：鳖甲150g（炙），乌扇30g（烧），黄芩15g，柴胡45g，鼠妇30g（熬），干姜30g，大黄30g，芍药60g，桂枝30g，葶苈30g（熬），石韦30g（去毛），厚朴30g，牡丹皮60g（去心），瞿麦15g，紫葳30g，半夏15g，人参15g，䗪虫60g（熬），阿胶30g（炙），蜂房30（炙），赤硝90g，蜣螂45g（熬），桃仁15g。上药共为细末，炼蜜为丸，每丸重6g，日服1丸，空腹服用。

功效：行气活血，祛瘀化痰，软坚散癥。

主治：肝癌或转移性肝癌，慢性粒细胞白血病等，症见胁下痞硬成块，以及癥积结于胁下，推之不移，腹中疼痛，肌肉消瘦，饮食减少，时有寒热，女子经闭等症。

发挥：本方主治疟母胁下痞硬结块。

方中鳖甲煎（即清酒经灶下灰滤过，煮鳖甲烂如胶漆）为君药，取鳖甲入肝软坚化癥，灶下灰消癥祛积，清酒活血通经。三者混为一体，共奏活血化瘀、软坚消癥之效。复以赤硝、大黄、䗪虫、蜣螂、鼠妇攻逐之品，以助破血消癥之力。柴胡、黄芩、白芍和少阳而调肝气；厚朴、乌扇（射干）、

葶苈子、半夏行郁气而消痰癖；干姜、桂枝温中，与黄芩相伍，辛开苦降而调节寒热；人参、阿胶补气养血而扶正气；桃仁、牡丹皮、紫葳、蜂房活血化瘀而祛干血；瞿麦、石韦利水祛湿。综合诸药，攻补兼施，寒湿并用，畅行气血，祛湿化痰消癥。

仲师时代当与今不同，病疟者当为病寒热者也，不一定全是今之疟疾。肝胆之病寒热者常见，此条当为鉴别诊断，疟疾寒热发作，当月尽解是也。若仍然不解，其中一类寒热的疾病有癥瘕结成，取名为疟母。

从今天的临床看，这类疟母可能有两种情况：一是疟疾日久成癥瘕（肝脾肿大）；二是有癥瘕而发寒热的另一种情况，当包括上腹部肿块及肝胆肿瘤在内。

临床上以鳖甲煎丸治疗原发性肝细胞癌和转移性肝癌较多。原发性肝癌起病多隐匿，早期症状不明显，难以早期发现，一旦出现症状，病情多已经进入中晚期，又因为大多数患者有肝硬化，在临床上常见症状为胁下肿块，疼痛难忍，腹大胀满，消瘦浮肿等。

根据其临床症状表现和中医学的症状描述，肝癌可以隶属"癥""瘕""积聚"等范畴。癥、瘕、积聚在中医学中泛指腹腔内的肿块瘤体。"癥""瘕"多倾向于恶性肿瘤。在《诸病源候论》中曰："盘牢不移动者，是之，言其形状可验也，若积引岁月，人即柴瘦，腹转大，遂致死。"《难经·五十五难》说："气之所积曰积，气之所聚曰聚，故积者为五脏所生，聚者六腑所成也。积者阴气也，其始发有常处，其痛不离其部，上下有所始终，左右有所穷处。聚者阳气也，其始发无根本，上下无所留止，其痛无常处，谓之聚。"根据这些理论和疾病特点，把肝癌诊断为肝积最为恰当、贴切。

从临床上看，该方可用于原发性肝细胞癌、转移性肝癌、白血病、胆囊癌、胰腺癌、腹腔转移瘤等，疗效比较确切，常用剂型为丸剂，当然根据需要也可以改为汤剂。

如治疗吴某，男，慢性粒细胞白血病，1年前因胸骨痛，夜间盗汗，乏力，体检白细胞 15×10^9/L，脾大肋下3指，当地医院骨髓片：骨髓增生极度活跃，粒系细胞占93.5%，红系细胞占4.5%，粒系细胞增生明显活跃，原始粒细胞偏高，早、中、晚幼粒细胞增加。间断服用羟基脲治疗。症见乏力，口苦，胁下痞硬有块，夜间盗汗，纳呆，腹部胀满，便溏，舌淡暗苔薄，脉弦细。予以鳖甲煎丸加减，处方：鳖甲（先煎）30g，射干9g，柴胡12g，桂枝12g，干姜10g，黄芩12g，牡蛎（先煎）30g，制军6g，赤芍12g，葶苈子 15g，石韦 15g，厚朴 10g，炒丹皮 9g，瞿麦 9g，半夏 10g，生晒参 9g，䗪虫 12g，蜂房 6g，蛼螂 9g，桃仁 9g，石见穿 30g，焦山楂 30g，鸡内金（研粉，吞）12g。14 剂，水煎服。患者服药后胃纳有所好转，继服 3 个月余，症状改善明显，一直中西医结合治疗，病情稳定。

二、泽漆汤

原文 《金匮要略·肺痿肺痈咳嗽上气病脉证并治》记载："咳而脉沉者，泽漆汤主之。"

泽漆汤：半夏半升，紫参五两，泽漆三斤（以东流水五斗，煮取一斗五升），生姜五两，白前五两，甘草三两，黄芩三两，人参三两，桂枝三两。

上九味，㕮咀，内泽漆汁中，煮取五升，温服五合，至夜尽。

庞师参考处方：泽漆 30g，石见穿 30g，黄芩 10g，白前 10g，半夏 10g，生姜 6g，甘草 6g，党参 15g，桂枝 10g。水煎服，日 1 剂。

功效：化痰解毒，散结利水。

主治：肺恶性肿瘤，食管、胃恶性肿瘤等，症见咳嗽咳痰，胸胁引痛，胸满而喘，身肿，小便不利，舌淡红苔薄腻或水滑，脉沉或沉弦。

发挥：泽漆汤以泽漆为君，用量亦重，此药属大戟科植物泽漆的全草，俗称猫儿眼睛草，辛苦而凉，功类大戟，长于消痰逐水，力较迅捷。本方人参、甘草用量较轻，意在防止泽漆过猛伤正，并非专为补虚而设，故终不失为一峻剂，若非痰饮内结之实证，不可轻投。

另外饮邪内结，肺气不得下降以通调水道，往往发生小便不利及水肿等兼证，则本方较为适宜。

故《医宗金鉴》曰："脉沉为水，以泽漆为君者，因其功专于消痰行水也，水性阴寒，桂枝行阳气以导之。然所以停水者，以脾土衰不能制水，肺气逆不能通调水道，故用人参、紫参、白前、甘草补脾顺肺，同为制水利水之方也。黄芩苦以泄之，半夏、生姜辛以散之也。"

另外，本方中用人参一味，有特殊意义，纵览仲景治咳喘诸方，一般不用人参，而本方用之，笔者认为，此方加人参，非常符合肺癌晚期之病机：气虚为本，痰毒为标。正如黄树曾《金匮要略释义》曰："考《伤寒论》凡咳者皆不用人参，泽漆汤为治咳之剂，反用人参何也？盖人参之补五脏，除邪气，病邪之在里者可用，表邪则非所宜。《伤寒论》之咳，多属表邪，故

不用人参，若泽漆汤证脉沉为里邪，故用之。"

《脉经·平三关病候并治宜》也有"寸口脉沉，胸中引胁痛，胸中有水气，宜服泽漆汤"的记载。有学者认为，本条文可能有脱漏之嫌，故《脉经》的这段文字对理解泽漆汤证条文有重要的补充意义。可以看出此胸中水气，是痰饮阻络，与十枣汤、葶苈大枣泻肺汤证大异，非悬饮之可比。脉沉，胸中引胁痛，与今之肺部肿瘤的症状极为相似。

泽漆汤在明清之前的医案记载较少，治疗肿瘤的案例更是少见。其原因是肿瘤发病率相对较低，医者由于条件所限，也不可能明确诊断为肺癌。随着科学的进步、诊断水平的提高，在近代历史上就有人研究该方的临床应用和主治，特别是对药物的进一步确认、对原文的进一步理解和阐释，更加明确清晰。

泽漆味苦，性微寒，入肺、大肠、小肠经。化痰结，消肿块，功专消痰行水，近代运用泽漆治疗瘰疬等肿块，以及肺癌、胃癌、肝癌、乳腺癌、肠癌等。

民间单方用泽漆一味煮鸡蛋，治疗各种肿瘤，亦攻补兼施之法也，深谙养胃攻邪之道。《肘后备急方》曰：治心下伏瘕。《长沙药解》曰：泽漆，苦寒之性，长于泄水，故能治痰饮阻络之咳。

紫参（石见穿）助泽漆逐水散结消癥。《本草经》记载："紫参，味苦，辛，寒。主心腹积聚，寒热邪气，通九窍，利大小便。"《千金翼方》用牡蒙丸（紫参又名杜蒙）治男子疝瘕、女子血瘕、心腹坚积聚。

方中黄芩有较强的抗癌作用，庞师之师吴良村教授对治疗肺癌等恶性肿瘤用黄芩有独到见解，并制成肺癌专药"安体优"应用于临床，疗效显著。

庞师曾以本方加减治疗肺癌取得较好的疗效，如患者陈某，女，67岁，2013年1月29日初诊。患者于4年余前因体检发现左下肺占位，于2008年12月17日行"左下肺癌根治术"，病理示：左下肺腺癌，之后在本院化疗1周期（具体方案不详），因患者不能耐受，未再化疗。1年余前患者无明显诱因下出现咳嗽，2011年8月17日复查肺部CT示：两肺多发转移，纵隔淋巴结肿大。考虑肿瘤复发，于2011年9月13日行"培美曲塞针+CBP"方案化疗2周期，疗效评价：PD。于2011年11月开始口服"易瑞沙（印度）"靶向治疗，定期复查CEA较前下降，未复查胸部CT。患者1个月余前无明显诱因下出现左胸背部疼痛，呈进行性加重，予止痛效果欠佳，至浙江大学医学院附属第一医院查骨ECT：左6前肋、左9后肋骨质代谢活跃；胸部CT：两肺多发结节灶，转移首先考虑，心包积液，左侧胸腔积液，于2012

年 12 月底停服"易瑞沙"。2013 年 1 月 8 日予"多西他赛针"化疗 1 周期，经治患者左胸背部疼痛无明显好转，2013 年 1 月 25 日在医院查左侧肋骨正斜位片：未见明显异常。为求中医治疗而来诊。症见：面色微黄无华，形容瘦削，咳嗽咳痰，痰白质黏，左侧胸部隐痛，神疲乏力，少气懒言，时有呃呃，口淡无味，纳谷不香，大便稀溏，寐安，小便通畅，舌淡苔薄腻，边有齿痕，脉沉细滑。辨证：肺积，肺脾气虚，痰毒内结。治则：化痰解毒，补气健脾，方以肺金生方加减，方药组成：泽漆 30g，石见穿 30g，生晒参 9g，桂枝 12g，白前 10g，制南星 6g，蜂房 6g，红豆杉 8g，茯苓 15g，炒白术 12g，姜半夏 9g，瓜蒌皮 15g，香附 9g，焦山楂 30g，炙甘草 6g，大枣 15g，生姜 7 片。14 剂，水煎服，早晚分服。2 周后复诊，胸痛咳嗽及乏力纳差症状较前减轻，继续予以上方加减治疗，随访 1 年余病情稳定。

三、白头翁汤

原文 《金匮要略·呕吐哕下利病脉证治》曰："热利下重者，白头翁汤主之。"

白头翁汤方：白头翁二两，黄连三两，黄柏三两，秦皮三两。

上四味，以水七升，煮取二升，去滓，温服一升。不愈，更服。

庞师参考处方：白头翁 9g，黄连 6g，黄柏 10g，秦皮 15g。水煎服，日 1 剂。

功效：清热燥湿，凉血止利。

主治：大肠癌等症见腹中隐痛，下利秽物，或见脓血黏液，有腥臭味，里急后重，肛门灼热，滞下不爽，口苦口干，舌红苔腻或黄燥，脉滑数。

发挥：《金匮要略》所论与《伤寒论》71 条完全相同，只是一称湿热痢，一谓厥阴热痢而已。

本证因湿热邪毒壅滞大肠，肠中气滞不通，故腹痛、里急后重、肛门重坠。湿热之邪深入血分，气血与热毒搏结，血肉腐败，酿为脓血，故纯下血痢或赤白相兼；脓血挟热毒下迫，故肛门灼热；痢下和热邪皆伤津液，故渴欲饮水。

本方以白头翁为君，白头翁味苦性寒，清热解毒，凉血止痢。《本草正义》说："何廉臣谓其'主热毒滞下，虽曰苦能固泄，而升举脾胃清气，使不陷下，则里急后重皆除'。确是此药实在真谛。"《伤寒蕴要》认为"热毒下痢，

紫血鲜血者宜之"。可见本品实为治热毒血痢之主药。

黄连泻火于中，刘河间提出是"治痢之最"，黄柏泻火于下，又能燥湿坚肠，共助主药清热解毒、燥湿止痢，为方中之辅药。秦皮亦属苦寒燥湿之品，《本草汇言》中说："味苦性涩而坚，能收敛走散之精气"，而无恋邪之弊，为佐使之药。四味药物相合，使热毒除湿热祛则下重血痢自愈。

本方是治疗热利下重的主要方剂，无论是对细菌性痢疾，还是对阿米巴性痢疾，均有卓效。同时，对大肠癌属湿热蕴结者亦有良效。

而大肠癌病机同大多数肿瘤一样，同属本虚标实，正气亏虚为本，湿热之邪、饮食偏嗜及癌毒共同作用为标。湿邪性重浊黏滞，性专下行，热邪易致疮疡，易动血，二者常常相兼，合而为病，滞留于大肠，与癌毒相结，此为主要病机。

庞师常用此方为主加减治疗大肠恶性肿瘤。主方用药：白头翁9g，秦皮15g，黄柏9g，黄连6g，炒椿皮15g，蛇舌草15g，半枝莲30g，米仁30g，炙芪30g，当归10g，玄胡6g，红藤20g，炒二芽各15g等。

庞师的经验方不再以白头翁为君药，而改为以秦皮为君，庞师认为除上文所述病机不同之外，还在于秦皮与白头翁在清热止痢的同时，秦皮燥湿、收涩之力较白头翁强，对病机更具有针对性，而白头翁清热之力更重，且对肠胃有较大刺激作用，不宜久服，故以秦皮为君药；白头翁、黄连、黄柏、炒椿皮四药合用，功在清热燥湿兼解毒，联合君药，直中病根，此为内消法，半枝莲与蛇舌草、米仁合用则可导湿热、癌毒从小便离去，且能利小便以实大便，改善腹泻症状，减少痛苦，此为外导法，且现代医学早已证明半枝莲、蛇舌草有抗肿瘤的作用，内外结合，效果尤著，黄芪重于当归寓在补气以生血，匡扶正气以抗邪，玄胡、当归又可助红藤行气活血散瘀之功，以上俱为臣药；考虑患者需长期服用中药，且方中攻邪之药味较多，偏寒、凉药物较多，脾胃之气易损，且良药苦口，影响患者饮食，故方中加炒二芽健脾消食开胃，顾护中焦，是为佐药。可供参考。

刘嘉湘教授在《实用中医肿瘤手册》中治疗大肠癌以白头翁汤加减。李忠亦在《临床中医肿瘤学》中治疗大肠癌之湿热内蕴型，予以葛根芩连汤合白头翁汤加减。可见，以白头翁汤加减治疗大肠癌已被肿瘤学者们认可。现代药理研究证实，白头翁汤无论是复方还是白头翁单药，都有一定的抗肿瘤作用。

四、黄芪桂枝五物汤

原文 《金匮要略·血痹虚劳病脉证并治》曰："血痹，阴阳俱微，寸口关上微，尺中小紧，外证身体不仁，如风痹状，黄芪桂枝五物汤主之。"

黄芪桂枝五物汤方：黄芪三两，芍药三两，桂枝三两，生姜六两，大枣十二枚。

上五味，以水六升，煮取二升，温服七合，日三服（一方有人参）。

庞师参考处方：黄芪30g，芍药15g，桂枝15g，生姜15g，大枣15g。水煎服，日1剂。

功效：益气温经，和血通痹。

主治：化疗致周围神经损害，症见肌肤麻木不仁，微恶风寒，舌淡，脉无力或微涩而紧。

发挥：本方原治血痹证。

血痹证由素本"骨弱肌肤盛"，劳而汗出，腠理开，受微风，邪遂客于血脉，致肌肤麻木不仁，状如风痹，但无痛，是与风痹之区别，而脉微涩兼紧，说明邪滞血脉，凝涩不通。《素问·痹论》说："营气虚，则不仁。"故以益气温经，和血通痹而立法。

方中黄芪为君，甘温益气，补在表之卫气。桂枝散风寒而温经通痹，与黄芪配伍，益气温阳，和血通经。桂枝得黄芪，益气而振奋卫阳；黄芪得桂枝，固表而不致留邪。芍药养血和营而通血痹，与桂枝合用，调营卫而和表里，两药为臣。生姜辛温，疏散风邪，以助桂枝之力；大枣甘温，养血益气，以资黄芪、芍药之功；与生姜为伍，又能和营卫，调诸药，以为佐使。方药五味，配伍精当，共奏益气温经，和血通痹之效。

《金匮要略方论本义》谓："黄芪桂枝五物汤，在风痹可治，在血痹亦可治也。以黄芪为主固表补中，佐以大枣；以桂枝治卫升阳，佐以生姜；以芍药入营理血，共成厥美。五物而营卫兼理，且表营卫里胃肠亦兼理矣。推之中风于皮肤肌肉者，亦兼理矣。固不必多求他法也。"

庞师在临床上常用本方加味治疗各类肿瘤化疗后所致的周围神经损伤，有较好的疗效。常用处方为黄芪30g，芍药15g，桂枝15g，生姜15g，大枣15g，威灵仙30g，防风10g，当归10g，老鹳草30g，豨莶草30g，透骨草30g等，名为蠲痹和营煎。若手足疼痛者可合用麻黄附子细辛汤；病在上肢者加桑枝

浙江中医临床名家·庞德湘

30g；病在下肢者加牛膝 15g，独活 15g；若手足皲裂者，加用麻仁 10g，桑叶 15g，核桃肉 15g。同时本方的药渣还可以再煎沐手足。

临床研究及实验研究皆证实本方对各类化疗药物所致周围神经损伤有较好的作用。如邱泗安等研究表明，黄芪桂枝五物汤加减能降低奥沙利铂神经毒性的发生率，并在防治化疗引起的血红蛋白降低方面具有一定疗效。霍介格等研究表明，黄芪桂枝五物汤可改善化疗致大鼠周围神经毒性，其机制可能是通过下调大鼠 $L_4 \sim L_6$ 脊髓中 NR2B 的表达及上调背根神经节（DRG）中抗神经丝蛋白 H 磷酸化亚型（pNF-H）蛋白水平来介导。

五、葶苈大枣泻肺汤

原文　《金匮要略·肺痿肺痈咳嗽上气病脉证治》曰："肺痈，喘不得卧，葶苈大枣泻肺汤主之。"

葶苈大枣泻肺汤方：葶苈（熬令黄色，捣丸如弹丸大），大枣（十二枚）。

上先以水三升，煮枣取二升，去枣，内葶苈，煮取一升，顿服。

庞师参考处方：葶苈子 30g，大枣 15g。

功效：清热泻肺，化痰平喘。

主治：肺癌或恶性胸腔积液。症见喘不得卧，咳逆上气，喘鸣迫塞，胸满胀，一身面目浮肿，鼻塞，清涕出，不闻香臭酸辛，舌苔黄，质红，脉数实。

发挥：肺痈之为病，肺叶生疮，形成脓疡者，属内痈之一。之前，有不少学者提出从"痈疡"论治恶性肿瘤的学术思想，笔者认为有一定的学术指导意义。故不妨从肺痈论治肺癌或相关肿瘤。

《金匮要略·肺痿肺痈咳嗽上气病脉证治》曰："病咳逆，脉之何以知此为肺痈？当有脓血，吐之则死，其脉何类？师曰：寸口脉微而数，微则为风，数则为热；微则汗出，数则恶寒。风中于卫，呼气不入；热过于荣，吸而不出。风伤皮毛，热伤血脉。风舍于肺，其人则咳，口干喘满，咽燥不渴，多唾浊沫，时时振寒，热之所过，血为之凝滞，蓄结痈脓。吐如米粥，始萌可救，脓成则死"。据此，已言明肺痈之病因病机、脉证及预后，纵观肺痈病变过程。

方中葶苈子味苦性寒，专入肺经，开泄肺气，具有泄肺行水，下气消痰功效。因其性寒故能清，恐其峻猛伤正，又佐以大枣甘缓安中补正，使泄不伤肺气。二味相伍，以收泄肺行水而正气不伤之功，兼可益脾制水，扶正培本。本方总属泄肺之剂，既适用于肺痈未成或将成，又治支饮之饮实气壅者。

正如《删补名医方论》曰："肺痈喘不得卧及水饮攻肺喘急者，方中独用葶苈之苦，先泻肺中之水气，佐大枣恐苦甚伤胃也。"《千金方衍义》曰："肺痈已成，吐如米粥，浊垢壅遏清气之道，所以喘不得卧，鼻塞不闻香臭。故用葶苈破水泻肺，大枣护脾通津，乃泻肺而不伤脾之法，保全母气以为向后复长肺叶之根本。然肺胃素虚者，葶苈亦难轻试，不可不慎。"

肺痈之病，与肺癌晚期的某些症状极其相似，故王三虎认为此方可以治疗肺癌的某些证型。

方中葶苈子功能泻肺定喘，行水消肿。主治痰涎壅肺，咳嗽气喘，面目浮肿，胸腹积水，小便不利等病症。入煎剂内服常用量为 6～15g。

大枣甘平，入脾经。功能补脾健胃，养营安神，缓和药性。主治脾胃虚弱，气虚不足，倦怠乏力，妇人脏躁等病症。入煎剂内服常用量为 3～15 枚。《神农本草经》曰："主心腹邪气，安中养脾，助十二经，平胃气，通九窍，补少气，少津液，身中不足，大惊，四肢重，和百药。"《大明本草》曰："润心肺，止嗽，补五脏，治虚损，除肠胃澼气。"

二药合用，以大枣之甘缓，缓葶苈子性急泄肺下降之势，防其泄力太过，共奏泄痰行水、下气平喘之功。故能主治痰涎壅滞，肺气闭阻，咳嗽痰喘，喉中有痰声如曳锯状，甚则咳逆上气不得卧，面目浮肿，小便不利等肺癌或胸部肿瘤等病症。

历代医家皆认为本方峻猛刚烈，非体质壮实者不能用之。庞师在临床上发现，葶苈子用至30g或以上，皆未发现明显毒副反应，可资参考。

如治疗蔡某，女，65 岁，农民。以咳嗽、咳引胸痛，气短 3 天收住院。患者于 1 周前开始出现恶寒发热，咳嗽，咳少许白痰。村卫生所按感冒、支气管炎给予青霉素治疗，但效差，渐感体力不支，咳声低微，气短、纳差，无出汗。入院精神软，气短而不能平卧，右肺呼吸音清晰，左肺背部第七肋以下呼吸音消失，心音低，心率 92 次／分，律齐，未闻及病理性杂音，腹软，肝脾肋下未及，双下肢不肿，舌质淡红，苔白，脉细数。胸部 CT 示右肺占位伴右侧大量胸腔积液。入院诊断：中医为肺积伴悬饮，西医为肺占位。给予葶苈大枣泻肺汤合麻黄汤加减。处方：葶苈子 30g，红枣 30g，苦杏仁 12g，麻黄 12g，桂枝 12g，甘草 9g，泽漆 45g。3 剂，水煎服。3 天后恶寒发热、气短、咳嗽、胸痛明显减轻，已能平卧休息。复诊处方：葶苈子 30g，红枣

30g，苦杏仁 12g，麻黄 6g，生姜 15g，莱菔子 30g，川芎 9g，泽漆 30g，茯苓 60g。7 剂，水煎服。服完 7 剂，复查胸部 B 超示少量胸腔积液，前后径 3.2cm。行肺占位穿刺病理示腺癌，EGFR 突变，后续予以中医药结合埃克替尼靶向治疗，病情稳定。

六、八珍汤

原文 治伤损等症，失血过多，或因克伐，血气耗损，恶寒发热，烦躁作渴等症。

八珍汤方：人参、白术、白茯苓、当归、川芎、白芍药、熟地黄各一钱，甘草（炙）五分。

上姜枣水煎服。

庞师参考处方：生晒参 9g（或党参 15g），茯苓 12g，白术 12g，炙甘草 6g，川芎 9g，当归 10g，熟地黄 15g，白芍 12g。

功效：益气补血。

主治：各类肿瘤放化疗后或晚期气血两虚证。

发挥：本方所治气血两虚证多由久病失治，或病后失调，或失血过多而致，病在心、脾、肝三脏。心主血，肝藏血，心肝血虚，故见面色苍白、头晕目眩、心悸怔忡、舌淡脉细。脾主运化而化生气血，脾气虚，故面黄肢倦、气短懒言、饮食减少、脉虚无力。治宜益气与养血并重。方中人参与熟地黄相配，益气养血，共为君药。白术、茯苓健脾渗湿，助人参益气补脾；当归、白芍养血和营，助熟地黄滋养心肝，均为臣药。川芎为佐，活血行气，使地、归、芍补而不滞。炙甘草为使，益气和中，调和诸药。正如吴昆《医方考》云："血气俱虚者，此方主之。人之身，气血而已。气者百骸之父，血者百骸之母，不可使其失养者也。是方也，人参、白术、茯苓、甘草，甘温之品也，所以补气。当归、川芎、芍药、地黄，质润之品也，所以补血。气旺则百骸资之以生，血旺则百骸资之以养。形体既充，则百邪不入，故人乐有药饵焉。"

庞师常用此方加减治疗各类血细胞减少。如治放化疗后骨髓抑制，取《正体类要》八珍汤加女贞子、鸡血藤、黄精、制首乌、枸杞子等，甚则阿胶、紫河车等补血填精之品，创制养血汤。方中紫河车有大补先天元气之功，《本草拾遗》谓："主血气羸瘦"，对于骨髓抑制有较好的疗效，庞师一般研末吞服用，每日 2～3g。

另八珍汤加减治疗肿瘤晚期恶病质也有一定的疗效。庞师常用此方加女贞子、枸杞子、肉桂、制附子等，益气补血、补肾温阳。

案 陈某，女，61 岁

一诊：2015 年 9 月 8 日。患者于 2015 年 6 月 14 日因"上腹部隐痛"就诊于浙江大学医学院附属第一医院，确诊为"胃恶性肿瘤，肝脏多发转移"。病理提示：低分化腺癌；临床分期：T4N2M1。无手术及介入治疗指征，予 Sox 方案化疗 3 周期。今为化疗第 5 天，现患者表现：面色萎黄，食欲不佳，乏力明显，大便质稀，难以成型，夜寐欠佳，时常惊醒，近 3 个月体重减轻约 10kg，舌淡白，苔薄，脉细弱。辅助检查：2015 年 9 月 6 日血常规：WBC $3.1×10^9$/L，NE $1.7×10^9$/L，HGB 101g/L，PLT $215×10^9$/L；白蛋白 31.5g/L；CEA 35.4ng/ml，CA199 69U/ml，甲胎蛋白（AFP）244μg/L。四诊合参，属气血津液辨证中的气血两虚证，治则以益气养血为主。具体处方：炙黄芪 50g，当归 10g，党参 15g，白术 12g，茯苓 12g，陈皮 10g，制半夏 10g，防风 12g，熟地黄 15g，黄精 15g，麦冬 15g，枸杞子 12g，重楼 9g，全蝎 6g，石斛 12g，酸枣仁 15g，远志 12g，香茶菜 9g，炒二芽各 15g，生姜 3 片，水煎服，共 14 剂。

二诊：2015 年 9 月 22 日。拟 2015 年 9 月 24 日进行第 4 周期化疗，患者诉乏力、易疲劳明显好转，食欲较前有所增加，大便恢复如常，夜间眠仍差，仅休息 3～4 小时，舌淡，苔白，脉弱。复查血常规基本同初诊，白蛋白 33.6g/L。以前方为基础，改黄芪 30g，去重楼、全蝎，加柏子仁、五味子、炙甘草各 6g。

患者三诊时诸症尚平和，夜间睡眠质量较前改善。直到患者做完 6 周期化疗，皆以上方随症加减，患者较为顺利地完成了整个化疗过程，随诊效果满意。

七、逍遥散

原文 治血虚劳倦，五心烦热，肢体疼痛，头目昏重，心忡颊赤，口燥咽干，发热盗汗，减食嗜卧。及血热相搏，月水不调，脐腹胀痛，寒热如疟。又疗室女荣卫不和，痰嗽潮热，肌体羸瘦，渐成骨蒸。

逍遥散方：甘草（微炙赤，半两）、当归（去苗，锉，微炒）、茯苓（去皮，白者）、芍药（白）、白术、柴胡（去苗）各一两。

上为粗末。每服二钱,水一大盏,烧生姜一块切破,薄荷少许,同煎至七分,去渣热服不拘时候。

庞师参考处方:柴胡 10g,白芍 12g,当归 10g,白术 12g,茯苓 12g,炙甘草 6g,生姜 3 片。

功效:疏肝健脾。

主治:消化道肿瘤、女性生殖系统肿瘤或乳腺癌之肝郁脾虚证。

发挥:本方证系由肝郁不解,郁而生热,血热内伏,气逆犯脾,导致肝脾不和之证。治则以疏肝气、养阴血、健脾胃为原则。肝脏"体阴用阳",凡病者多"体不足而用有余"。故方中以柴胡疏肝解郁,以顺其条达之性;当归、白芍养血柔肝,补肝体而和肝用;白术、茯苓健脾益气,脾强则不受肝侮,且有培土扶木之义;炙甘草缓肝急以止痛;薄荷助柴胡疏肝解郁。诸药合用,肝脾同治,气血兼顾,肝阴足则内热除,肝气疏则脾胃和,实为疏肝养肝、健脾和中之良方。

庞师认为,逍遥散脱胎于张仲景的四逆散与当归芍药散两方。四逆散以疏肝为主,柔肝为次;当归芍药散以养肝柔肝为主,健脾渗湿为次。逍遥散则综合了两方的功效,可谓仲景方的继承与发挥,广泛应用于各类肿瘤患者。

如治乳岩康复期,取《太平惠民和剂局方》逍遥散为底方,加夏枯草、猫人参、山慈菇、瓜蒌子、浙贝、牡蛎、莪术、全蝎等药,创乳岩散结汤。气郁甚者,加荔枝核、佛手瓜、绿萼梅以理气解郁;胸闷甚者加薤白;有热者加栀子以清内热;痛甚者加郁金(胸痛)、延胡索(腹痛)、威灵仙(骨转移痛);兼有乳腺增生者加七叶一枝花、香附等。用之得当,可收奇效。

案 某患者,女,46岁,右乳腺癌术后,2012 年 3 月 14 日手术,术后病理:右乳腺浸润性导管癌,Ⅲ级,ER(-),PR(-),P53(95%,+++),Cerb-2(+),CK5(+),E-Cadnerin(+),ki-67(80%,+++),CK630(+)。右腋窝淋巴结 1/20,分期:T1N1M0。术后行 CEF 方案化疗 6 次,放疗 30 次,乏力,时有潮热,苔少脉弱。中医辨证:冲任不调,气阴两虚,治以滋肾养阴,佐以扶正、抗癌。处方:柴胡 10g,茯苓 12g,炒白术 12g,赤白芍 12g,当归 10g,炙甘草 6g,牡丹皮 10g,淫羊藿 12g,仙茅 10g,枸杞子 20g,制黄精 20g,夏枯草 20g,浙贝母 10g,炮山甲 6g,三叶青 12g,全蝎 6g,黄芪 20g,炒麦芽 15g,红枣 20g,生姜 3 片。水煎服,每日 1 剂。半个月后患者诉诸症改善。以后随症加减,现病情稳定。

如治疗肝癌或胆囊癌,庞师辨为肝郁脾虚证时,往往用该方加垂盆草、田基黄、茵陈、虎杖、龙葵、平地木等药，同时肝癌患者往往合并肝硬化，庞师也会合用鳖甲煎丸之意。

八、香砂六君子汤

原文 治气虚肿满，痰饮结聚，脾胃不和，变生诸症者。

香砂六君子汤方：人参一钱，白术二钱，茯苓二钱，甘草七分，陈皮八分，半夏一钱，砂仁八分，木香七分。

上生姜二钱，水煎服。

庞师参考处方：党参 15g，白术 12g，茯苓 12g，炙甘草 6g，陈皮 6g，制半夏 9g，砂仁 6g，木香 6g。

功效：健脾和胃化湿。

主治：肿瘤化疗后、消化道肿瘤、肿瘤晚期或萎缩性胃炎肠化之脾胃虚弱证。

发挥：庞师喜用香砂六君子汤。柯琴曰："经曰：壮者气行则愈，怯者着而为病，盖人在气交之中，因气而生，而生气总以胃气为本，若脾胃一有不和，则气便着滞，或痞闷哕呕，或生痰留饮，因而不思饮食，肌肉消瘦，诸证蜂起而形消气息矣，四君子气分之总方也，人参致冲和之气，白术培中宫，茯苓清治节，甘草调五脏，胃气既治，病安从来，然拨乱反正又不能无为而治，必举大行气之品以辅之。则补者不至泥而不行，故加陈皮以利肺金之逆气，半夏以疏脾土之湿气，而痰饮可除也，加木香以行三焦之滞气，缩砂以通脾肾之元气，而贲郁可开也，君得四辅则功力倍宣，四辅奉君则元气大振，相得而益彰矣。"

如治化疗后食欲不振、消化不良诸证，以《古今名医方论》香砂六君子汤为根本，加苏梗、蒲公英、焦三仙、鸡金、生姜等药而创健脾开胃汤。诸如此类，不胜枚举，庞师创制新方皆出入而有源，增益而取验。

案 陈某，女，65 岁，上腹隐痛不适半年余。患者倦怠乏力，眩晕，时有反酸，纳差，大便稀，舌淡红，脉缓，右关脉虚大，重按无力。胃镜示慢性浅表性、萎缩性胃炎，Hp（+++）。病理示：胃窦出血，腺黏膜中度慢性浅表性胃炎伴小灶性肠化。方药：党参 15g，白术 12g，茯苓 12g，陈皮 10g，木香 6g，砂仁（后下）6g，黄芪 15g，升麻 6g，制半夏 10g，厚朴 10g，紫苏梗 10g，沉香（后下）4g，浙贝母 10g，煅蛤壳 30g，石见穿 15g，

炙甘草 6g，生姜 3 片，7 剂，每日 1 剂，水煎服。1 周后复诊，脘痛大减，胃纳增加，眩晕已愈，仍觉疲乏无力，脉左关虚弦。原方加炙黄芪、白芍、柴胡、当归，继服 14 剂，疗效显著。

其次，对于晚期肿瘤患者，庞师也有应用香砂六君子汤的经验。前贤云："有胃气则生，无胃气则死。"庞师尤其注重顾护肿瘤患者的脾胃功能，他认为，胃气乃机体抗邪之根基，若患者胃气衰败则肿瘤易复发流窜。先天肾气不能骤补，后天胃气所当急扶。只有后天强健，才能滋生先天。诸多患者经过各种治疗后，常见神疲乏力、纳呆便溏、脉弱等脾胃虚弱之证。庞师常以香砂六君子汤为主，加炒二芽、焦山楂、苏梗、陈皮等健脾行气之品。庞师常言："理虚必谈土，治损多取中。"此乃至理也，何况肿瘤乎！临证又言："方有动静之变，药有刚柔之殊，理气慎用刚燥，养血慎用滋腻，一则伤胃阴，一则伤脾阳。"

对于晚期患者，更应注重脾胃，慎用攻伐之品，否则胃气一败，百药难施。正如徐春圃《古今医统》云："凡治百病，胃气安者，攻之则去，而疾恒易愈。胃气虚者，攻之不去，盖以本虚，攻之则胃气易弱，反不能行其药力，而疾所以自如也。"庞师常用香砂六君子汤加鸡内金、焦山楂等品运脾消食以助胃气。《医学衷中参西录》言鸡内金治"痃癖癥瘕"；《本草纲目》言山楂亦能治"癥瘕"，可谓此二药有一箭双雕之功。庞师治疗大量晚期肿瘤患者，遣以注重脾胃之处方，对延长生存期取得了较好疗效。

第四节 治未病深入探究，分五级防治肿瘤

肿瘤之预防不容忽视。《黄帝内经》云："圣人不治已病治未病，不治已乱治未乱。"庞师注重应用"治未病"思想防治肿瘤。庞师认为，"未病"包含无病；病欲发而有先兆；病起之初；既病而尚未殃及之地；病将愈，有可能出现反复等内容。庞师对此进行了深入的研究，并提出了五级防治体系理论。

庞师曾赋《西江月·中医治未病》一阕：

未病先防调养，欲病即治其先，初恙未盛早诊痊，亡羊补牢未晚。
既病同安它脏，瘥防病遗复转，五级防治病消然，岐黄杏林美谭。

治未病是中医预防医学思想的高度概括，在疾病的预防、诊治方面都有

重要意义。"治未病"是古代医家对疾病提出的预防学术思想。"治未病"一词，最早见于《素问·四气调神论》"是故圣人不治已病治未病，不治已乱治未乱，此之谓也。夫病已成而后药之，乱已成而后治之，譬犹渴而穿井，斗而铸锥，不亦晚乎！"

《金匮要略》承先启后而发挥之，使中医预防学理论倍受推崇而日臻完善。"治未病"的"治"有治疗、医治、治理、调理、调养、条达、条顺、安定之义。"未病"包含无病；病欲发而有先兆；病起之初；既病而尚未殃及之地；病将愈，有可能出现遗复等内容。故庞师提出中医学诊治疾病五级预防体系，以适应各种疾病的防治。而对于肿瘤的诊治，以"治未病"为中心，开展研究工作，尤显重要，对规划研究治未病思想有深远的意义和临床价值。

一、未病先防调养

《黄帝内经》是医家经典，同时也是道家经典，是道家修炼道路上的必修经典。只有了解生命奥秘和人体有无之结构，才能达到养生、摄生、预防疾病、益寿延年、健康长寿的目的。人生活在大自然环境中，必然会遇到身体的脏腑经络、表里气血、气机升降浮沉等方面的异常。为了达到康健长生，就必须认知人与自然的统一，达到自然与人的和谐，解决人体的异常。"治未病"正是在出现统一平衡被破坏之兆时得其机、用其法。

《金匮要略·脏腑经络先后病脉证》曰："若人能养慎，不令邪风干忤经络""更能无犯王法，禽兽灾伤，房室勿令竭乏，服食节其冷、热、苦、酸、辛、甘，不遗形体有衰，病则无由入其腠理"。平时应注意调养以增强体质，减少疾病的发生，宜积精全神、顺应天时、调和阴阳、注意饮食起居、七情适宜、劳逸适度、药物保健和体育锻炼。《素问·阴阳应象大论》曰："从欲快志于虚无之守，故寿命无穷，与天地终，此圣人之治身也。"

对于肿瘤来讲，未病先防就是指在肿瘤未发生之前，针对可能会引发肿瘤的诸多因素，采取适当的干预措施，阻断、延缓疾病的发生。如肝癌的"改水、防霉、防肝炎"的一级预防方针。《素问·上古天真论》曰："上古之人，其知道者，法于阴阳，和于术数，食饮有节，起居有常，不妄作劳，故能形与神俱，而尽终其天年，度百岁乃去。"

肿瘤发病有遗传因素、免疫因素、内分泌失调、慢性疾病等内因；亦包括有毒致癌物侵袭等外因。既知其道，当须"法于阴阳，和于术数"，而避免之。古人已经明确肿瘤的发生与所处地理环境、七情过度、人体的正气盛衰、

脏腑功能强弱密切相关。张景岳指出："脾肾不足，及虚弱失调之人，多有积聚之病"，即指出脾肾虚损对于恶性肿瘤的发生具有重要的作用。因此，"未病先防"除了加强锻炼、注意饮食起居等以外，在用药保健方面，应以补益脾肾为主。现代药理和临床研究提示，该类方剂对于提高机体的免疫功能及延缓衰老有一定的疗效。通过各种方法增强体质，是达到"正气存内，邪不可干"，抗御肿瘤发生的方法之一。

根据个体不同，给予适当的饮食调理。《灵枢·百病始生》曰："卒然多食饮，则脉满，起居不节，用力过度，则络脉伤……肠胃之络伤，则血溢于肠外，肠外有寒，汁沫与血相抟，则并合凝聚不得散，而积成矣。"中医学认为饮食起居等因素能促使肿瘤的发生，如《医碥》中说："酒客多噎膈，饮热酒者尤多"；宋代《济生方》曰："过餐五味，鱼腥乳酪，强食生冷果菜，停蓄胃脘……久则积结为癥瘕"，都说明了饮食起居对肿瘤发生的重要性。如对食管癌高发区的流行病学调查显示，食管癌的发病与饮食习惯有关，如高热饮食、食物粗糙、吞咽过快等都能促进癌症的发生。戒断不良刺激、忌食霉变不洁食物、调理良好的精神情趣等，对于预防肿瘤的发生都有十分重要的意义。所以《素问·宝命全形论》曰："一曰治神，二曰知养身，三曰知毒药为真。"所以《素问·刺热论》言："病虽未发，见赤色者刺之，名曰治未病"，说明未病先防的重要性。

大自然从无形到有形，也就是从无到有的渐变过程。人体和生命的生成、疾病的发生发展，同样是一个从无到有的过程。医家、道家认知大自然和人体生命是相对的统一体，也是不可分割的一部分。若想要长生久视，就需要自觉地和大自然同呼吸、共和谐。生命身体出现故障，需要修正的过程，就必然认知生命发生、发展的每一个细节，才能更好地与自然和谐。道家认知这个过程，是从太易开始，从太易到太初、太始，到太素，也就是从无到气之初，形之始，质之素。在《黄帝内经》中，是从太素开始的，在预防疾病方面，主要讲了生命人体形质的变化，如何预防疾病、诊治疾病。

在《黄帝内经》中叙述了多种摄生和预防疾病的理论或方法。治之以手，式法而已；治之以心，类辨精微；法式有穷，精微不竭。是以圣人不治已病而治未病。

二、欲病即治其先

《素问·四气调神大论》曰："是故圣人不治已病治未病，不治已乱治未乱，此之谓也。夫病已成而后药之，乱已成而后治之，譬犹渴而穿井，斗而铸锥，不亦晚乎！"《金匮要略》曰："适中经络，未流传脏腑，即医治之。"

疾病将起必有先兆，此时急治其先，必能收到良好的效果。这就是既病防变，针对一些致癌因素已经导致某些疾病，或者是癌前病变，应该采取积极的措施，防止发展成为癌症。正如《素问·阴阳应象大论》所说："善治者治皮毛，其次治肌肤，其次治筋脉，其次治六腑，其次治五脏，治五脏者，半死半生也。"《灵枢·逆顺》中谓："上工刺其未生者也；其次，刺其未盛者也……上工治未病，不治已病，此之谓也。"

庞师认为，应把肿瘤消灭在萌芽阶段，防止由轻变重、由小变大、由局部向其他脏腑蔓延。如现在已经明确慢性乙型病毒性肝炎，如果失治、误治，可能会导致肝硬化，而进一步发展可能导致肝癌。所以，中医主张对明确诊断的肝炎、肝硬化必须采取积极的治疗。研究揭示，慢性萎缩性胃炎伴有肠上皮化生，容易发展为胃癌，有报道用健脾益气活血药物，对阻断癌前病变发展具有较好的疗效。

三、初恙未盛早诊痊

《金匮要略》曰："四肢才觉重滞，即导引、吐纳、针灸、膏摩，勿令九窍闭塞。"癌症的二级预防，即早期发现、早期诊断与早期治疗，在肿瘤的早期或者亚临床期即应加以治疗干预，以提高治愈率。早期邪盛，正气尚未大衰，治疗重在祛邪，"当其邪气初客，所积未坚消之而，则先后和之"。中医药治疗以祛邪抗癌为主，根据辨证论治的情况，施以清热解毒、软坚散结、活血化瘀、以毒攻毒等治法，可以配合手术、放疗、化疗等治疗手段，其目的是为了治愈疾病和（或）阻止疾病向中期发展。

《素问·至真要大论》曰："客者除之，坚者削之，结者散之，留者攻之，逸者行之。"邪祛即正安，肿瘤早期正气未衰，邪气正盛之时，应及时有效地祛除病邪，减轻对机体的耗伤，防止病情的进一步发展。

四、既病同安他脏

脏腑与脏腑之间，生理上存在着相互资生、相互制约的生克制化关系；病理上存在着相互影响、相互传变的乘侮亢害关系。一脏有病，可依据自身规律而影响他脏。因此，在治疗时，应依据这种规律，先治或先安未病脏腑，

以阻断疾病的传变途径，防止疾病蔓延，使疾病向着痊愈的方向发展，这是仲景治未病的关键思想之一。对于中期恶性肿瘤，因正气渐衰，邪气旺盛，中医药治疗原则应该是祛邪与扶正并重，治疗目的是部分治愈，扶正是预防癌邪继续耗伤正气，并延缓疾病向晚期发展。对于晚期肿瘤患者，邪气壅盛，正气已衰，治疗应该以扶正为主要治疗原则，治疗目的是预防癌邪进一步耗竭正气。具体治法可选补益气血、燮理阴阳、健脾益肾等。先安未病脏腑，应重脾肾。脾胃为后天之本，是气血生化之源。久病耗气败胃，抗癌中药和化疗药物等都有害胃之嫌，故而必须时时顾护脾胃。

《难经·七十七难》曰："所谓治未病者，见肝之病，则知肝当传之于脾，故先实其脾气，无令得受肝之邪，故曰治未病焉。"这种"先安未受邪之地"的主张用于防治肿瘤传变有一定临床价值。肾为先天之本，久病及肾，阴精亏乏。尤其放化疗对肝肾损伤严重，骨髓造血功能不继等时常发生。因此当掌握病机变化，及时补养脾肾二脏，"见微得过，用之不殆"。

五、瘥防病遗复转

（一）中医药调理

病瘥后注意调养以预防复发和后遗症的处理，对肿瘤来说还有预防转移的作用。每种疾病都有自身的发生发展规律，肿瘤术后，或放化疗后，虽用先进的仪器可能也暂时找不到癌瘤，但癌症与其他疾病不同，转移复发是其特质之一。

中医对癌瘤转移的认识，可以追溯到《黄帝内经》，在《黄帝内经》中将转移称作"传舍"，传指邪气的传播、扩散，舍有居留之意。《灵枢·百病始生》云："虚邪之中人也……留而不去则传舍于络脉……留而不去，传舍于经……留而不去，传舍于输……留而不去，传舍于伏冲之脉……留而不去，传舍于肠胃……留而不去，传舍于肠胃之外，募原之间。留著于脉，稽留而不去，息而成积。或著孙脉，或著络脉，或著经脉，或著输脉，或著于伏冲之脉，或著于膂筋，或著于肠胃之募原，上连于缓筋。"《黄帝内经》认为"虚邪中人""稽留而不去，息而成积"。"积"形成后，可以不断地发生传舍（即转移），以至于"邪气淫溢"。《黄帝内经》时代不仅认识到积瘤可以发生传舍，而且对其过程、机制、途径及范围等的认识也有了一定的深度。癌毒的传舍趋向是造成转移的决定性内在因素，全身及局部的阴阳气血之虚是癌瘤转移的必要条件。

庞师认为，气滞、血瘀、痰凝是外在因素，也是癌瘤转移的重要条件。癌瘤的转移还与环境气候因素及体质因素等有关，正如《灵枢·百病始生》所言："其中于虚邪也，因于天时，与其身形，参以虚实，大病乃成"。针对肿瘤的基本规律，调整阴阳的偏盛偏衰，恢复其相对的平衡，阻止其转移、复发，中医药调理就显得非常重要。《素问·至真要大论》指出："谨察阴阳所在而调之，以平为期"，达到"阴平阳秘，精神乃治"的目的，也是中医药防治肿瘤"治未病"的重要思想之一。

（二）饮食宜忌

《金匮要略》云："肝病禁辛，心病禁咸，脾病禁酸，肺病禁苦，肾病禁甘。春不食肝，夏不食心，秋不食肺，冬不食肾，四季不食脾""凡饮食滋味以养于生，食之有妨，反能为害，自非服药炼液，焉能不饮食乎？且见时人，不娴调摄，疾疢竟起，若恐是莫字。不因食而生。苟全其生，须知切忌者矣。所食之味，有与病相宜，有与身为害，若得宜则益体，害则成疾，以此致危，例皆难疗"。可见饮食对人体影响的重要性，凡饮食精华可以养生，倘若不知禁忌，食之无益，反能为害。

（三）食疗瘥病

古有药食同源之说，古人谓安身之本必资于食，救疾之速必凭于药。无论饮食或是药石，其色、味、寒、热、补、泻，均禀于阴阳五行，可以说饮食与药物的应用道理是相通的。故而《周礼》曰："以五味、五谷、五药养其病。"

《素问·脏气法时论》更加明确地指出："毒药攻邪，五谷为养，五果为助，五畜为益，五菜为充，气味和而服之，以补精益气。"同时《黄帝内经》中还指出："凡欲诊病，必问饮食居处"，要求"治病必求其本""药以祛之，食以随之"，所吃食物是治疗疾病的，通常称之为"食疗"，使"五脏病各有所得者愈"。有的食物则对患者的疾病有害，甚至因饮食不当，致疾病转重而危笃，难于治疗。

（四）四时调养

《金匮要略》曰："若人能养慎，不令邪风干忤经络……不遗形体有衰，病则无由入其腠理。"肿瘤患者调养慎于"春夏养阳，秋冬养阴"也是非常

169

关键的。《备急千金要方》曰：春日"省酸增甘，以养脾气"，夏日"省苦增辛，以养肺气"。《摄生消息论》曰："当春之时，食味宜减酸食甘，以养脾气"。《千金翼方》曰："秋冬间，暖里腹"，宜减咸增苦以坚肾气。根据四时阴阳变化的规律加以调摄，即所谓"顺时气而善天和"，预防疾病的复发转移，延长寿命的时限。已经有临床和实验证实，对于某些肿瘤，用中医药调理有一定的抗转移、抗复发作用。食疗、气功、调养、怡情也有利于癌症的康复。

总之，中医治未病思想已经形成至少五千年，包含三个大方面：一是未病先防；二是已病防变；三是已变防渐。包含五个小层面：无病；病欲发而有先兆；病起之初；既病而尚未殃及之地；病将愈，有可能出现遗复等内容。

在现代西医学肿瘤的控制战略中，癌症的三级预防是指：一级预防，是病因学说的预防；二级预防，是指已经癌变则争取早期发现、早期诊断、早期治疗；三级预防，是预防其复发转移。可以看出，现代医学的肿瘤三级预防战略，重在治疗，与中医的治未病大有暗合之处。所以庞师认为研究"治未病"，对肿瘤的临床、用药、调养均具有十分重要的指导意义。

庞师认为，《黄帝内经》和历代经典，系统全面地论述了人体生命科学的大成，同时叙述了人如何适应自然、如何与疾病作斗争，主张不仅治已病，更应该治未病，论述了人与天文星象、地理山川、四季气候、五运六气、阴阳五行、五脏六腑、奇经八脉、四气五味、升降浮沉等天人合一的整体观念，从而达到养生、摄生预防疾病，益寿延年，健康长寿的目的。

庞师认为，治未病，预防疾病的发生发展具有重要的现实意义，特别是对目前国家医改、国民经济、国民健康都意义深远。

而如何使肿瘤的中医诊治发挥其固有之疗效，扬长而避短，突破西医治疗肿瘤之瓶颈，这是我辈中医肿瘤研究者的历史使命。中医药防治肿瘤，优势明显，特色突出，继承名老中医之经验是我辈成长的必经之路。笔者虽已认真总结庞师治疗肿瘤之经验特色，但尚有挂一漏万之嫌，还有待我们今后继续探索研究。

（陈滨海 撰写）

第一节　耕耘杏田四十载，橘井一勺解众渴

庞德湘，祖传中医，出生于中医世家，从小跟着爷爷抄方子，到他这里已经是第七代，1972 年 1 月参加工作，从医 40 余年，庞师行医以来一直致力于中医治疗肿瘤的研究，曾师从多位国家级名老中医，任浙江中医药大学附属第二医院肿瘤科主任、浙江省中医肿瘤康复重点专科学科带头人、浙江省庞德湘省级名老中医药专家传录工作室指导老师，2008 年被评为浙江省名中医，任浙江省中医药学会理事会理事、浙江省中医药学会医史文献分会副主任委员、中国医师协会中西医结合分会肿瘤病学专家委员会委员、浙江省中西医结合学会疼痛专业委员会委员、浙江省康复医学会肿瘤康复专业委员会委员。庞师从医 40 余年，精研《金匮要略》理法方药诊治肿瘤，擅长各类恶性肿瘤的中西医结合诊治，创造性地提出肿瘤中医治疗的"群段分治"学术理念；同时，对各类乳腺增生、良性肿瘤、癌前病变、常见内科和妇科疾病的中医治疗亦有独到的经验；出版著作多部，发表学术论文 40 余篇，培养师带徒及硕士研究生 20 余名。

庞师善于运用中医药治疗各种癌症，首创癌症群段辨证分治法思想，擅长肺癌、乳腺癌、胃癌、肠癌、肝癌、胆囊癌、胰腺癌、食管癌、脑癌、鼻咽癌、子宫癌、卵巢癌、前列腺癌、甲状腺癌等各类恶性肿瘤的中医治疗与调理；放、化疗的减毒增效；对预防、复发、转移有深入研究和显著疗效；中医药治疗乳腺增生和乳腺、胃、肠等癌前病变也有较好疗效；家传中医内科、中医妇科；擅长中药敷贴、针灸、儿科推拿等。

庞师自幼在祖父辈的严格教导下学习中医，加上家学丰厚，勤奋刻苦，仁心仁术，广为传颂，从学医至今，取得了辉煌的成就，积累了丰富而宝贵的中医临床经验。为了发展中医药事业，庞师在精研中医的同时，也积极发展中医药人才的培养工作，如师承、师带徒、研究生等，对学生要求严格，做到高标准、严要求，更毫无保留地把自己多年的从医经验、研究心得传授给后学青年。庞师特别重视中医的传承和中医后继人才的培养，对于后辈，他总是循循善诱，悉心指点，毫无保留。教学中他注重学生中医基本功的培养，他的课不仅条理清晰，而且生动深刻，在引经据典的同时穿插丰富的临证经验，深受学生欢迎。他注意学生的德行修养，常教导身边弟子"医乃仁术，当以济世为先"。他身体力行，用药简便廉效，贵精不贵重，为学生做出良好的榜样。目前庞师已带教师带徒、研究生等 20 余名，形成了老、中、青三代构成的薪火相传的学术梯队（图 6-1）。

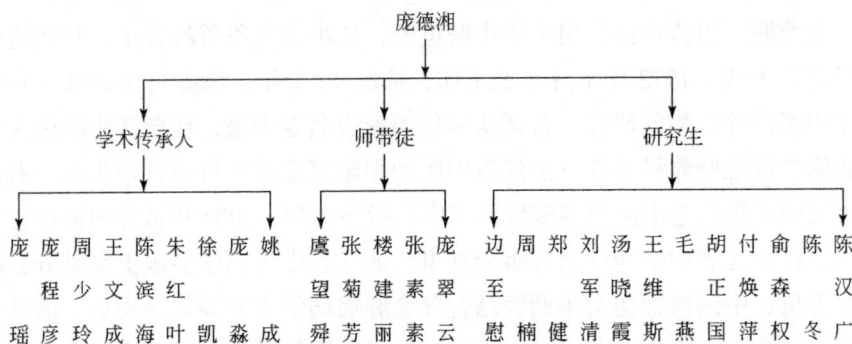

图 6-1 传承脉络图谱

第二节 庞公桃李满天下，堂前更种学子花

古人云"师，教人以道者之称也"。庞师医德高洁，学习中医信念坚如磐石，在医疗、科研、教育上取得多项科研成果，撰写论文、主持课题、编著教材等，参与了校级课程建设，并担任授课。对待学生、师带徒的教育上，常以身作则，言传身教，毫无保留。师者最大的成就感，源于桃李满天下。而我们这些学生得遇良师，幸甚至哉。庞师工作很忙，仍挤出时间为学生们讲课、辅导，因人施教，循序渐进，耐心细致。庞师鼓励我们要树立梦想，要用高标准来要求自己。就这样，庞师指导着一届又一届学生毕业，师带徒结业，学生们

也开花发芽，在学术上、医疗上获得许多业绩。

一、庞师治疗肺癌靶向治疗所致腹泻的经验

庞师认为分子靶向药物虽然不良反应较化疗少，但仍属挞伐之品，应归于中医"药毒"范畴，认为肺癌靶向药物之毒最易侵犯上焦与中焦。药毒之邪直中脏腑，侵犯上焦，直接犯肺，肺主宣发肃降，肺气虚损，则通调水道功能失常，水液不行膀胱而走大肠，大肠传导失常，水液吸收发生障碍，精浊不分，混杂而下，发为泄泻；侵犯中焦则损害脾脏，脾主运化功能异常，水饮痰湿内生，壅滞中焦，清浊不能正常升降，并走肠道，则为泄泻。且靶向药物性峻烈，需长时间服用，日久药毒累积，加之肺癌患者原就素体虚弱，肺气不足，肺为脾之子，子病及母，肺气虚弱则累及脾脏，二者共同作用下，发生泄泻为意料之中。总而言之，与平常腹泻相比较，靶向药物引起之腹泻病机主要为药毒损害脏腑，少或兼夹他邪，以肺、脾二脏为主，而平常之泄泻所病脏腑主要在脾，病理因素主要是湿邪为患，湿邪每易夹他邪致病，故可夹热、夹寒、夹滞等，病理因素较靶向药物所致腹泻复杂。

庞师根据临床常见的靶向药物治疗肺癌的不良反应主要有皮疹、腹泻、皮肤干燥、口腔溃疡、手足综合征等，指出肺癌靶向治疗药物多属热性之"药毒"，热毒犯胃，循经上炎，热灼口腔，口疮乃作；燥热之毒侵及肌表，熏蒸津液，肌表失于濡养，故皮肤干燥；肺合皮毛，热毒袭肺，邪毒内蕴于肺，随肺遍布周身，发为皮疹，且皮疹色红；热毒灼伤气血津液，津亏血虚，加之肺脾之气虚弱，无力推动气血津液运行，气血不能达于四肢，故出现手足综合征。临床治疗以清热解毒、健脾益肺为主，加以散结。庞师认为，肺癌病因不外乎内因、外因两方面，内因主要是正气虚弱，不能抵御外邪，正所谓"正气内存，邪不可干"；外加六淫侵袭人体，或烟尘、雾霾、化学等有害物质损害，导致脏腑气血阴阳失调，虚、痰、瘀、毒内生，内外因素掺杂，相互搏结于肺，形成癌肿，中医讲究治病必求于本，故临证时必当加以散结，或行气散结，或化痰散结，或破瘀散结，或温阳散结等。

临床上，庞师常用千金苇茎汤合参苓白术散加减，具体方药：生晒参9g，白术12g，茯苓15g，薏苡仁30g，山药30g，芦根15g，鱼腥草12g，桃仁9g，陈皮12g，制半夏9g，石见穿12g，半枝莲30g，白花蛇舌草20g，石斛15g，焦三仙各30g，炙甘草6g。方中的千金苇茎汤以芦根代替苇茎，符

合现代用药习惯，用鱼腥草代替冬瓜子，加强清热解毒之功，以加减之千金苇茎汤配合陈皮、半夏，起清热、化痰、解毒之效；方中以参苓白术散加减（生晒参、白术、茯苓、薏苡仁、陈皮）健脾以补肺，正所谓培土生金，配合石斛能够直接滋养肺阴，赵学敏在《本草纲目拾遗》中称石斛为"滋阴补益珍品"，可谓双管齐下；配合石见穿活血化瘀以散结，白花蛇舌草、半枝莲解毒散结，且陈皮行气散结，半夏化痰散结，诸药共助散结之功，最后以焦三仙顾护中焦，增食欲，助消食，脾健则正气足，正气足则能奋力抗邪。

靶向药物治疗肺癌除了腹泻之外，尚有其他不良反应。若见全身多发红色皮疹，皮肤瘙痒者，加黄芩、黄连、北沙参清热养阴，防风、荆芥、蝉蜕等解表止痒；若出现手足综合征，即四肢皮肤感觉迟钝，或刺痛，麻木等，可加天龙、鸡血藤、红藤等活血通络；若见恶心、呕吐者，可加小半夏汤止呕，若呕仍不止，则需用旋覆代赭汤重镇降逆以止呕；若口腔糜烂者，可加牡丹皮、莲子心、栀子等清热凉血；若肢体浮肿，按之凹陷者，可加泽泻、冬瓜皮、猪苓等利水消肿；若心悸、失眠者，可加远志、酸枣仁、珍珠母等养心安神；若咯血者，加当归炭、白及、仙鹤草等止血；若血压升高者，可加钩藤、丹参、附子等，但鉴于中药不如西医降血压药物立竿见影，故仅当作辅助手段。

中医认为病程长久者必伤及肾，"五脏之阳，非此不能发，五脏之阴，非此不能滋"，肾为一身阴阳之根本，故临床上庞师常强调补肾的必要性和重要性。肺癌者，本就肺气已虚，母病及于子，致肺肾俱虚，出现易疲乏，自汗出，气促，动则喘甚，腹泻，或肢体浮肿等，与靶向治疗所致腹泻不同，此处腹泻以五更泄泻为主，容易鉴别，治疗以上方加参蛤散即可。

（胡正国 撰写）

二、庞德湘教授经验荟萃

（一）白头翁汤治放射性肠炎案

案 张某，男，76岁

初诊：2013年11月29日。

主诉：确诊直肠癌2个月余，腹泻2周。患者2013年10月诊断为直肠癌

（cT3NxM0），未行手术治疗。2013 年 10 月 11 日至 2013 年 11 月 22 日行盆腔放疗，100mv-x.SAD.100DT4500cGy 125F/33F，联合卡培他滨 1500mg，日 2 次同步化疗。过程中出现腹痛，里急后重，水样便，每日 10 余次，予抗感染、止泻、调节菌群等治疗后略有缓解。目前患者仍大便溏，不成形，每日 3～5 次，肛门灼热，便血，量少，色鲜红，时有胸中烦闷，舌质红苔黄腻，脉弦滑。处方：秦皮 12g，黄柏 10g，黄连 6g，白头翁 10g，丹皮 10g，诃子 10g，槟榔 9g，地榆、槐花各 12g，炒扁豆 15g，炒山药 30g，炒麦芽 15g，甘草 10g。服药 7 剂见效，又守方 7 剂后腹泻好转。

按语：《伤寒论》曰："热利下重者，白头翁汤主之"，临床用于治疗湿热型痢疾、溃疡型结肠炎。中医认为放射线性热，属火热淫邪，性燔灼，易耗气伤阴、生风动血，可直接伤害人体脏器，重则可致疮疡形成。放射性肠炎是盆腹腔及腹膜后恶性肿瘤经过放疗后引起的肠道并发症，可累及肠道任何节段包括小肠、结肠和直肠，临床表现为腹痛、腹泻、黏液血便，严重者甚至出现肠梗阻、肠穿孔、肠瘘等。急性期多出现在放疗后数小时或几天，多腹泻较重，伴恶心、呕吐、黏液便或血便、里急后重、肛门灼痛；慢性期多出现在放疗后 6～18 个月，症见慢性腹痛、腹泻、便血或黏液、里急后重、排便困难等。庞师认为，放射性肠炎的临床特点与火热淫邪致病一致，邪气损伤致肠道功能失调：小肠受盛功能失调，传化不能则气机壅滞为痛，表现为腹痛；小肠化物功能失常，不能分清别浊，可出现消化吸收障碍，表现为腹胀、便溏、消瘦；大肠传导失司，不能吸收津液，出现大便质、量及排便次数的改变，出现便秘或泄泻；气机升降失常则出现恶心呕吐。急性期应以西医治疗为主，辅以中医辨证论治，多属邪盛，治以祛邪解毒，处以白头翁汤、葛根芩连汤、黄芩汤等；慢性期以中医药治疗为主，多属邪滞肠间，耗伤阴血，损伤脾胃，治以扶正祛邪，处以四君子汤、参苓白术散等；如出现穿孔、狭窄、内瘘等，须结合手术治疗。本例患者属于湿热蕴结大肠，故出现腹泻、便血、肛门灼热，伴胸中烦闷，治以清热解毒、燥湿止泻，处以白头翁汤加减。方中改秦皮为君，盖庞师认为除此处病机与原文有别外，还在于秦皮燥湿、收涩之力较白头翁强，对本例湿热病机更具有针对性。黄连、黄柏功专清热燥湿，秦皮与白头翁清热止痛，丹皮清热凉血，诃子、槟榔涩肠止泻，地榆、槐花清肠止血，扁豆、山药、麦芽健脾祛湿，甘草调和诸药。如腹痛加白芍 9g，元胡 6g；腹胀加广木香 3g，枳壳 6g；肛门坠胀明显者可处补中益气汤；乏力、消瘦明显者可处八珍汤。

（二）旋覆代赭汤治疗化疗后恶心欲吐案

案 于某，女，73岁

一诊：2016年6月28日。

主诉：确诊胸膜间皮瘤2个月余，末次化疗后5天。患者3个月余前无明显诱因下出现胸闷气急，伴左上臂疼痛，NRS评分2分，就诊于浙江医院，查胸部CT：两侧胸膜增厚，左侧胸膜局部结节状改变，恶性肿瘤首先考虑，左侧大量胸腔积液。行CT引导下经皮肺穿刺，病理示：间质里见大量炎症细胞，考虑肺炎症改变。后就诊于浙江大学医学院附属第一医院，行PET-CT：左侧胸膜明显增厚，多发局部结节样改变，左肺下叶背段胸膜下小结节，FDG代谢增高。2016年4月19日经胸腔镜治疗：左侧壁层、脏层多发结节伴胸腔积液，2016年4月22日病理回报：左侧壁层胸膜穿刺活检纤维组织中间皮细胞浸润性生长（恶性间皮瘤首先考虑）。排除禁忌后，2016年5月3日、2016年5月25日、2016年6月23日行培美曲塞800mg、顺铂120mg化疗3周期，并行博来霉素胸腔内治疗2次。化疗后出现乏力，恶心呕吐，呕吐物为胃内容物，量不多，予止吐治疗。目前时感恶心欲吐，乏力，不思饮食，纳少，大小便无殊，舌淡苔白滑，脉虚弦。辨证为中虚痰阻气逆，治以和胃降逆、健脾化痰，方以旋覆代赭汤加减。处方：旋覆花（包煎）10g，煅代赭石（先煎）15g，生晒参9g，法半夏10g，生姜10g，茯苓12g，陈皮10g，甘草6g，大枣5枚。每日1剂，水煎分2次服用。

二诊：患者恶心好转，去旋覆花、代赭石，处六君子汤健脾益气、燥湿化痰。

按语：《伤寒论》曰："伤寒发汗，若吐若下，解后，心下痞硬，噫气不除者，旋覆代赭石汤主之"，其病机为胃虚气逆、痰浊内阻，临床用于治疗呃逆、胃食管反流病。中医学认为化疗药物引起的不良反应属"药毒"范畴，其性峻烈，易耗伤人体气血津液，可直入脏腑而生变证。化疗相关性呕吐（CINV）是由于化疗药物通过刺激相应器官释放不同神经递质（如5-HT、P物质、多巴胺等），进而分别活化相应受体，从而引起恶心、呕吐。指南将其分为预期性、急性、迟发性、突破性及难治性五种类型，可导致脱水、电解质紊乱、营养不良，严重者引起消化道黏膜损伤出血，甚至危及生命。庞师认为中医辨证论治可对化疗起到减毒增效的作用，临证运用气血津液辨证理论治疗CINV。脾胃为气血生化之源、气机升降之枢纽。药毒或直接耗气伤津，或损伤脾胃，致脾失健运，胃不能受纳、腐熟，水谷精微不能化生气血津液供养全身，出现脏气亏虚；脾胃受邪，或致中焦不和，胃气上逆而发为恶心呕吐；或脾不能运化水湿，水液内停而生痰饮等病理产物，痰饮停留于胃，使胃失和降，出现恶心呕吐。CINV 的病机可概括为脾胃气机失调、痰饮内阻，治疗当辨病势，急则以西医治疗为主，缓则以中医辨证论治为主，调理脾胃气机的同时，须兼顾肝气。庞师临证处以旋覆代赭汤，如中焦虚寒明显者处理中丸，如痰涎盛而属寒者处小半夏汤合苓桂术甘汤，如胃阴亏虚者处麦门冬汤。本例患者为含顺铂方案化疗后出现恶心呕吐，经西医治疗后呕吐缓解，但仍恶心频发，病势趋缓，以气逆为病机要素，治当和胃降逆、健脾化痰，方以旋覆代赭汤加减。方中旋覆花性温而能下气消痰、降逆止噫，包煎以免引起呛咳。代赭石质重而沉降，善镇冲逆，但生用性寒易伤阳、损伤脾胃，故煅用，呕吐重者量可加至30g；又入肝经，兼顾肝气。生晒参、甘草、大枣益气补虚，健脾和胃以助化痰饮，又防止代赭石伤胃。法半夏、生姜祛痰降逆，和胃止呕。茯苓、陈皮助化痰和胃之力。服药期间嘱患者忌食生冷鲜荤，7 剂而缓解，故以六君子汤善后。

（三）大承气汤、麻子仁丸治疗阿片类药物所致便秘案

案 熊某，男，55 岁

一诊：2016 年 3 月 16 日。

主诉：膀胱癌术后 1 年余，下腹痛、便秘 4 个月余，加重半天。患者 1 年余前因"无痛性肉眼血尿 9 个月余"就诊于浙江大学医学院附属第二医院，考虑"输尿管、膀胱癌"行"右肾、输尿管及部分膀胱切除术"。术后病理：浸润性尿路上皮癌伴坏死，输尿管为多灶性，伴坏死，高级别，最大为膀胱肿块，大小为 3.3cm×2.5cm，癌组织浸润至输尿管外膜及膀胱肌层，肾门淋巴结 1/6。2014 年 12 月复查 CT"膀胱部分切除术后，膀胱内占位，考虑复发，右髂血管旁转移灶"，B 超示"右腰背部低回声结节，转移考虑"。遂 2014 年 12 月 26 日至 2015 年 3 月 2 日予以行 GC 方案化疗 4 次，疗效评价：PR。4 个月余前无明显诱因出现下腹胀痛，呈持续性，查盆腔 MRI：膀胱巨大肿块，最大直径约 8.5cm，结合临床考虑膀胱癌，累及前列腺，盆腔及腹股沟淋巴结肿大。予西乐葆胶囊、曲马多缓释片止痛治疗效果欠佳，后改为"奥施康定 60mg，12 小时 1 次；西乐葆 0.2g，每日 2 次；加巴喷丁 0.3g，每日 3 次"口服止痛，疼痛控制可，出现便秘，一直予开塞露、乳果糖通便治疗。半天前出现腹胀腹痛，大便 4 日未解，排出困难，舌苔黄厚腻，脉沉实。治以泄热通便，处以大承气汤：生大黄（后下）15g，枳实 15g，厚朴 20g，芒硝（冲

浙江中医临床名家·庞德湘

服）10g。煎取400ml，200ml口服，另200ml保留灌肠。药后即泻下羊屎状粪便1次，稀便1次，腹胀腹痛缓解。予麻子仁丸加减善后，处方：火麻仁15g，杏仁9g，白芍9g，大黄6g，枳实10g，厚朴10g，玄参15g，生地12g，麦冬12g。并嘱每日适量食用蜂蜜。经治，疼痛控制可，无大便排出困难，1～2日1次。

按语：大承气汤、麻子仁丸是《伤寒论》泻下治法的代表方。大承气汤具有峻下热结之功效，主治阳明腑实证，临床用于便秘、肠梗阻、重症胰腺炎等的治疗。麻子仁丸具有润肠泄热、行气通便之功效，主治小便数、大便难之脾约证，临床用于各种类型的便秘。便秘是晚期癌症疼痛患者使用阿片类药物镇痛治疗中最常见的不良反应，发生率为90%～100%，其机制是阿片类药物与肠道阿片受体结合，减慢肠道蠕动，使肠液分泌减少、吸收增多，延迟粪便排泄，抑制神经兴奋性，增加肠壁平滑肌的张力。阿片类药物是从鸦片（罂粟）中提取的生物碱及体内外的衍生物，鸦片辛香酸涩，有毒，辛香耗气，气虚则无力助大肠传导糟粕，燥屎内结日久化热伤津，气滞阴虚热结而成便秘。阿片类药物所致便秘主要分为急、缓两端。急者，症见大便干结、腹胀腹痛、口干口臭、小便短赤、舌红苔黄燥、脉数或弦滑，治以泄热降气通便，方选大承气汤加减；缓者，症见大便艰涩、质硬或不甚硬、欲便不得出、舌红苔薄、脉弦或涩，治以润肠通便，方以麻子仁丸加减。本例患者为巨大肿瘤直接侵犯、压迫邻近脏器引起的疼痛，予阿片类药物治疗后出现肠热腑实急症，故以大承气汤通腑泄热。生大黄后下，泻热通便、荡涤肠胃；芒硝助大黄泻热通便，并能软坚润燥，芒硝可用玄明粉冲服代替；厚朴、枳实行气消痞除满，助硝、黄泻下。攻下重剂，中病即止，防伤正气，而后可缓图之。麻子仁丸泻下力缓，以麻子仁、杏仁润肠通便，病久阴亏，以增液汤滋阴润燥。庞师临证见肝火炽盛者，加栀子、夏枯草、龙胆等；见气滞者，合用六磨汤加减；见咳喘痰多者，加莱菔子、瓜蒌子、皂角刺等。嘱咐患者适度运动、养成按时排便习惯，饮食上注意多食高纤维蔬菜水果及蜂蜜等具有润肠通便效果的食物。

（四）桂枝汤治自汗案

案 周某，男，75岁

一诊：2016年4月1日。

主诉：有慢性阻塞性肺疾病病史15年。确诊前列腺癌2年，全身汗出1天。患者2年前无明显诱因下出现排尿不畅，就诊于某医院，2014年3

月 26 日前列腺穿刺活检术，术后病理：前列腺癌、Gleason 分级：3+4=7 分。免疫组化：AMACR（+），P63（－）。因心肺功能差，未行手术切除，予以内分泌治疗，定期复查 PSA、FPSA 均在正常范围。1 周前无明显诱因下出现咳嗽咳痰，无发热寒战，无头晕汗出，胸部 CT 提示：左下肺感染，经抗感染、化痰等治疗后咳嗽好转。1 天前出现全身汗出，量多，手足不温，无畏寒发热，无心悸胸闷，舌淡苔薄白，脉沉弱。辨证为气虚、营卫失调，治以益气固表止汗，方以桂枝汤加减，处方：桂枝 15g，白芍 15g，生黄芪 30g，碧桃干 9g，锻牡蛎 30g，生姜 9g，大枣 3 枚，炙甘草 6g。服药 3 剂见效，又守方 7 剂后病愈。

按语：桂枝汤为仲景群方之魁，乃滋阴和阳、调和营卫、解肌发汗之总方也，主治虽多，"唯以脉弱自汗为主耳"。多数医家认为其具有对汗腺的双重调节作用，故不仅用于治疗太阳中风证，而且用于治疗自汗也屡出奇效。自汗多因虚致病，有气虚、阳虚之分，病机为营卫失和、腠理不固，而致汗液外泄。此例患者外感后以自汗为主症，虽表证已解，但病后体虚，又久患咳喘顽疾，耗伤肺气，肌表疏松，卫表不固，腠理开泄可致自汗。患者年高，手足不温，又有阳气虚损之象。营卫不和是病机的主要矛盾，故以桂枝汤为主方加减。方中桂枝温通经络，助卫阳，芍药益阴敛营，二者等量合用使营卫调和；姜枣相配能补脾和胃，加强调和营卫之功；炙甘草调和诸药。黄芪入肺、脾经，能补三焦而实卫，"温分肉、益皮毛、实腠理，不令汗出"，生用固表力强，与培土之姜枣合可有玉屏风散之方义。锻牡蛎、碧桃干收敛固涩治标，以达到尽快改善症状的目的。庞师认为如出现畏寒重、四肢厥冷、汗不止，病在下焦者，可改桂枝为肉桂，或以桂枝加附子汤加减；出现肝胆气郁者，可合小柴胡汤加减；因实致病，属热者当清肝泄热，另处龙胆泻肝汤。酌加麻黄根、浮小麦、糯稻根、五味子、碧桃干、锻龙牡等固涩敛汗之品，可达迅速止汗的目的。

（五）小柴胡汤治癌性发热案

案 卢某，女，75 岁

一诊：2015 年 11 月 2 日。

主诉：胆囊癌术后 1 个月，反复发热 3 周。2015 年 9 月 21 日因"纳差、乏力半个月"就诊于某院，腹部 CT 提示：胆囊结石、胆囊炎、胆总管上段扩张、胆囊底部壁增厚。MRCP 提示：肝内外胆管扩张。考虑胆囊癌，遂于

2016 年 9 月 30 日行胆囊癌根治术，术程顺利，术后病理提示：中分化腺癌，淋巴结转移。术后 1 周开始出现午后发热，最高体温 37.7℃，无畏寒，无汗出，无咳嗽咳痰，无腹痛腹泻等不适，经抗感染、退热等治疗效果欠佳。症见：发热 3 周，神疲乏力，纳少，右肋隐痛，有时感头晕、恶心，无呕吐，大小便畅，舌红苔薄黄，脉弦细。辨证为少阳枢机不利，治以和解少阳，方以小柴胡汤加减，处方：柴胡 15g、黄芩 15g、半夏 10g、生晒参 9g、生甘草 6g、生姜 9g、大枣 3 枚、鳖甲（先煎）30g、白花蛇舌草 15g。

二诊：服上药 7 剂，发热好转，仍有纳少、乏力，舌淡红苔薄，脉弦细。守上方，加炙黄芪 30g，焦三仙各 30g。

按语：小柴胡汤是《伤寒论》治疗少阳病之主方，柯琴论其"为少阳枢机之剂，和解表里之总方"。临床多用于治疗外感热病，然而施治内伤杂病亦有独特功效。唐容川在《血证论》中运用小柴胡汤治虚劳咳嗽，日本医家临床研究发现小柴胡汤可防止肝硬化向肝癌转变，庞师用之治疗癌性发热屡见功效。癌性发热属"内伤发热"范畴，起病缓慢，反复发生，病程较长，多表现为午后或夜间低热。其病因病机复杂，概而言之为肿瘤导致人体气血阴阳失调、湿痰瘀毒化热。治疗当先辨虚实，正如《景岳全书·火证》所说："实火宜泻，虚火宜补，固其法也。然虚中有实者，治宜以补为主，而不得不兼乎清……若实中有虚者，治宜以清为主而酌兼乎补"。此例患者胆囊癌术后反复发热，经抗感染、退热治疗效果不佳，转而投中医治疗，庞师详询病情，发热、纳少、恶心欲吐、情志不舒、脉弦细，属少阳证，病位在胆，其经在半表半里，治宜和解，方以小柴胡汤加减。方中柴胡性微寒、味苦辛，归肝经、胆经，功能透表泄热；黄芩苦寒，清泄邪热；人参补益中气以御邪，又有安神之功；半夏降逆止呕，姜枣调和营卫，鳖甲滋阴潜阳、退虚热，白花蛇舌草清热解毒。患者二诊发热有好转，仍有纳少、乏力，予守方加炙黄芪补中益气，焦三仙健脾开胃，症状减轻后应力断减量。癌性发热见热势盛者可加石膏，邪传阳明者可另处白虎汤或白虎加人参汤，阴虚内热者可处青蒿鳖甲汤，血虚者处归脾汤加减，脾气亏虚宜甘温除热之法，湿重者处三仁汤，血瘀者处血府逐瘀汤，配伍清热解毒之品，皆可应用痰热清、热毒宁等中药制剂。

（六）庞德湘教授运用中医药治疗肺癌分子靶向药物不良反应验案 2 则

案一 周某，男，58 岁

一诊：2011 年 6 月 17 日。

　　主诉：咳嗽咳痰 20 余天，确诊肺癌 1 天。患者于 20 余天前无明显诱因出现咳嗽咳痰，查胸部 CT 示：右上肺癌伴双肺多发转移，肝囊肿。后至浙江省肿瘤医院行"右肺肿块穿刺活检术"，病理示：腺癌。与家属商议后，一线治疗选择分子靶向药物，于 2011 年 6 月 23 日开始口服厄洛替尼 150mg，每日 1 次。症见：咳嗽咳痰，痰色白，偶有痰中带血，胸闷气急，无发热，无胸痛，纳眠及二便可，体重 2 个月下降约 10kg。舌质红苔少，脉细数。辨证为气阴两虚，治以益气养阴、清热散结，方以沙参麦冬汤加减。处方：北沙参 30g，麦冬 15g，桑白皮 10g，扁豆花 15g，鱼腥草 30g，海浮石 20g，金荞麦 30g，蜂房 15g，生地 20g，当归 10g，老鹳草 15g，佛耳草 15g，杏仁 10g，焦三仙各 30g，细辛 4g，生姜 7 片，7 剂水煎服，日 1 剂，分 2 次服。

　　二诊：2011 年 7 月 8 日。患者口服厄洛替尼治疗第 8 天起，全身陆续出现红色皮疹，头面部明显，伴瘙痒，咳嗽咳痰较前缓解，无发热、胸闷气急、腹痛腹泻，纳眠及二便可，舌质红苔少，脉细数。复查血常规、肝肾功能均正常。患者服用厄洛替尼治疗，出现全身皮疹，评价为Ⅱ°。辨证：肺阴亏虚、邪毒内结，治以益气养阴、疏风凉血止痒，方以沙参麦冬汤加减。处方：上方去金荞麦、老鹳草、佛耳草、杏仁、细辛，加泽漆 30g，石见穿 30g，黄芩 15g，南沙参 30g，石斛 12g，防风 6g，黄芪 15g，丹皮 10g，白蒺藜 30g，浮萍 15g，改当归 6g，生地 40g，7 剂水煎服，每日 1 剂，分 2 次服。上方出入 2 周后，新发皮疹减少，评价：Ⅰ°。

　　三诊：2011 年 8 月 3 日。患者腹泻，呈水样便，无黏液、脓血便，日 7 ～ 8 次，酪酸梭菌活菌胶囊止泻无效；头面部及四肢仍有少量皮疹，伴瘙痒。复查血常规、肝肾功能均正常。处方：南北沙参各 15g，麦冬 10g，泽漆 30g，石见穿 30g，海浮石 20g，桑白皮 10g，黄芩 15g，白前 10g，白蒺藜 20g，浮萍 15g，蜂房 15g，守宫 2 条，三叶青 12g，白花蛇舌草 20g，炒白术 10g，炒米仁 30g，炒扁豆 15g，石斛 12g，诃子 10g，生姜 3 片。服上方 5 剂，腹泻明显好转，大便成形，日 1 次。

　　四诊：2011 年 8 月 24 日。患者口服厄洛替尼治疗 2 个月，头面部及四肢少量散在皮疹，无咳嗽咳痰，无腹泻，纳寐可，二便畅。复查血常规、肝肾功能正常；肿瘤指标：CEA 6.6ng/ml，CA199 48.7U/ml，较前下降；复查胸部 CT 示：右肺癌转移灶较前明显减少，右上肺肿块最大者约 2.8cm×1.9cm，较前减小（治疗前 5.5cm×3.2cm）。疗效评价为：PR，皮疹、腹泻等症状稳定。予前方出入巩固疗效。

案二 张某，女，75岁

一诊：2010年8月11日。

主诉：反复咳嗽咳痰1年余，左侧肢体乏力10天。患者于2009年5月无诱因出现咳嗽咳痰，反复发作，偶有痰中带血丝，晨起明显，普通抗感染治疗效差。5月中旬至医院就诊，查肺部CT提示：右肺占位，行纤维支气管镜检查未找到病理依据。此后未予进一步检查、治疗。2010年7月30日患者做家务时感头晕而摔倒在地，就诊于杭州市中医院，查头颅MRI提示：颅内多发占位，转移瘤考虑；胸部CT提示：右上肺肿瘤性病灶并少许炎症性病变首先考虑；纤维支气管镜检查示：右侧上叶前段支气管见大量脓性分泌物。2010年8月27日行肺穿刺术，术后病理：（右肺肿块穿刺组织）见少量癌细胞，倾向腺癌。患者PS评分差，拒绝放化疗和基因检测，一线治疗选择分子靶向药物，于2010年9月8日开始口服吉非替尼250mg，每日1次。症见：左上肢活动困难、抓举无力，日趋加重，时有头晕头痛，无恶心呕吐，无言语困难，无四肢抽搐等明显不适症状，纳寐差，二便可，伴体重减轻。舌暗红苔薄脉沉。治以化痰宣肺，方以泽漆汤加减。处方：桂枝6g，泽漆20g，白术12g，猪茯苓各20g，石见穿30g，瓜蒌皮15g，桔梗12g，桑白皮12g，炒朴子10g，白芍12g，浙贝母10g，牡蛎30g，鱼腥草30g，制南星6g，杏仁10g，红豆杉8g，天龙2条，焦三仙各20g，7剂水煎服，每日1剂，分2次服。

二诊：2010年9月24日。口服吉非替尼约2周，胸闷心慌，纳差，腹泻，呈水样便，日4次，伴脐周疼痛，左侧肢体乏力较前缓解，入睡困难，舌暗红苔略腻，脉沉弱。治以健脾宽胸，处方：生晒参9g，白术12g，茯苓15g，炒米仁30g，炙甘草10g，山药30g，煨葛根10g，炙黄芪30g，当归6g，瓜蒌皮15g，薤白10g，炒枣仁20g，远志10g，龙骨、牡蛎各30g，焦三仙各30g，生姜3片，水煎服，每日1剂，分2次服。服上方3剂后，腹泻好转。

三诊：2011年3月1日。患者复查生化示：肝功能异常，纳差好转，时有头痛，尚可忍受，无皮疹、腹泻等明显不适症状，夜寐可，二便畅。辨证为肝气郁滞、湿热内蕴，治以疏肝健脾、清热利湿，方以逍遥散加减。处方：柴胡10g，赤白芍12g，白术12g，茯苓12g，丹皮10g，陈皮10g，半夏10g，木香6g，砂仁10g，北沙参30g，石斛12g，垂盆草30g，平地木30g，茵陈 20g，焦三仙各 20g，生姜 3 片，红枣 15g，7 剂水煎服，每日 1 剂，分 2 次服。

于 2011 年 3 月 17 日、2011 年 3 月 25 日、2011 年 4 月 6 日各继服 7 剂后，肝功能好转。患者服用吉非替尼加中药治疗至今，期间多次复查头颅 MRI、胸部 CT 均示病灶无明显增大，未出现严重的皮疹、腹泻、肝功能损害等不良反应。说明治疗方案疗效确切，中药可预防和减轻分子靶向药物的毒副作用。

按语： 厄洛替尼（erlotinib）与吉非替尼（gefitinib）是非小细胞肺癌治疗的代表性小分子酪氨酸激酶抑制剂，是肺癌个体化治疗的里程碑。它们能有效遏制肿瘤的进展，相对于化疗能更好地改善患者的生活质量和提高 5 年生存率，但药物相关毒副作用的发生仍给治疗带来困难，是导致患者停药、病情恶化的主要原因。《诸病源候论》曰："凡药物云有毒，当有大毒者，皆能变乱，与人为害，也能杀人。"因此，在临床诊治过程中，我们应特别注意药物毒副反应的发生。中医学在辨证论治的基础上处方用药，以中药配合分子靶向治疗药物不仅可以减低分子靶向治疗药物的不良反应，同时还能增加其疗效，在增效减毒方面发挥了极大优势。

该类药物最大的毒副反应是皮疹，发生率为 50% ～ 100%。皮疹患者经常伴有其他相关的皮肤症状，包括痤疮、瘙痒、干皮病等。两例患者均出现不同程度的皮疹，前者临床表现较重。庞师认为肺癌分子靶向治疗引起的皮疹，当属中医"药毒"范畴，其病因病机可概括为禀赋不耐，或久病体虚，内中药毒，毒入营血化热，易与风邪、湿邪相结；肺合皮毛，邪毒内蕴，泛溢肌肤则发皮疹，肌肤不荣而见皮肤瘙痒，重者可内传脏腑。临床治疗当据病机变化辨证论治，不主张应用激素疗法或者停药。前例患者当责之肺阴亏虚、邪毒内结，治以养阴解毒，方以沙参麦冬汤加减。若疹色鲜红，疹痒热痛，口腔糜烂，可加白蒺藜、牡丹皮祛风凉血解毒；若皮肤瘙痒明显，可取荆芥、防风、浮萍、蝉蜕疏风透表止痒；浮肿甚，可加冬瓜皮、茯苓皮行气消肿；如见苔黄腻，兼有湿热之象，可加用黄芩、黄连、赤茯苓等清热化湿。

除皮疹外，最常见的不良反应为腹泻。Cohen MH 等报道厄洛替尼的腹泻总发生率为 54%，吉非替尼也有相似的腹泻发生率。《景岳全书》曰："泄泻之本，无不由于脾胃。"庞师认为，分子靶向药物虽较之化疗药物毒性更小，但仍属攻伐之品，易损伤脾胃功能。肺癌的形成多由肺气亏虚，子病及母则

脾失健运、湿浊内生，加之药毒损伤、脾胃更虚，不能受纳水谷和运化精微，水谷停滞、清浊不分，混杂而下，故而大便溏薄。治以益气健脾止泻，方以参苓白术散加减。以此思路调治，前例患者腹泻症状得以缓解。方中人参、茯苓、白术益气健脾，薏苡仁、白扁豆助苓、术健脾渗湿，石斛、诃子相伍敛阴止泻，苏梗行气宽中的同时又可开宣肺气，少佐蒲公英清热利湿。如患者气滞甚，加木香、佛手；如湿热重，加黄连、黄芩；如食欲不佳，加砂仁、焦三仙；如日久不愈，加五味子、菟丝子。此证的治疗关键在益气健脾，同时又培土生金，切忌重用苦温燥湿之品，以免伤阴益甚之弊。

分子靶向药物引起的肝功能损害多表现为无症状的转氨酶升高。曲俊兵收集2004～2008年国内医药学术期刊有关吉非替尼致不良反应文献23篇，共31例，其中4例出现转氨酶升高，占12.9%。庞师认为，其病因病机为药毒之邪留于体内，损伤脾胃，阻滞肝胆气机，土壅木郁，湿热内蕴。正如《金匮要略》所论："见肝之病，知肝传脾，当先实脾"，故治疗当标本兼顾、扶正解毒，以健脾疏肝、清热利湿为法。庞师临证常以逍遥散加减，通调气机以利于排毒；如肝胆湿热明显，予龙胆泻肝汤加减；肝络失养者，予一贯煎加减；肝肾阴虚明显者，可予六味地黄汤加减。后例患者治以疏肝健脾，加用垂盆草、平地木、茵陈清热利湿、降低转氨酶。诸药合用，增强肝细胞解毒能力，利于肝功能恢复，达到了减毒目的，体现辨病与辨证相结合、专病专药的治疗理念，时时顾护胃气，取得良好的临床疗效。

（七）庞德湘教授继承何任经验拾零

案 郭某，女，69岁

一诊：2011年10月6日。

主诉：左肺癌末次化疗后9天。患者7个月余前因"咳嗽咳痰3个月"就诊于浙江省肿瘤医院，查胸部CT：左上肺占位，大小4.7cm×5.6cm，左上肺癌伴纵隔及左肺门多发淋巴结肿大、左侧胸膜转移；左侧胸腔积液，伴局部肺组织膨胀不全。腹部CT：右肝钙化灶，L_2椎体内高密度影。头颅MRI：左侧侧脑室旁小缺血灶考虑。胸腔积液涂片：找到癌细胞，腺癌。支气管镜刷病理：（左上肺）上支间脊少量低分化非小细胞癌。左上肺癌伴左肺门、纵隔、左胸膜转移（T2bN2M1a，Ⅳ期），行GC方案化疗4周期，疗效评价：PR。化疗后定期复查，2011年7月感咳嗽咳痰较前加重，伴胸痛不适，可耐受，无痰中带血，无胸闷气急等不适，查胸部CT：肺癌化疗4周期后复查，较前进展，左上肺肿块（5.4cm×3.0cm），部分层面较前饱满增大；纵隔多发淋巴结肿大，其中主动脉弓外结节较前增大；右肺新出多枚细小结节（0.5cm），转移瘤考虑；T_5、T_6椎体成骨改变，转移考虑。考虑病情进展，行培美曲塞800mg d1 每3周1次方案化疗2周期后，出现贫血、白细胞及血小板明显降低，且一般状况较差，故停止化疗。2011年10月4日复查血常规：WBC $1.5×10^9$/L，RBC $2.15×10^{12}$/L，HBG 65g/L，PLT $46×10^9$/L。症见：神倦乏力，面色苍白无华，纳谷不馨，舌淡苔薄白，脉细弱无力。辨证：气血两亏、痰瘀互结。治则：养气血补肝肾、健脾化痰散结，方以八珍汤合当归补血汤加减。处方：黄芪30g，党参15g，白术12g，茯苓15g，生、熟地黄各20g，白芍12g，当归10g，制首乌20g，枸杞15g，鸡血藤20g，女贞子20g，川朴10g，佛手10g，砂仁6g，焦三仙各15g，鸡内金10g，炮山甲9g，蜂房15g，红豆杉8g，红枣15g，生姜5片。

二诊：2011年10月20日。诸症较前明显改善，仍略感乏力，咽痒咳痰，舌淡苔白，脉弱。复查血常规：WBC $3.5×10^9$/L，RBC $3.15×10^{12}$/L，HBG 92g/L，PLT $96×10^9$/L。考虑邪犯卫表，在上方基础上加荆芥10g，防风6g，桔梗10g，射干12g，金银花12g以祛风解表、解毒利咽。患者坚持服用中药，一般情况好转，完成后两周期化疗，未出现明显化疗毒副反应。

三诊：2012年5月2日。患者精神佳，神志清，纳寐可，舌淡苔薄，脉细。复查血常规及肿瘤标志物各项指标均正常，胸部CT提示：肺部病灶稳定。继予扶正消癥法巩固疗效。

按语：何任教授治癌强调不断扶正、适时攻邪、随证治之。庞师跟随何老学习多年，深受其学术思想的影响，认为肺癌多因正虚而起，治当攻补兼施，依据病情发展注意扶正与祛邪的比例。此例患者反复化疗后伤及元气，出现严重乏力、骨髓抑制，正气虚羸、气血亏损为病机关键，治当以扶正为主，略佐攻邪，处方中寓八珍汤、当归补血汤之意，有补脾肾、养肝血、开胃散结之效。针对培美曲塞所致严重乏力，重用黄芪为君，补气生血。补益肝肾、填精生髓之品缓解骨髓抑制、促进造血、提高免疫力，佐以健脾和胃，培补后天之本，蜂房、红豆杉为庞师治肺癌常用祛邪药对，姜枣调和营卫。

（八）庞德湘教授中药配伍经验

（1）泽漆配石见穿：泽漆，《广雅》称猫儿眼睛草，味辛、苦，性微寒，利水消肿、化痰止咳、解毒杀虫。《长沙药解》曰："泽漆苦寒之性，长于泄水，

故能治痰饮阻格之咳。"实验证实，猫儿眼睛草水提物对 Lewis 肺癌有明显的抑制作用和免疫调节作用，且通过上调 Caspase-3 的表达调节细胞凋亡。

石见穿，金寿山教授考证为《神农本草经》载紫参一味，功能活血散坚。《苏州本产药材》论其能"治噎膈，痰饮气喘"。《金匮要略·咳嗽上气病脉证并治》载泽漆汤一方，以此二药相伍，共奏活血逐水消肿之功。庞师自拟肺金生方治疗肺癌，以大剂泽漆为君，久煎去其毒性，配伍石见穿达到利水消肿、化痰散瘀的功效，症见喘咳浮肿，小便不利，脉沉。

（2）桂枝配泽漆：桂枝味辛、甘，性温，归膀胱、心、肺经。《雷公炮制药性解》曰："入肺经，解表散寒，温经通阳。"庞师认为肺癌之喘咳气逆多为水饮内停阻滞气机，据《金匮要略》"病痰饮者，当以温药和之"的原则，于肺金生方中以桂枝助泽漆利水通阳、消痰逐饮。

（3）瓜蒌配薤白：《中药志》载瓜蒌"涤痰结，舒肝郁。治痰热咳嗽，胸胁作痛"。薤白味辛苦温，归肺、心经，通阳散结、行气导滞。《金匮要略》瓜蒌薤白白酒汤、瓜蒌薤白半夏汤，以此二药配伍治疗寒痰阻滞、胸阳不振所致胸痹证。庞师认为肺癌患者多有胸中气机不畅，津液输布不利，痰浊瘀毒聚于胸中，阻遏胸阳，症见胸闷气急、心悸，或胸痛彻背、背痛彻心，舌质紫暗，苔薄白腻，脉弦或沉缓。

（4）浙贝母配生牡蛎：浙贝母味苦，性寒，入肺、心经，清热化痰、降气止咳、散结消肿，《本草求原》曰："功专解毒，兼散痰滞。治吹乳作痛，乳痈、项下核及瘤瘿，一切结核，瘰疬，乳岩……"牡蛎味咸，性微寒，质重沉降，归肝、肾经，生用长于平肝潜阳、软坚散结，《本草纲目》曰："消疝瘕积块，瘿疾结核"。《医学心悟》载消瘰丸以此二药为伍，软坚散结，兼能潜阳益阴，治疗痰火凝结之瘰疬痰核。庞师取二者化痰软坚散结之效，用于肺癌治疗的各个阶段。

（5）白芥子配制南星：白芥子"辛能入肺，温能发散""能搜剔内外痰结，及胸膈寒痰，冷涎壅塞者殊效"。天南星，《神农本草经》载"味苦，温，有大毒"，制用能去其毒性，《本草纲目》载"能胜湿除涎"。庞师以此二药相伍治疗肺癌患者寒湿顽痰阻肺之咳嗽气逆，咳痰量多色白。

（6）仙鹤草配白及：仙鹤草味苦、涩，性平，归心、肝经，功专止血，又能补虚。白及味苦、甘、涩，性微寒，归肺、肝、胃经，《本草纲目》载"性涩而收，得秋金之令，故能入肺止血，生肌治疮也"。肺癌咳嗽、痰中带血、咯血者，庞师以此二药相合加强止血之效；咯血严重者，庞师主张勿拘于门

186

户之见，可采用中西医结合的治疗方法。

（7）黄芪配防风：黄芪味甘，性温，归肺、脾经，益气升阳、固表止汗，《汤液本草》载"治气虚盗汗并自汗"。防风味辛、甘，性微温，归膀胱、肺、脾经，《本草述》载"防风气温而浮，治风通用，除上焦在表风邪为最"。《丹溪心法》载玉屏风散以黄芪实卫，合防风则使邪去而外无所扰。庞师将此二药用于肺癌术后、化疗后、营卫失调、表虚不固者，症见面色㿠白，汗出恶风，或虚汗淋漓、动则汗出，或反复外感，舌质淡苔薄白，脉浮虚。

（8）附子配细辛：附子味辛、甘，性大热，归心、肾、脾经，《医学启源》载"《主治秘要》云，去脏腑沉寒；补助阳气不足，温热脾胃"。细辛味辛，性温，入肺、肾经，辛香走窜，鼓动肾中真阳之气。此二药合用，温里作用倍增，使阳虚得复。庞师认为癌症日久会伤及阳气，据"温药和之"的原则，治疗时对于无明显阴虚津亏者可施以温法；但素体阴虚者不宜用温法太过，以免犯虚虚实实之戒。肿瘤晚期属阳气衰微者，以此二药相伍，小剂量亦可温振阳气，症见：面色苍白，语声低微，四肢厥逆，舌淡苔白，脉细弱或脉微欲绝。

（9）青蒿配鳖甲：青蒿味苦、辛，性寒，归肝、胆经，清热除蒸、截疟退黄，《本草图经》载"治骨蒸劳热为最"。鳖甲味咸，性微寒，归肝、肾经，滋阴潜阳、软坚散结、退热除蒸，《神农本草经》载"主癥瘕、坚积、寒热"。《温病条辨》载青蒿鳖甲汤以此二药为伍治疗温病夜热早凉、热退无汗、热自阴来者。庞师临证用于肺癌属阴虚发热者；又由于二者皆入肝经，亦用于肺癌肝转移、黄疸者。

（10）蜂房配红豆杉：《本草纲目》谓蜂房"味甘、平，有毒。入阳明经……皆取其以毒攻毒，兼杀虫之功耳"。《本草汇言》谓"蜂房，驱风攻毒，攻疗肿恶毒"。红豆杉，古称柏、赤柏松、紫柏松，味甘，性平，《神农本草经》列为上品，李时珍将柏列为补阴之要药，"惊悸益气、除风湿、安五脏，治疥癣"；《本草推陈》载其能"利尿通经，治肾脏病、糖尿病"；现代药理学研究发现其含多种抗肿瘤成分，是国际上公认的防癌抗癌药。庞师自拟肺金生方以此二药解毒散结。

（11）补骨脂配自然铜：补骨脂味辛、苦，性温，《本草经疏》载"补骨脂，能暖水脏；阴中生阳，壮火益土之要药也"；《开宝本草》载"主五劳七伤，风虚冷，骨髓伤败，肾冷精流及妇人血气堕胎"。自然铜味辛，性平，《本草经疏》载"自然铜乃入血行血，续筋接骨之药也。凡折伤则血瘀而作痛，辛能散瘀滞之血，破积聚之气，则痛止而伤自和也"。现代药理研究证

187

实，此二药均有抑制肿瘤骨转移的作用。《难经·十四难》曰："损其肺者，益其气；损其肾者，益其精。"肾主骨生髓，补肾精有益于生髓坚骨。针对肺癌骨转移患者，庞师以二药补肾强骨、散瘀止痛。

（12）全蝎配蜈蚣：全蝎，《神农本草经》曰："味甘辛在毒，然察其用，应是辛多甘少，气温，入足厥阴经"；《玉楸药解》云："穿筋透节，逐湿除风"；《医学衷中参西录》言"其性虽毒，专善解毒……消除一切疮疡。"蜈蚣，《医学衷中参西录》载"走窜之力最速，内而脏腑，外而经络，凡气血凝聚之处皆能开之"。此二药均善于走窜，能入络搜剔深在之风毒，合用则祛风活络、息风止痉之效倍增，又有以毒攻毒、散结解毒、通络止痛之功。庞师认为此二药合用能解癌瘤积聚之毒，使临床症状缓解，肿块软缩，延长患者生存期；癌毒转移者，能缓解癌症相关性或非相关性疼痛。

（13）旋覆花配代赭石：旋覆花苦辛、咸，性微温，归肺、胃、大肠经，消痰行水、降气止呕，《医学入门》载"逐水、消痰、止呕噫"。代赭石味苦、甘，性微寒，归肝、胃、心经，《长沙药解》载"驱浊下冲，降摄肺胃之逆气，除哕噫而泄郁烦，止反胃呕吐"。《伤寒论》旋覆代赭汤用此二药降逆化痰，治胃虚痰阻气逆证。庞师将此二药用于化疗期间，脾胃虚弱、胃失和降，或肝气郁滞、横逆犯胃，症见恶心呕吐，呕吐大量胃内容物或干呕，或噫气不除，苔白脉弱。

（14）何首乌配枸杞子：何首乌味苦、甘、涩，性微温，归肝、心、肾经，功能养血滋阴、祛风解毒。《本草纲目》载"此物……所以能养血益肝，固精益肾，健筋骨，乌髭发，为滋补良药"。枸杞味甘，性平，入肝、肾经，《本草经集注》载"补益精气，强盛阴道"。庞师临证将此二药用于各类癌症属肾虚精亏者，症见头晕乏力，腰膝酸软，耳鸣耳聋，以及化疗所致白细胞、血小板减少等骨髓抑制反应。

（15）车前子配车前草：车前子味甘，性寒，入肺、肝、肾、膀胱经，《神农本草经》论其"主气癃，止痛，利水道小便，除湿痹，久服轻身养老"。车前草性味功用同车前子，而清热解毒之效更甚。此二药均甘而滑利，寒凉清热，合用能加强利水通淋之功。庞师喜将此二药用于肾癌、膀胱癌等属于湿热阻于下焦者，症见小便淋漓涩痛，小腹胀痛，可伴有发热，舌红苔黄腻，脉滑数；或化疗期间出现肾功能损害，症见畏寒肢冷，小便清、量少。

（16）辛夷配苍耳子：辛夷味辛，性温，入肺、胃经，发散风寒、宣通鼻窍，《本草纲目》载"能温中治头面目鼻九窍之病"。苍耳子味辛、苦，性微寒，有小毒，归肺、脾、肝经，散寒除湿、通窍止痛，《要药分剂》载"苍耳治鼻渊鼻瘜，断不可缺，能使清阳之气上行巅顶也"。此二药配伍，祛风通窍之力彰。庞师临证将此二药用于鼻咽癌放疗前后，症见时流浊涕，不闻香臭，头痛，鼻塞不通。

（17）白花蛇舌草配薏苡仁：白花蛇舌草味苦、甘，性寒，归心、肝、脾经，清热解毒利湿，《广西中药志》载"治毒蛇咬伤，癌肿"。薏苡仁味甘淡，性微寒，归脾、胃、肺经，有健脾利水、清利湿热之功效，适宜各种癌症、癌性腹水。庞师认为白花蛇舌草抗癌效果显著，但大剂易伤胃气，故临床常与健脾益胃又有明确抗肿瘤作用之薏苡仁相伍。

（18）垂盆草配平地木：垂盆草，味甘，性凉，清利湿热解毒，有降低谷丙转氨酶作用。用于湿热黄疸，小便不利，痈肿疮疡，急、慢性肝炎。平地木性平，味辛、微苦，归肺、肝经。化痰止咳，利湿活血。庞师用之配伍治疗化疗、靶向药物引起的肝功能损伤。

（九）庞德湘教授治癌扶正药对用药经验

1. 补益元气药对

（1）党参、黄芪：党参味甘，性平，《本草纲目拾遗》载"治肺虚，益肺气"。黄芪味甘，性微温，归脾、肺经，李东垣认为其"益元气而补三焦"。《永类钤方》载补肺汤以参芪补肺益气，治疗肺气亏虚之短气喘促、咳嗽气逆。庞师认为党参补气之力虽不及人参，然擅益肺气，此二药相伍使"肺气旺则四脏之气皆旺，精自生而形自满"，从而发挥直接或间接的抗肿瘤作用。

（2）生晒参、炙甘草：生晒参性平，不温不燥，归脾、肺、心经，功能补脾益肺、生津止渴，主治气虚诸证。炙甘草性温，味甘，功能益气和中，主治脾胃功能减退、心悸等症。五行之中，土能生金，肺属金为脾之子，脾胃一虚，肺气当绝。庞师认为，肺癌以肺气亏虚为本，虚则补其母，于自拟肺金生方中以参、草相伍大补元气以扶正，培土以生金；脾为后天之本，参、草益脾为治病不忘培本、时时不忘顾护胃气之意。

（3）山茱萸、五味子：山茱萸味酸、涩，性微温，归肝、肾经，补益肝肾、收敛固涩。《本草备要》载五味子"性温，五味俱全，酸咸为多，故专收收敛肺气而滋肾水"。《症因脉治》载都气丸以此二药补肾纳气，治疗肺肾两虚之咳嗽气喘。《类证治裁》曰："肺为气之主，肾为气之根，肺主出气，肾主纳气，阴阳相交，呼吸乃和。"庞师认为肾精不足，摄纳无权，气浮于上，

出现咳嗽、喘息，动则加重，呼多吸少，汗出肢冷等肾不纳气的证候，治当补肾纳气，使肺之宣降正常，以此二药配伍治疗肺癌日久损及肾气之咳喘。

2. 养血补肝肾药对

（1）黄芪、当归：黄芪味甘，性温，归肺、脾经，《汤液本草》载"补五脏诸虚不足"，治一切气血亏虚证。当归味甘、苦，性温，归肝、心、脾经，《医学启源》载"能和血补血"，治血虚诸证。《内外伤辨惑论》载当归补血汤治疗血虚阳浮发热证。庞师临证，黄芪多取生用，一以补气，二取其托毒生肌，体现扶正兼顾祛邪的思想。大剂黄芪配伍当归补气生血，用于肺癌气血两虚证，症见神疲肢倦，面色不华，头晕眼花，心悸，气短，纳少便溏，女子可见月经周期提前或错后、经量增多或减少、经期延长、色淡质稀，舌质淡红，脉细弱。

（2）制首乌、黄精、枸杞子：制首乌味苦、甘、涩，性微温，归肝、心、肾经，《本草纲目》载"此物……所以能养血益肝，固精益肾，健筋骨，乌髭发，为滋补良药"。黄精味甘，性平，入脾、肺、肾经，《本草纲目》载"补诸虚，止寒热，填精髓"。枸杞味甘，性平，入肝、肾经，《本草经集注》载"补益精气，强盛阴道"。此三药配伍滋养肝肾之效卓著，庞师临证用于肺癌属肝肾不足者，症见头晕乏力、腰膝酸软、耳鸣耳聋，以及预防和治疗化疗所致的白细胞、血小板减少等骨髓抑制反应。

3. 养阴润肺药对

（1）沙参、麦冬、天冬：沙参味甘、微苦，性微寒，入肺、胃经，养阴清热、润肺化痰、益胃生津。古无南北之别，《药性统考》载"补阴泻火，专补肺气，清肺养肝，兼益脾胃"，《本草纲目》载其"清肺火，治久咳肺痿"。麦冬性味、归经、功效与沙参相似，此二药合用使养阴润肺之效更著。《温病条辨》载沙参麦冬汤以此二药相伍治疗燥伤肺胃阴分，或热或咳者。天冬，味甘、苦，性寒，归肺、肾经，《本草汇言》载"润燥滋阴，降火清肺之药也，统理肺肾火燥之为病"。庞师临证将天冬用于肺癌属阴虚内热、气阴两虚或放疗后热毒伤阴者，症见低热、多汗，干咳少痰，或痰黏不易咳出，口干咽燥，神疲乏力，大便燥结，舌红少津，脉细数。

（2）百合、生地黄、鲜石斛：百合，味甘，性微寒，归肺、心经，《本草纲目拾遗》载"清痰火，补虚损"。生地黄，《神农本草经》记载"味甘，寒。作汤除寒热积聚，除痹。生者尤良"，清热凉血、养阴生津，用于热病烦渴、阴虚内热、骨蒸消渴、阴伤便秘等症。《金匮要略》载百合地黄汤治疗百合病;《慎斋遗书》载百合固金汤治疗肺肾阴亏,虚火上炎,灼伤肺络。石斛味甘、淡,性微寒,归肺、胃、肾经。李时珍在《本草纲目》中评价其"强阴益精,厚肠胃,补内绝不足,平胃气,长肌肉,益智除惊,轻身延年"。此三药均为甘寒之品,养阴润肺,生地黄又能滋肾阴以养肺阴。庞师临证以鲜品入药,用于肺癌属肺肾阴虚者,症见咳痰带血,咽喉燥痛,手足心热,骨蒸盗汗,舌红少苔,脉细数;放疗灼伤肺阴致阴津不足、肺失所养,出现咳嗽、胸闷、胸痛、少痰等放射性肺炎症状。

4. 温阳散寒药对

附子、干姜、细辛:附子味辛、甘,性大热,归心、肾、脾经,《医学启源》载"《主治秘要》云,去脏腑沉寒;补助阳气不足,温热脾胃"。干姜味辛,性热,入肺、脾、胃、心经,"发诸经之寒气",温中散寒之要药。细辛味辛,性温,入肺、肾经,辛香走窜,鼓动肾中真阳之气。《伤寒论》载四逆汤回阳救逆,麻黄附子细辛汤治少阴表证。此三药合用,补阳散寒作用倍增,使阳虚得复、寒凝得散。庞师认为痰饮是肺癌形成、复发转移的重要病理基础,"病痰饮者,当以温药和之",所以临证常用性温之品温阳化饮;中晚期患者气阴两虚日久可伤及阳气,出现脾肾阳虚、寒凝毒结证,凡舌质无明显热象,均可施以温阳散寒之法,小剂量投以上药即可温振阳气、驱寒解毒,取得改善临床症状之效果。

5. 安养五脏药对

(1)柴胡、白芍:柴胡入肝、胆经,疏肝解郁、升发阳气,《本草经解》载"柴胡,其主心腹肠胃中结气者……故心腹肠胃中,凡有结气,皆能散之也";《本草纲目》载"十二经疮疽,须用柴胡以散结聚"。白芍味苦,性平,入肝、脾经,《滇南本草》载"收肝气逆疼,调养心肝脾经血,舒经降气,止肝气疼痛"。此二药合用,一散一收,使肝气疏而不过、敛而不碍邪,肝之疏泄功能得复。《黄帝内经》曰:"人有五脏化五气,以生喜怒悲忧恐""喜怒不节则伤脏"。庞师推崇形神合一的整体观,认为情志改变与脏腑功能相互作用,情志异常则脏腑气机逆乱,脏腑功能失调亦引起情志异常。七情内伤是肺癌发生、发展的重要因素,"肺在志为忧,肝在志为怒""肺藏魄,肝藏魂",故临证重视调节患者情志,以柴胡、白芍等理气解郁之品配伍应用治疗情志不遂、肝气郁结者,使气机调畅而五脏安。

（2）淮小麦、炙甘草：淮小麦味甘，性平，入心经，功能养心安神，用于神志不宁、失眠等症。甘草，《本草正》载"得中和之性，有调补之功"，炙用补益心脾之气的功效颇强。《金匮要略》载甘麦大枣汤治疗以精神恍惚、悲伤欲哭为证治要点之脏躁。处于围绝经期、绝经期的女性肺癌患者，如存在忧愁焦虑状态，庞师除进行心理疏导缓解紧张情绪外，用药常以甘麦为伍调养情志。

（3）酸枣仁、柏子仁：《本草纲目》载"酸枣仁，甘而润，故熟用疗胆虚不得眠，烦渴虚汗之证；生用疗胆热好眠。皆足厥阴、少阳药也……"朱震亨认为"血不归脾而睡卧不宁者，宜用此大补心脾，则血归脾而五脏安和，睡卧自宁"。《神农本草经》论柏子仁"味甘平，主惊悸，安五脏"。庞师认为肺癌患者夜不能卧，证属心肝两虚、阳不入阴之失眠，伴有焦虑、忧郁等情志改变者，治疗上可佐以养心安神药。

（十）庞德湘教授自拟肺金生方治肺癌经验

庞师认为肺癌为多病因相互作用的结果，病机复杂，正虚与邪实随病情进展而演变，治疗当重整体观念和辨证论治，强调辨证与辨病相结合，经过多年临床经验的积累，潜心研究并发掘《金匮要略》经典方剂——泽漆汤，结合现代中药药理研究成果，自拟肺金生方治疗肺癌、转移性肺癌，经多年临床观察具有调节免疫功能、延缓复发转移、提高生活质量和延长生存期的功效。拟方旨在益气宣肺、通阳化痰散结、扶正祛瘀攻毒。方药组成：泽漆30g，石见穿30g，桂枝6g，生晒参9g，白前10g，制南星6g，黄芩10g，甘草6g，蜂房6g，红豆杉8g，生姜7片。方中用泽漆为君，功专消痰行水；石见穿活血化瘀、清热利湿、散结消肿，助泽漆逐水消痰；桂枝、生姜通皮毛，宣肺通阳化饮，制南星、白前化痰散结止咳，四药合用，温化饮邪，散结止咳。生晒参、甘草健脾以扶正气，培补中气，佐黄芩以清泄水饮久留所化之郁热，蜂房、红豆杉解毒散结，甘草调和诸药并缓泽漆、红豆杉之峻。泽漆需久煎去其毒性，人参另炖充分发挥药效，药渣浴足，按摩涌泉升降气机，通络开郁。全方利湿化痰散结、扶正祛瘀攻毒，重视顺应脏腑特性、疏理肺脏气机。研究证实，肺金生方能够抑制肿瘤细胞的增殖，通过分子机制发挥抗肺癌转移的作用；肺金生方联合化疗治疗后，患者咳嗽、气急、痰中带血、低热、胸痛等肺癌常见症状有明显改善，尤其是咳痰、神疲乏力、自汗等气虚痰阻证候的改善明显优于单纯化疗的患者。

根据患者体质及病情不同，药物的选择可酌有侧重，随症加减。肺气亏虚者加党参、黄芪；肺阴亏虚者加百合、沙参、麦冬、生地、鲜石斛；血虚者可加当归补血汤；脾土不足者，加四君子汤或另处参苓白术散以培土生金；病程日久阴损及阳致脾肾阳虚者加附子、干姜、细辛；神疲、少气懒言者加黄芪、白术；咳嗽痰多黏稠者加全瓜蒌、川贝母；痰热壅结者，加鱼腥草、薏苡仁；咳嗽、痰中带血、咯血者，加仙鹤草、白及、茜草炭；胸痛、骨痛者，加乳香、没药、延胡索、川芎；纳差者加鸡内金、焦三仙；肠腑不通者加火麻仁、肉苁蓉；胸腔积液者，加葶苈子、黄芪、龙葵、半枝莲；骨转移者，加自然铜、鹿衔草、补骨脂；脑转移者加僵蚕、苍耳子、全蝎、守宫。癌性发热属阴虚者另处青蒿鳖甲汤；属气虚者处补中益气汤；属热毒蕴结者加白花蛇舌草、猫爪草、重楼。化疗致恶心、呕吐者加旋覆花、代赭石；致大便溏薄者加山药、菟丝子、白扁豆、诃子；致骨髓抑制者加制首乌、枸杞子、女贞子、鸡血藤。放疗致肺纤维化者加莪术、土鳖虫、炮山甲。分子靶向药物致皮疹者加白蒺藜、牡丹皮、防风、浮萍；致腹泻者则另处参苓白术散加减；致肝转氨酶升高者加垂盆草、平地木、茵陈。存在忧愁焦虑状态者加甘麦大枣汤，或另处疏肝解郁、宁心安神之方药。

案一 张某，女，75 岁

一诊：2010 年 8 月 11 日。

主诉：反复咳嗽咳痰 1 年余，胸闷气急 10 天。患者于 2009 年 5 月无诱因出现咳嗽咳痰，反复发作，偶有痰中带血丝，抗感染治疗效差，查胸部 CT 示：右上肺肿瘤性病灶并少许炎症性病变首先考虑；头颅 MRI 提示：颅内多发占位，转移瘤考虑；骨 ECT 示：右侧第 5 ~ 7 肋骨骨质代谢活跃；纤维支气管镜检查示：右侧上叶前段支气管见大量脓性分泌物。2010 年 8 月 27 日行经皮肺穿刺术，术后病理：右肺肿块穿刺组织见少量癌细胞，倾向腺癌。因拒绝放化疗和基因检测，于 2010 年 9 月 8 日开始口服吉非替尼 250mg，每日 1 次。症见咳嗽咳痰，胸闷气急，左侧肢体活动不利，日趋加重，时有头晕头痛，无恶心呕吐，无言语困难，无四肢抽搐等明显不适症状，纳寐差，二便可，伴体重减轻。舌暗红苔薄脉沉。治以利湿化痰散结、扶正祛瘀攻毒，方以自拟肺金生方加减。处方：泽漆 30g，石见穿 30g，桂枝 6g，黄芩 10g，白前 10g，制南星 6g，生晒参 9g，炙甘草 10g，浙贝母 10g，生牡蛎 30g，全瓜蒌 15g，薤白 10g，桔梗 12g，杏仁 10g，桑白皮 12g，川朴 10g，蜂房 15g，红豆杉 8g，天龙 2 条，焦三仙各 20g，生姜 3 片。方中以泽漆为君，功专消

浙江中医临床名家·庞德湘

痰行水，石见穿助泽漆逐水消痰；桂枝、生姜、制南星、白前温阳化饮，降气消痰；桔梗、杏仁宣肺止咳；桑白皮泻肺平喘；全瓜蒌、薤白通阳散结；生晒参、甘草健脾以扶正气，佐黄芩以清泄水饮久留所化之郁热，蜂房、天龙、红豆杉解毒散结。全方利湿化痰散结、扶正祛瘀攻毒，重视顺应脏腑特性、疏理肺脏气机，运用药对提高药物疗效。研究证实，肺金生方能够抑制肿瘤细胞的增殖，通过分子机制发挥抗肺癌转移的作用；肺金生方联合化疗治疗后，患者咳嗽、气急、痰中带血、低热、胸痛等肺癌常见症状有明显改善，尤其是咳痰、神疲乏力、自汗等气虚痰阻证候的改善明显优于单纯化疗的患者。

二诊：2010 年 9 月 24 日。咳嗽咳痰、左侧肢体乏力较前缓解，腹泻，呈水样便，日 6 次，伴脐周疼痛，仍感胸闷，纳差，舌暗红苔略腻，脉沉弱。仍遵前法，辅以健脾止泻。处方：上方去桔梗、杏仁、制南星、桑白皮，加茯苓 15g，白术 12g，炒米仁 30g，山药 30g，服药 3 剂后，腹泻好转，胸闷缓解。后随症加减益气养阴之品等方药，服药 20 余剂，咳嗽咳痰、胸闷基本消失，无肢体活动不利、腹泻等不适。患者服用吉非替尼加中药治疗至今，期间多次复查头颅 MRI、胸部 CT 均示病灶无明显增大，说明治疗方案疗效确切，达到了长期带瘤生存的目标。

案二 陈某，女

一诊：2010 年 8 月 11。

主诉：右肺癌末次化疗后 2 个月，咳嗽、胸闷气急 10 天。患者 3 个月余前因"反复咳嗽咳痰 2 个月余"查胸部 CT 示：右下肺占位，大小 3.7cm×2.6cm，右上肺癌伴纵隔及右肺门多发淋巴结肿大考虑，右侧胸腔积液，伴局部肺组织膨胀不全；胸腔积液涂片找到癌细胞；肺穿刺活检病理示腺癌。诊断：右肺腺癌（T2aN2M1a，Ⅳ期）。行 GP 方案化疗 2 周期，出现严重骨髓抑制和消化道反应，患者拒绝再次化疗，寻求中医药治疗。症见咳嗽咳痰，痰色白质黏，胸闷气急，动则加重，神疲乏力，口干不欲饮，纳少，夜寐安，小便量少，大便畅，舌淡苔薄脉沉细。复查胸部 CT 示：右上肺癌伴纵隔及右肺门多发淋巴结肿大，右侧胸腔积液较前增多。胸腔积液 B 超：右侧中等量胸腔积液。辨证：痰瘀互结、水饮内停，治则：通阳化饮、化痰散结，方以自拟肺金生方加减。处方：泽漆 30g，石见穿 30g，桂枝 10g，生晒参 9g，白前 10g，制南星 6g，黄芩 10g，全瓜蒌 15g，薤白 10g，葶苈子 15g，龙葵 15g，半枝莲 20g，蜂房 6g，红豆杉 8g，甘草 6g，大枣 15g，生姜 7 片。14

剂水煎服，早晚分服。

二诊：服上药后，口干、胸闷气急较前缓解，时有咳嗽咳痰，痰少质黏难咳，纳寐可，大小便正常，舌淡苔薄脉沉细。查胸腔积液 B 超：右侧胸腔积液较前减少。继予前方出入，加黄芪 30g，海浮石 20g，浙贝母 10g，牡蛎 30g。患者坚持服用中药治疗，诸症皆得以改善，定期复查肺部病灶稳定、胸腔积液减少，已带瘤生存 2 年余。

按语：肺癌患者病情复杂多变，邪毒恋肺，易合并他病。本例患者并发恶性胸腔积液，已属晚期，不能耐受化疗转而求诊于中医。肺癌患者由于痰瘀毒聚于肺中，阻滞肺脏气机，肺通调水道功能失调，水饮积于胸中。《金匮要略》曰："病痰饮者，当以温药和之"，治当通阳化饮、祛瘀攻毒，以自拟肺金生方为基本方，加葶苈子、大枣泻肺逐饮，龙葵、半边莲清热解毒又有利水之功，又寓瓜蒌薤白桂枝汤之意。全方攻补兼施，通阳泄浊、豁痰利气、化饮利水，初投即显效，故二诊"效不更方"，加黄芪补气行水，海浮石去肺中顽痰，浙贝、牡蛎加强化痰散结作用。

（郑 健 撰写）

三、陈滨海运用肺金生方诊治肺癌经验

（一）肺金生方的源流及方解

肺金生方源于泽漆汤。《金匮要略·肺痿肺痈咳嗽上气病脉证》中曰："咳而脉沉者，泽漆汤主之。泽漆汤：半夏半升，紫参五两，泽漆三斤（以东流水五斗，煮取一斗五升），生姜五两，白前五两，甘草三两，黄芩三两，人参三两，桂枝三两。上九味，㕮咀，内泽漆汁中，煮取五升，温服五合，至夜尽。"《脉经》云："寸口脉沉，胸中引胁痛，胸中有水气，宜服泽漆汤。"结合《脉经》及《千金方》所载之泽漆汤"治上气其脉沉者"理解，咳而脉沉，为痰饮瘀血内停，病邪在里。再以药测证分析，泽漆化痰解毒祛水之力甚峻，紫参今称石见穿，功能活血散坚，此二药皆为攻破之品，半夏、白前化痰止咳，黄芩清热解毒，又加入桂枝、人参、甘草之扶正，抓住主症，攻补兼施，以治癌肿，正为合理。

肺金生方即在此基础上再加入红豆杉、胆南星、蜂房等药，使其化痰解毒散结之功得到增强。该方常用剂量为泽漆 30g，石见穿 30g，生晒参 9g，

黄芩 10g，白前 10g，桂枝 9g，制半夏 9g，蜂房 15g，红豆杉 8g，制南星 6g，生姜 6g，甘草 6g 等。全方具有化痰解毒，益气扶正的功效。现代药理学研究也发现，红豆杉、石见穿、黄芩、人参等药含多种抗肿瘤成分。实验研究证实，肺金生方能够抑制肿瘤细胞的增殖，从而达到抗肺癌转移的作用。同时临床研究也表明，肺金生方联合化疗后，咳嗽、气急、痰中带血、低热、胸痛等肺癌常见症状明显改善。

笔者在此基础上喜欢加海浮石和莪术两药。《本草纲目》载海浮石"入肺除上焦痰热，止咳嗽而软坚"，海浮石有很好的化老痰的功效，尤其是其"软坚"之功，与肺癌正相符合。《药品化义》载莪术"主破积消坚，去积聚癖块"，历来被用于肿瘤性疾病。笔者认为，此二药药性平和，断无损气之弊端。现代药理研究显示，莪术具有较强的抗肿瘤作用。

（二）化痰解毒，抗癌根源——肺金生方抗癌靶点为"痰毒"

根据泽漆汤证原文的描述，肺金生方更适合于中晚期肺癌症状明显者，如咳嗽咳痰、胸闷气促、胸痛等。然而，笔者认为该方可用于肺癌患者的全程治疗，只要有"痰毒"证候皆能使用。寻其缘由，关键在于肺癌复发转移的机制。大多数为经历了手术及辅助放化疗等手段之后的康复期肺癌患者，西医认为此阶段无须治疗，只需随访观察。而有众多研究表明，肺癌患者术后及辅助放化疗后有高达 50%～70% 的复发率，这也是其 5 年生存率低于 15% 的主要原因。近年来，众多的肿瘤学家也认为，影像学的"无瘤"并不代表血液、淋巴液"无瘤"，同时也有大量研究表明此阶段患者很可能存在"微转移"，这就是其日后转移复发的根源。因此，肺癌患者高复发、高转移的根源在于体内残余的"痰毒"，只要"痰毒"未消，复发及转移是必然的。

中医病机学认为，五脏皆可生痰，非独肺也，而肺独甚也。传统病机认为，"肺为贮痰之器"，可见肺与痰之间有着直接密切的联系。大量的临床病例总结认为，咳嗽咳痰也是肺癌最为常见的临床表现。肺为娇脏，最为空灵，却最易生痰。临床上，几乎所有的肺部疾病都有"痰"的症状，可见，"痰"在肺部疾病的发生发展中有着非常重要的作用。良性的肺部疾病几乎都离不开"痰"这个病理产物，唯独肺癌，仅用"痰"解释不了其恶性的病程，同时仅用"毒"也解释不了其"转移"的特性，痰即痰浊，毒即毒邪，痰具有流窜性，毒具有消耗性，痰浊与毒邪胶结不化而成痰毒，所以笔者提出了肺癌转移的"痰毒"理论。因此控制肺癌转移的关键在于成功逆转其"痰毒",故其治疗原则为化痰解毒,而肺金生方正是为对抗"痰毒"而设。

（三）加减变化,法活机圆——肺金生方的加减运用规律

张仲景《伤寒论》第十六条曰:"观其脉证,知犯何逆,随证治之",指出了辨证论治的原则。根据病机而立治法,选方用药,是治病至关重要的环节。加之肺癌的病因病机非常复杂,症状错综,因此肺金生方的运用应根据患者体质及病情不同,药物的选择可酌有侧重,随症加减。

从病机而言,肺气亏虚者加黄芪、党参等;肺阴亏虚者加南北沙参、天麦冬、百合、生地、鲜石斛等;血虚者可加黄精、制首乌、当归、熟地、白芍等;脾气亏虚者加四君子汤或合参苓白术散以培土生金;脾气下陷者合补中益气汤;夹痰湿者加平胃散、薏苡仁等;夹痰热者加鱼腥草、金荞麦、黄芩等;病程日久阴损及阳,致脾肾亏虚者加附子、干姜、紫河车、杜仲、菟丝子、鹿角胶等。

从症状而言,咳嗽痰多者加全瓜蒌、浙贝母、竹沥等;痰中带血者,合止痉散;咯血者加仙鹤草、白及、茜草炭、生地炭、侧柏炭等;胸痛胸闷者加瓜蒌、薤白、香附、钩藤等;四肢疼痛者加桑枝、牛膝、乳香、没药、延胡索等;纳差者加鸡内金、炒麦芽、焦山楂等;大便秘结者加虎杖根、火麻仁、肉苁蓉、大黄等;恶心呕吐者加旋覆花、代赭石、姜半夏、姜竹茹等;癌性发热属阴虚者合青蒿鳖甲汤,属气虚者合补中益气汤,属热毒蕴结者加白花蛇舌草、重楼、银花、连翘、黄芩等。

从转移脏、肢体而言,胸膜转移胸腔积液者加葶苈子、龙葵、半枝莲、汉防己等;骨转移者加自然铜、补骨脂、鹿衔草等;脑转移者加守宫、僵蚕、全蝎、钩藤等;淋巴结转移者加猫爪草、山慈菇、夏枯草、牡蛎、浙贝母等;肝转移者加平地木、垂盆草、茵陈、焦栀子等。

（四）验案举隅,临证心悟——运用肺金生方的验案及体会

案一 张某,男,62岁

一诊:2013年4月20日。

患者于2013年1月10日因"反复咳嗽咳痰半年余,确诊肺癌1周"就诊某医院,查胸部CT示:左上肺占位,大小约5.1cm×4.7cm,两肺内多发结节,左肺门及纵隔多发淋巴结肿大考虑,双侧少量胸腔积液;肺穿刺活检病理示鳞状细胞癌;全身骨骼ECT示左侧多处肋骨代谢异常活跃,骨转移考虑。诊

浙江中医临床名家 · 庞德湘

断：左肺鳞癌骨转移。行 TP（紫杉醇联合顺铂）方案化疗 4 周期，出现严重骨髓抑制和消化道反应，患者拒绝再次化疗，寻求中医药治疗。症见面色微黄无华，形容瘦削，咳嗽咳痰，痰白质黏，左侧胸部隐痛，神疲乏力，少气懒言，时有呕呃，口淡无味，纳谷不香，大便稀溏，寐安，小便通畅，舌淡苔薄腻，边有齿痕，脉沉细滑。辨证：肺积（肺脾气虚，痰毒内结）。治则：化痰解毒，补气健脾，方以肺金生方加减。处方：泽漆 30g，石见穿 30g，生晒参 9g，桂枝 12g，白前 10g，制南星 6g，蜂房 6g，红豆杉 8g，茯苓 15g，莪术 12g，姜半夏 9g，海浮石 12g，补骨脂 15g，焦山楂 30g，炙甘草 6g，大枣 15g，生姜 7 片。14 剂，水煎服，早晚分服。

二诊：胸痛咳嗽及乏力纳差症状较前减轻，继续予以上方加减治疗，随访 1 年余病情稳定。

案二 王某，男，79 岁

一诊：2013 年 6 月 11 日。

患者于 2012 年 11 月 2 日因"反复咳嗽咳痰 1 个月余"就诊某医院，查胸部 CT 示：左肺门占位，大小约 3.4cm×3.1cm，纵隔多发淋巴结肿大考虑，左侧大量胸腔积液；肺穿刺活检病理示腺癌；左侧胸腔积液找到脱落细胞；EGFR 突变型。诊断：左肺腺癌胸膜转移。予以吉非替尼口服靶向治疗 8 个月余，肺部肿块曾一度缩小，后考虑耐药而停药，同时患者拒绝化疗而寻求中医诊治。症见咳嗽少痰，神疲乏力，口干，心悸，睡眠多梦，纳差便干，小便通畅，舌淡苔干，脉细。辨证：肺积（气阴两虚，痰毒内结）。治则：化痰解毒，益气养阴，方以肺金生方加减。处方：泽漆 30g，石见穿 30g，太子参 30g，白前 10g，蜂房 6g，红豆杉 8g，黄芪 30g，黄芩 9g，麦冬 12g，生地黄 15g，百合 12g，蛇舌草 30g，山海螺 30g，海浮石 12g，焦山楂 30g，炙甘草 6g，大枣 15g。7 剂，水煎服，早晚分服。

二诊：诸症减轻，继续予以上方加减治疗，随访 1 年余病情稳定。

中医向来注重整体观念，主张内因与外因相统一，故肺癌是一种全身性疾病在局部的表现，局部属实，全身属虚，辨证施治时应把肺部病理变化与全身病理反应联系起来。而肺金生方治疗肺癌主要针对"痰毒"而设，必须三因制宜，随症治之。想起庞师时常对我们说的："方有动静之变，药有刚柔之殊，理气慎用刚燥，养血慎用滋腻，一则伤胃阴，一则伤脾阳"。案一肺癌患者出现骨转移、恶病质，病属晚期，预后差。四诊合参，辨为肺积，证属肺脾气虚，痰毒内结。肺失通调，脾失运化，痰毒内生，聚于胸中，阻滞气机。《金匮要略》曰："病痰饮者，当以温药和之"，故以化痰解毒的肺金生方为基本方，加苓桂术甘汤合二陈汤温化痰饮而收到较好的临床疗效。案二患者出现胸膜转移，靶向药物治疗后出现耐药，同时拒绝化疗，治疗手段有限，生存率低。四诊合参，辨为肺积，证属气阴两虚，痰毒内结。痰毒日久，耗气伤阴，体内一派阴液不足之象，故仍以肺金生方加减，去桂枝、制南星、生姜之刚燥，加百合地黄汤合生脉散之滋阴生津、养心安神之力，故收到较好的疗效。两例患者一例偏气虚，一例偏阴虚，体质有异，故用药不同。

（陈滨海 撰写）

四、庞师养生观

庞德湘，七代业医，临证 40 余载，不仅临床经验丰富，对中医养生也颇有研究，尤其受《黄帝内经太素》思想影响，十分推崇。总结归纳其养生观念，大体分为内养身心、外御邪气、善寻导引三类。

（一）内养身心：淡薄以明志、随性而自然

中医认为致病因素无外乎三类：内因、外因及不内外因，且以前两者为甚。当今社会生活变化迅速，人们在享受美好生活的同时，常常遭遇各种不同的情绪影响，而负面的心理情绪作为致病因素时常影响到人们的身心健康。《素问·百病始生》云："喜怒不节则伤脏，脏伤则病起于阴也。"作为一名医疗和养生领域的专家，庞师心态豁达开朗，待人接物十分随和，个人生活同样非常简朴。在对待学术问题时，庞师辛勤钻研，对待名利却看得很轻，用他个人的话来描述就是："对中医的坚持是我个人的兴趣使然，热爱这份事业，并将之服务于众，自觉十分满足。"《素问·上古天真论》云："恬惔虚无，真气从之。"恬者，内无所营；惔者，外无所遂。庞师深得其法，身体力行，不但个人谦和随性，在诊疗时时常宽慰患者，他豁达的"好脾气"深深影响了身边的同事、学生及诸多就诊的患者。负面情绪作为内在发病因素越来越常见，而通过身心颐养，注重自我心理疏导，生活淡泊质朴，内心平和宁静，外不受物欲的诱惑，内不受情绪的激扰，劳工之余，静以养心，七情六欲则不能伤人，同时避免外邪侵袭，则内外之因皆除，而达养生却病之效。

（二）外御邪气：合四时之变、适天气变动

"天气"，是五运六气学说中的概念，指的是风、寒、暑、湿、燥、火等六种自然气候，而非时之气称为"六邪"。天气主降，地气主升，相辅相成，主宰万物的运行周转，四季因此更替。庞师认为，人生在天地之间，应根据四季之变换，顺应天气之变动，并应适时抵御邪气侵袭。以春季为例，此时气候温和，舒适度高，但刚刚经历寒冬，人体的阳气其实相对缺失，因此春季应注重维护阳气，避免受寒，初春时不宜进行剧烈运动，以免耗伤阳气。而盛夏季节，外界阳气充实，人体与之适应，应适当增加运动量，此时阳气蒸腾于外，阴气伏于内，运动时间应避免午间时分，若此时在外活动，会由于阳气蒸腾过盛而中暑热之邪致病；而在其他方面，过食冰冷食物或过分贪凉又会因为寒邪损伤阳气而致病。秋金肃杀收敛，秋季应当转变思维，开始侧重于收敛，减少户外运动量，避免阳气的耗伤，且秋天易受燥邪侵袭，肺脏最易受累，应加强自我保护。冬季严寒，属至阴，最易耗损阳气，应最大程度地避免阳气的耗散，使阴阳平衡。此时应早睡晚起，随太阳的起伏而进行作息安排，户外锻炼也应该在阳光充足的时候进行。

（三）善寻导引：纳天地精气、寻导引之法

所谓"导引"，是古代保健和防治疾病功法的总称，需将动作、呼吸及精神调节相结合，动作轻柔和缓，同时精神集中，心无杂念，动静结合，最为适宜。只因其需医者传授，并需结合患者自身习练等原因而渐渐失去了应有的治疗和养生地位，不被后世医家所重视。《黄帝内经》中对导引之术早有记载，《素问·上古天真论》说："上古有真人者……呼吸精气，独立守神，肌肉若一，故能寿敝天地，无有终时。"即古时真人通过研习导引而起到了延年益寿之效。《素问·刺法论》又有记载："肾有久病者，可以寅时面向南，净神不乱思，闭气不息七遍，以引颈咽气顺之，如咽甚硬物，如此七遍后，饵舌下津令无数"，列举了一种肾病患者为治病固本而进行的导引之法，五脏皆有法则，以此类推。庞师对导引之法十分推崇，时常研习。他认为导引之术不同于一般的体育运动，需同时将肢体、呼吸及精神调节相结合，不仅适用于普通群众，更适合那些体质虚弱，不宜进行剧烈运动的患者。太极拳、五禽戏、八段锦、易筋经、静息打坐等均为比较好的健身功法，入门较为简便，可以作为老年人及体弱者四时的主要运动功法，锻炼时应注意动作与气息的配合，锻炼效果应以微微汗出为宜。至今，导引疗法已经成为庞师治疗肿瘤康复期患者的常用方法之一。

（四）医案精粹

案一 患者，女

一诊：2010 年 8 月 11 日。

患者就诊前 3 个月因"反复咳嗽咳痰 2 个月余"就诊于浙江大学医学院附属第一医院，查胸部 CT 示：右下肺占位，大小 3.7cm×2.6cm，右上肺癌伴纵隔及右肺门多发淋巴结肿大考虑，右侧胸腔积液，伴局部肺组织膨胀不全；胸腔积液涂片找到癌细胞；肺穿刺活检病理示腺癌。诊断：右肺腺癌（T2aN2M1a，Ⅳ期）。行 GP 方案化疗 2 周期，出现严重骨髓抑制和消化道反应，患者拒绝再次化疗，寻求中医药治疗。症见咳嗽咳痰，痰色白质黏，胸闷气急，动则加重，神疲乏力，口干不欲饮，纳少，夜寐安，小便量少，大便畅，舌淡苔薄，脉沉细。复查胸部 CT 示右上肺癌伴纵隔及右肺门多发淋巴结肿大，右侧胸腔积液较前增多。胸腔积液 B 超示：右侧中等量胸腔积液。辨证：痰瘀互结，水饮内停。治则：通阳化饮、化痰散结，方以自拟肺金生方加减。处方：泽漆 30g，石见穿 30g，桂枝 10g，生晒参 9g，白前 10g，制南星 6g，黄芩 10g，全瓜蒌 15g，薤白 10g，葶苈子 15g，龙葵 15g，半枝莲 20g，蜂房 6g，红豆杉 8g，甘草 6g，大枣 15g，生姜 7 片。14 剂，水煎服，早晚分服。

二诊：2010 年 8 月 25 日。服上药后，口干、胸闷气急较前缓解，时有咳嗽咳痰，痰少质黏难咳，纳寐可，二便正常，舌淡苔薄脉沉细。复查 B 超示：右侧胸腔积液较前减少。处方：泽漆 30g，石见穿 30g，桂枝 10g，生晒参 9g，白前 10g，制南星 6g，黄芩 10g，全瓜蒌 15g，薤白 10g，葶苈子 15g，黄芪 30g，海浮石 20g，浙贝母 10g，牡蛎 30g，龙葵 15g，半枝莲 20g，蜂房 6g，红豆杉 8g，甘草 6g，大枣 15g，生姜 7 片。14 剂，水煎服，早晚分服。

患者坚持服用中药治疗，诸症皆得以改善，定期复查肺部病灶稳定、胸腔积液减少，带瘤生存 2 年余。

按语：肺癌患者病情复杂多变，邪毒恋肺，易合并他病。本例患者并发恶性胸腔积液，已属晚期，不能耐受化疗转而求诊于中医。肺癌患者由于痰瘀毒聚于肺中，阻滞肺脏气机，肺通调水道功能失调，水饮积于胸中。《金匮要略》曰："病痰饮者，当以温药和之"，治当通阳化饮、祛瘀攻毒，以自拟肺金方为基本方，加葶苈子、大枣泻肺逐饮，龙葵、半边莲清热解毒又有利水之功，又寓瓜蒌薤白桂枝汤之意。全方攻补兼施，通阳泄浊，豁痰

利气，化饮利水，初投即显效，故二诊"效不更方"，加黄芪补气行水，海浮石去肺中顽痰，浙贝、牡蛎加强化痰散结作用。

案二 陈某，女，61岁

一诊：2015年9月8日。

患者于2015年6月14因"上腹部隐痛"就诊于浙江大学医学院附属第一医院，确诊为"胃恶性肿瘤，肝脏多发转移"，病理提示："低分化腺癌"，临床分期：T4N2M1。无手术及介入治疗指征，予SOX方案化疗3周期。今为化疗第5天。症见面色萎黄，食欲不佳，乏力明显，手术刀痕处隐痛，大便质稀，难以成型，夜寐欠佳，时常惊醒，近3个月体重减轻约10kg，舌淡白，苔薄，脉滑。辅助检查：2015年9月6日血常规：WBC $3.1×10^9$/L，NE $1.7×10^9$/L，HGB 101g/L，PLT $215×10^9$/L；生化：白蛋白31.5g/L；CEA 35.4ng/ml，CA199 69U/ml；AFP 244μg/L。四诊合参，属气血津液辨证中的气血两虚证，治则以益气养血为主。处方：炙黄芪50g，当归10g，党参15g，白术12g，茯苓12g，陈皮10g，制半夏10g，防风12g，熟地黄15g，黄精15g，麦冬15g，枸杞子12g，重楼9g，全蝎6g，石斛12g，酸枣仁15g，远志12g，香茶菜9g，炒二芽各15g，生姜3片，水煎服，共14剂。

二诊：2015年9月22日。拟9月24日进行第4周期化疗，患者诉乏力、易疲劳明显好转，食欲较前有所增加，大便恢复如常，夜间睡眠仍差，仅休息3～4小时，舌淡，苔白，脉弱。复查血常规基本同初诊，白蛋白33.6g/L。仍以益气养血为主，养心安神为辅。处方：炙黄芪30g，当归10g，党参15g，白术12g，茯苓12g，陈皮10g，制半夏10g，防风12g，熟地黄15g，黄精15g，麦冬15g，枸杞子12g，石斛12g，柏子仁10g，五味子9g，炙甘草6g，酸枣仁15g，远志12g，香茶菜9g，炒二芽各15g，生姜3片，水煎服，共14剂。

三诊：诸证尚平和，夜间睡眠质量较前改善。直到患者做完6周期化疗，皆以上方随症加减，化疗过程较为顺利。

按语：患者胃癌晚期，无手术指征，首诊时为SOX方案化疗第5天，以乏力、纳差为主诉，伴有体重减轻，大便不成形，夜寐不佳等不适，辅助检查结果提示Ⅰ°骨髓抑制，蛋白偏低。辨证当属气血两虚，尤以心脾两虚为主，患者化疗期间，治疗时以顾护患者正气为主，配合少许散结药物，方以归脾汤为基础方，方中重用黄芪50g，加强益气养血的作用，六君子汤旨在益气健脾，脾气得健，则气血得以源源不断化生，配合熟地黄、黄精、麦冬、石斛、枸杞子等滋补肾精，生姜止呕，以玉屏风散顾护肌表，防外邪趁虚而入；方中重楼、全蝎、半夏等为消瘀化痰散结之品，配合化疗药物，直中病灶；炒二芽及香茶菜等有消食开胃之功，所谓"得胃者生，失之则死"，患者的胃纳是否充足，直接影响患者的预后。二诊时患者一般状况较前改善明显，仍有失眠，偶有惊醒，考虑患者为心血亏虚为主，在原方基础上加柏子仁、五味子及炙甘草，取养心安神之意；当时患者处于下一周期化疗前两天，于是停用了重楼、全蝎等散结药物，避免攻伐太过，伤及正气。全方攻补兼施，以益气健脾，养血安神为主，配合少许散结药物，收到了良好的治疗效果。在化疗的不同阶段，通过辨病与辨证结合，适时调整用药方案往往疗效甚佳。

案三 叶某，男，52岁

一诊：2015年2月28日。

2014年12月底无明显诱因下出现中上腹隐痛，遂就诊于杭州市第二医院，查腹部CT发现腹腔肿物；胃镜提示："胃外压性肿物"；胃镜病理：①胃体下段后壁低-未分化癌伴坏死；②胃黏膜慢性炎。腹腔肿物穿刺病理：上腹腔低分化癌伴坏死。明确诊断：胃癌腹腔转移。无手术指征，遂于2015年2月1日及2015年2月24日行XELOX方案化疗2周期，今为患者第二次化疗后4天。症见双下肢凹陷性浮肿，上腹部偶有隐痛，乏力，易疲劳，胃纳不佳，小便短少，大便质稀，尚成形，夜寐可，舌质淡胖，苔薄，脉迟无力。辅助检查：2015年2月28日杭州市第二医院 WBC $3.7 \times 10^9/L$；NE $1.7 \times 10^9/L$；生化及二便常规无殊，予利尿剂口服，效果不佳，要求中药配合治疗。辨证属脾肾阳虚，水液内停证，治以温肾健脾，利水消肿为主。处方：附子9g，干姜15g，白术12g，茯苓皮30g，陈皮9g，厚朴10g，大腹皮15g，桑白皮15g，玉米须30g，生姜3片，香茶菜9g，炒二芽各15g，炙甘草6g，水煎服，共14剂。

二诊：2015年3月14日。患者双下肢浮肿明显好转，小便量较初诊时增多，胃脘部偶有隐痛，大便成形，纳不振，夜寐可，舌质淡胖，苔少，脉弱。拟2015年3月17日行下一周期化疗。治以益气健脾，行气和胃为主。处方：附子9g，党参12g，白术12g，茯苓20g，陈皮9g，厚朴10g，砂仁6g，薏苡仁30g，生姜3片，香茶菜9g，炒二芽各15g，炙甘草6g，水煎服，共14剂。

三诊：2015年3月28日。患者水肿已退，化疗后出现轻度消化道反应，时有恶心感，进食后明显，伴有呕吐，舌淡苔白，脉缓。治以益气和胃，降

浙江中医临床名家·庞德湘

逆止呕为主。处方：旋覆花（包煎）12g，代赭石 20g，姜半夏 10g，党参 12g，白术 12g，茯苓 12g，砂仁（后下）6g，焦神曲 30g，藿香 10g，佩兰 10g，红枣 15g，生姜 6g，炙甘草 6g。

服药后患者呃逆感逐渐好转，顺利完成预定 6 周期化疗。

按语：患者胃癌，无根治性手术指征，初诊时以双下肢浮肿及小便短少为主诉，同时伴有胃脘隐痛，大便稀，胃纳不佳等不适。四诊合参，辨证属脾肾阳虚，水液内停证。患者受化疗之药毒，直中脏腑，损伤脾肾阳气，加之患者脾气本虚，无力充养。盖水之制在脾，水之主在肾，肾中阳气虚衰，则小便不利；水湿泛溢于四肢，则肢体浮肿；流于肠间则腹痛下利。方选实脾散合五皮饮加减，实脾散旨在温阳健脾，行气利水，所谓审证求因，治病求本，佐以五皮饮加玉米须以加强利水之功，标本同治；炒二芽及香茶菜旨在健脾和胃，且香茶菜有散结之功。二诊时，患者水肿好转明显，停五皮饮，避免耗伤津液过度；当时处于下一周期化疗前 3 天，加党参、茯苓、薏苡仁等，配合白术等，取益气健脾之意，且具利水渗湿之功；焦山楂消食开胃，合二芽及香茶菜加强健脾和胃之功。三诊时，患者出现消化道反应，去原方改旋覆代赭汤为基础，配伍适量温阳益气药物。临证时，应优先解决患者主要矛盾，同时顾护先后天之本，以期标本兼治，常能奏效。对于中晚期肿瘤患者，目前仍然缺乏根治性治疗手段，通过中西医结合治疗，实现患者长期带瘤生存，提高生活质量仍为日常工作之重心。

（陈　冬　撰写）

五、庞德湘教授治疗靶向药物不良反应经验

跟随庞师门诊中，肺癌患者居多，临床中运用中医药理论进行辨病与辨证相结合，使用中药方剂常能有效缓解靶向治疗的不良反应，改善患者生存质量，且不影响靶向药物疗效。

（一）皮肤毒性

肺癌 EGFR-TKI 相关的皮肤毒性的分布比例以皮疹最为常见，占全部皮肤毒性的 45%～100%，以痤疮样皮疹常见，皮肤干燥或瘙痒占 7%～35%，以及脱发、指甲异常等。皮肤毒副反应不但会影响患者的外观、生活质量、心理状况及对药物的依从性等，甚至有研究指出，部分患者因不能耐受此等

皮肤毒性而需要减药或停药。西医治疗以抗生素及激素治疗为主，如局部涂抗生素软膏或碘伏溶液。中医认为毒邪致机体气滞血瘀、血虚等，从而发为本病。

庞师认为，分子靶向治疗药物引起的皮肤毒性，属中医"药毒"范畴，病因病机可概括为"先天不足，或久病体虚，药毒侵犯机体，毒入营血化热，易于风邪、湿邪相合；肺合皮毛，邪毒内蕴，泛溢皮肤而为皮疹，肌肤失荣、气血失和见肌肤瘙痒，重者可内传脏腑"，可分为风热、湿热、血虚、血热四证，临床当根据病机变化随症治之。中药可予扶正为主，祛邪为辅。如四君子汤、八珍汤等化裁，加以消风散、麻杏苡甘汤等。若疹色鲜红，疹痒热痛，口腔糜烂，属风热型加白蒺藜、牛蒡子、知母、牡丹皮；血热型加赤芍、白鲜皮、黄芩清热凉血；阴虚型加黄精、枸杞子、山萸肉养阴生津；皮肤瘙痒明显者，可加荆芥、防风、蝉蜕、浮萍等祛风止痒；浮肿者，可加冬瓜皮、茯苓皮等行气消肿；若出现手足综合征，即四肢皮肤感觉迟钝，或刺痛、麻木等，可加天龙、鸡血藤、红藤等活血通络。而中医外治方面，可予紫草、金银花、红藤等煮水浸泡；重者可予四妙勇安汤、桂枝汤等调和营卫活血等治疗。

（二）腹泻

在肺癌靶向治疗常见的不良反应中，腹泻的发生率仅次于皮疹，位居第二位。西医治疗并无有效预防手段，一般认为食用低纤维、易消化等食物来进行缓解便可，禁忌食用生冷、辛辣食物。只有在必要的时候需要服用蒙脱石散，严重时则要使用洛哌丁胺来对肠黏膜进行保护，以纠正体内水电解质紊乱。

庞师认为分子靶向药物虽然不良反应较化疗小，但仍属攻伐之品，应归于中医"药毒"范畴，认为肺癌靶向药物之毒最易侵犯上焦与中焦。药毒之邪直中脏腑，侵犯上焦，直接犯肺，肺主宣发肃降，肺气虚损，则通调水道功能失常，水液不行膀胱而走大肠，大肠传导失常，水液吸收发生障碍，精浊不分，混杂而下，发为泄泻；侵犯中焦则损害脾脏，脾主运化功能异常，水饮痰湿内生，壅滞中焦，清浊不能正常升降，并走肠道，则为泄泻。应用靶向治疗药物后出现的腹泻多属脾虚致泄，因虚所以易泻，因泻所以愈虚，治以参苓白术散、小建中汤等加减，温中健脾止泻。久泻者，可予乌梅丸、四神丸等加减；湿热重者，予黄芩、黄连、半夏等清热燥湿；脾胃虚寒者，加生姜、白术、砂仁温中止泻；庞师常加焦三仙以顾护中焦，增食欲，助消食，脾健则正气足，正气足则能奋力抗邪。

（三）间质性肺炎

分子靶向药物所致的间质性肺炎（interstitial lung disease，ILD）的发病率约为1%，虽然吉非替尼引起 ILD 的发病率不高，75% 以上的 ILD 发生在吉非替尼使用后的 3 个月内，但其病死率高达 50%。西医的防治措施包括应用糖皮质激素、控制感染、机械通气等。中医药在治疗 ILD 的临床研究中取得了一定疗效。

庞师提倡间质性肺炎采用中西医结合治疗，以中药结合糖皮质激素来进行治疗，在应用激素的同时配合中医药治疗对缓解病情及减轻激素引起的不良反应起到了很大作用。若是在肺纤维化期，可考虑主要以中药治疗为主。庞师认为靶向药物所致的间质性肺炎在早期以实热证居多，属痰热闭肺，治疗以清热化痰为主。早期、急性期邪势较重，来势较急，损害较甚，患者咳嗽、气急症状明显，治以宣肺理气，泻热化痰，处方可拟桑白皮汤、清金化痰汤加减，咳甚者加黛蛤散、百部；咽干不利者则加人中白、蝉衣、浮萍、木蝴蝶、射干、冬凌草；痰热甚者加肺形草、鱼腥草、瓜蒌皮等；苔腻，痰湿盛者用二陈汤加胆南星、苍术等。中后期病邪迁延阻滞，痰瘀内闭，久病必瘀，久病必虚，肺、脾、肾三脏亏虚，邪气留滞，致虚实夹杂或上实下虚，当以补土生金、滋阴降火、补肾纳气为法，加以化瘀之品，临床取得较满意疗效；临床多用四君子汤、麦门冬汤、葳蕤汤或增液汤化裁，随症加减黄芪、太子参、石斛、枸杞子、菟丝子、黄精等。

当然，靶向药物也有肝功能损害、眼部炎症、肾功能损害等不良反应，庞师在临床上常结合症状、舌脉等辨证论治，辨病与辨证相结合，扶正与祛邪相结合，理论与疗效相结合。注意调整机体的阴阳平衡，达到"阴平阳秘，精神乃治"。

靶向药物治疗是一把"双刃剑"，我们应对药物的轻中度不良反应给予积极处理，不轻易调整药物剂量；另外，应当充分意识到靶向药物不良反应的多样性和严重性，尽早使用中医药介入治疗，使中医药治疗贯穿全程，分段论治，做到中医药的"靶向治疗、个体化医疗"，真正发挥靶向药物的最大效力，给患者带来最多的临床效益。

（姚　成　撰写）

六、王文成跟师心得

王文成，女，博士，主任医师，研究方向：中西医结合治疗肿瘤，庞德湘省级名老中医药专家传承工作室核心成员，浙江省立同德医院肿瘤科主任中医师，第五批全国老中医药专家学术经验继承人，国家二级心理咨询师，中国老年学和老年医学学会肿瘤康复分会委员，浙江省中西医结合学会肿瘤专委会委员，浙江省肺癌诊治研究中心专委会委员，浙江省肿瘤防治联盟小细胞肺癌专委会委员，从事中西医结合治疗肿瘤的临床、教学和研究工作近30年，擅长恶性肿瘤（尤其是肺癌、胃癌、大肠癌、胰腺癌、肝癌、乳腺癌、妇科肿瘤等）的中西医全程管理与治疗，临床经验丰富。

闻诊，是通过听声音和嗅气味来诊察疾病的方法。张仲景在《伤寒论》和《金匮要略》中以患者的语言、咳嗽、喘息、呻吟等作为闻诊的主要内容，但后世医家将闻诊从耳听扩展到鼻嗅，如嗅病体发出的异常气味等。正如清代王秉衡所说："闻字虽从耳，但四诊之闻，不专主于听声也。"但庞师认为，病情比较严重时，患者身上有些气味是能闻得到的，但现在有些患者因化妆、喷香水，遮掩了病气。临床上庞师不是一概否认闻诊，他认为亦可以从病变声音的特征来判断病变的寒热虚实等。如咳嗽，若咳声重浊沉重，多属实证，是寒痰湿浊停聚于肺，肺失肃降所致；若咳声轻清低微，多属虚证，多因久病肺气虚损，失于宣降所致等。例如，金某，男，42岁，2013年3月14日就诊。患者咳嗽10余年，闻之干咳无痰，结合舌脉左关弦，两尺虚浮，舌苔薄腻，为肾阴亏虚，虚火上扰，由肾及肺，肺阴亏损，失于滋养，肺失清肃所致。故庞师投以引火归元法，方用六味地黄丸加肉桂、五味子、炒当归，以热治热，热因热用，引火归元，值得我们效仿。《医方集解》云："六味地黄丸加肉桂名七味都气丸，能引无根之火，降而归元。"

问诊，是了解病情，诊察疾病的重要方法。明代医家张景岳认为问诊为"诊察之要领，临证之首务"，说明问诊在诊察疾病中占有重要作用。因为从问诊中可知患者病情发生、发展、变化的过程及治疗经过，以及其自觉症状，既往病史、生活史和家族史等。但庞师认为，"一问头身二问汗"，可以从头问到脚，但不能乱问。问诊包括较多内容，必须是有目的地询问，摒弃患者自诉中的假象，结合舌脉，才能辨证立方。例如，吴某，男，48岁，因觉"口味异常"于2013年3月8日就诊，经问诊得知其嗳酸，口苦，诊

得左关弦，右脉缓，舌苔薄黄腻，拟逍遥散加减调和之。庞师认为，木乘土的胃病往往口苦、嗳酸，口淡多为脾胃气虚，口甜多发于脾胃湿浊重者，口咸则多见于肾虚者，故对口味异常的患者要仔细问其所苦。该患者有口苦、嗳酸等不适，为肝火犯胃，脾胃不和，故予逍遥散加减疏肝和胃。下附验案一例：

严某，男，65 岁，因"胰腺癌术后 2 个月余"于 2012 年 12 月 31 日初诊。

患者于 2 个月余前无明显诱因出现上腹部疼痛伴腹胀、恶心呕吐，于萧山人民医院就诊，诊断"急性胰腺炎"，后因反复腹痛腹胀就诊于杭州市第一人民医院，先后行"ERCP 支架更换"4 次。8 个月前复查腹部增强 CT 提示胰腺占位，PET-CT 示胰腺肿瘤伴胰头后方多发淋巴结转移，于 2012 年 10 月 18 日在浙江大学医学院附属第二医院行"根治性胰十二指肠切除术＋脾切除术"。病理：导管内乳头状黏液腺癌，淋巴结 0/21，术后未行化疗。现一般情况可，口干，胁肋不舒，复查 CEA 6.4ng/ml，B 超未见异常。舌红苔薄黄腻，脉细弦。辨证属浮梁（肝阴亏损兼湿热内蕴）。治法：养阴清热，解毒利湿。处方：北沙参 15g，麦冬 15g，生地黄 15g，枸杞子 15g，五味子 15g，石斛 12g，知母 30g，黄芩 15g，青蒿 15g，三叶青 15g，八月札 15g，柴胡 12g，麦芽 15g，鸡内金 12g，甘草 10g。

按语：本病在中医文献中无确切病名，可归属"积聚""黄疸""浮梁"等范畴，常见症状有中上腹部胀或痛，食欲减退，恶心、呕吐，消瘦，乏力，发热，黄疸等。胰腺为脾经所辖，从属消化系统，病变责之肝胆、脾胃功能失调，主要是由于肝郁气滞、饮食不节，运化失司，湿热内生，邪凝毒结，形成肿块，属于难治性病证，其病机变化多端，病情复杂，进展迅速，预后较差。

本例患者根据舌脉辨为肝阴亏损兼湿热内蕴。由于湿热交蒸、热毒内蕴，阴津受损，故烦热口干。肝气失畅，肝经循行两胁，故胁肋不舒或疼痛。舌红苔黄腻、少苔或光剥，脉细弦均为阴津受损兼肝胆湿热之象。方选一贯煎合蒿芩清胆汤加减。方中生地、枸杞子滋养肝胃之阴，沙参、麦冬、石斛和养胃阴；五味子益气生津；黄芩、青蒿清热利胆，和解少阳；知母清热泻火，生津润燥；柴胡、八月札疏肝理气；三叶青清热解毒、活血化瘀；麦芽、鸡内金和胃消导；甘草调和诸药。

（王文成 撰写）

七、周少玲跟师体会

周少玲，女，副主任中医师，医学硕士学位。庞德湘省级名老中医药专家传承工作室核心成员。曾师从省内著名肿瘤专家王绪鳌教授，深得其传。中华中医药学会疼痛学分会专业委员会委员，浙江省中医药学会肿瘤分会专业委员会委员，浙江省康复医学会肿瘤专业委员会青年委员。从事中西医临床工作 20 余年，擅长运用中西医理论诊治各种恶性肿瘤，改善癌症患者症状，提高生存质量；擅长诊治乳腺结节、甲状腺结节及失眠、慢性胃肠疾病、青春痘、黄褐斑、月经不调、更年期综合征及过敏性鼻炎、荨麻疹等疾病。

肿瘤形成后，结聚成块，坚硬如石，虽然用传统的望、闻、问、切四诊手段不能发现，但借助现代医学的 X 线、CT 等影像学或气管镜、手术等手段可以明确肺部有肿块、硬结，边缘不清、固定不移、增大迅速，与腹部可扪及的"癥积"有类似的表现。因此其治疗采用软坚散结法，以期消散癌肿。

根据肺癌的病理特点，结合现代药理学研究结果，庞师常选用夏枯草、生牡蛎、鳖甲、僵蚕、蜂房、莪术、土鳖虫、猫爪草、浙贝母、天南星、半夏、瓜蒌、海藻等软坚散结的药物，临证时可依据软坚散结药物的具体药性及功效，结合患者的具体病证，选择最合适的药物。

庞师指出：鳖甲性咸，味寒，具有养阴清热、平肝息风、软坚散结的作用，自古就被用来治疗癥瘕积聚。鳖甲用于治疗肺癌，既可以软坚散结而消除癌肿，又能滋阴退热，十分切合肺癌患者常有阴虚低热的病理特点，具有消癌与扶正双重功效。凡肺癌患者无呕吐、泄泻、纳差、苔厚等脾胃虚弱之证者，皆可用之。用量一般在 10 ～ 15g，大剂量可用至 30g，宜炙用以加强其软坚散结作用。

再如山慈菇，味甘、辛，性微寒，有小毒，具有化痰散结、解毒消肿功效。山慈菇化痰主要是指其能消肿块而言，实是散结作用并非消除呼吸道内分泌的痰液。山慈菇是治疗肺癌、消散癌肿、控制癌肿增长的必用之品，但用量不宜过大，一般在 10 ～ 15g，用量过大或大量久服可引起胃肠道不良反应、白细胞减少及多发性神经炎等不良反应。

又如牡蛎，味咸，性寒，能软坚积、消痞块、化痰结、散壅滞，常用于治疗痰凝气滞所致瘰疬痰核瘿瘤等，用于治疗肺癌借其软坚散结作用来消散肺部肿块，尤其适合于自汗较多、高血压及脑转移的肺癌患者。用量 20 ～ 30g，宜生用。

又如猫爪草，具有解毒散结、消肿化痰的作用，一般多用于治疗颈淋巴结结核、肺结核，其可外敷治疗颈部瘰疬，说明其解毒散结作用较强。猫爪草用于治疗肺癌，尤其是肺癌伴有颈部淋巴结转移者更为适合。

庞师认为，肺癌的主要症状为咳嗽、气急、痰中带血、发热、胸闷胸痛等。起病之初一般症状不显，随着癌肿不断增大，对周围器官组织产生压迫浸润时才出现症状，当喉、气管、支气管及胸膜受刺激时，均可产生咳嗽症状；当癌肿引起支气管狭窄时，咳嗽加重且为持续性，癌肿组织中存在着较正常组织更丰富的血管，当其毛细血管或小血管糜烂破裂时，引起痰中带血丝或咯血；当癌肿侵蚀大血管或癌肿大片坏死时，可引起大咯血；当癌肿阻塞支气管时，出现胸闷气急气喘症状。由此可见，设法使癌肿缩小或消散是治疗肺癌的关键所在。

癌毒深藏非攻不可，而让癌肿缩小或消散的方法除了软坚散结、化痰祛浊，还有活血化瘀、清热解毒、以毒攻毒等不同，临证依据病证，辨证用药。

（周少玲　撰写）

八、高文仓学习体会

高文仓，男，汉族，陕西汉中人，浙江中医药大学附属第二医院肿瘤科副主任中医师、科副主任，浙江中医药大学硕士生导师。庞德湘省级名老中医药专家传承工作室主要成员。擅长中医辨证施治肺癌、乳腺癌、消化系统肿瘤、泌尿生殖系统肿瘤，减少放化疗及靶向药物导致的不良反应，降低肿瘤复发转移率，缓解胸腹水、癌痛等并发症，减轻晚期肿瘤患者痛苦，提高其生存质量。对咳嗽、汗证、失眠、慢性胃肠炎、便秘、眩晕、内伤发热等内科杂病有较丰富的经验。还善于治疗甲状腺结节、乳腺结节、月经不调等女科杂病。

2000 年初，笔者在浙江中医药大学读博士研究生时就认识了庞师，他孜孜以求岐黄之术的专研精神、诊疗思路及遣方用药之出神入化都让笔者由衷赞叹。2015 年工作调动到浙江中医药大学附属第二医院肿瘤科以后，有幸近距离学习了庞师的诊疗经验，让笔者体会最深的是他提出的肿瘤群段分治思想。目前中医治疗肿瘤有许多不合理的倾向，比如对中医妄自菲薄者有之，对中医包打天下排斥西医者有之，认为中医治癌无论病期、病证一味清热解毒、以毒攻毒者有之。鉴于此，庞师从中医理论出发，结合自己的临床经验，根据病情选择治疗手段，对不同群体和不同治疗阶段的证候规律、治疗原则、预后转归等方面进行整理、归纳，创造性地提出肿瘤群段分治思想，他认为肿瘤患者可归纳为纯中医治疗和中西医结合治疗两大类。纯中医治疗分为早、中、晚三个阶段；中西医结合治疗类群体分为围手术期群体、无瘤生存群体、带瘤生存群体。围手术期群体分为手术前、后两个阶段，无瘤生存群体分为辅助化疗、辅助放疗、无瘤康复三个阶段，带瘤生存群体分为新辅助化疗、姑息抗癌治疗、中药维持治疗、姑息性症状控制、临终前五个阶段。概言之，中医药治疗恶性肿瘤共分"两类、四群、十三段"，依据归类进行群段分治，执简驭繁，易于掌握，有章可循，患者能最大限度获益。

另外，笔者体会最深的是，庞师十分重视患者的情志。庞师认为"神能驭形"，关于情志，他的秘诀一个就是待患者热忱，不拘于患者的年龄，也不拘于患者的身份地位，都是用温暖和富有感染力的热忱对待。肿瘤患者往往情绪压抑、沮丧，但是经庞师寥寥数语，以及中药悉心调理，患者都会从身心方面有明显的改善。另一个就是在辨证施治时重视患者情志对脏腑功能的影响，通过药物鼓舞调整"精、气、神"，由此患者方能达到形与神俱。

（高文仓 撰写）

第三节 因缘际会入庞师，学贵得师亦得友

一、陈滨海篇

至今，回头一算，与庞师认识已经 8 年了。庞师素喜经方，曾细研《金匮要略》多年，笔者从学生时代开始就喜欢仲景之学，正好与其不谋而合，即开始了师徒情缘。具体还得从笔者的学医经历开始讲起。

儿时的笔者，在父亲的熏陶下知道并体会了中医药的神奇。小时候的笔者会在田坡、溪涧、山林里采集一些知名或不知名的中草药，然后切段，晒成干，分包装在自制小药箱里，给一个个"患者"看病。高考之时，总共可填报 4 个志愿，笔者想都没想，填了 4 所中医院校。2003 年，笔者顺利被浙

江中医学院的中医学重点班录取。上了大学之后，笔者虽未以废寝忘食之功学习，但也算是做到了博览群书。除了教材必须得啃之外，基本上学校图书馆里不错的古今医籍，笔者都翻了个遍，做了好多本读书笔记，学习成绩自然也是不错的。在学医初期，笔者喜欢读一些现代医家的医著、医论及医案等。因为这些文字读起来比较通俗易懂，容易上手。后来，笔者不断地揣摩各个成功医家的论述及学医经历，尤其是《名老中医之路》这套书，让笔者体会到学习四大经典的重要性，而其中又以《伤寒杂病论》最为实用、最贴近临床。至此，便一发不可收拾，笔者爱上了经方。慢慢地，随着读书和临证的积累，笔者对经方的认识也得到了提高。笔者曾自撰一联，以表学衷仲景之心：宁为华佗家中奴，甘做仲景门下犬。

　　2011年进入浙江中医药大学附属第二医院后，庞师与笔者意趣相投，且笔者对中医情有独钟，没多久笔者就拜入了庞师门下。庞师对笔者耳提面命，教诲有加。在肿瘤治疗方面，庞师善用经方为主，加减变化，机圆法活，多次受益于庞师的辨证思路与选方用药感悟。

　　庞师运用经方，尤其是《金匮要略》之方治疗肿瘤的经验为笔者打开了经方治疗肿瘤的大门。比如庞师治疗肺癌喜用泽漆汤加减。庞师在此基础上加入红豆杉、胆南星、蜂房等药，更益化痰解毒散结之功效，而命名为肺金生方。该方常用剂量为泽漆30g，石见穿30g，生晒参9g，黄芩10g，白前10g，桂枝9g，制半夏9g，蜂房15g，红豆杉8g，制南星6g，生姜6g，甘草6g等。笔者认为，全方具有化痰解毒，益气扶正的功效。笔者从中悟出肺癌转移与"痰毒"的密切关系，因此，笔者提出了辨证化痰解毒法治疗肺癌的思路。笔者随后进行了化痰解毒法的实验研究，证实化痰解毒法确实有一定的抗肿瘤效应。庞师运用经方的成功经验，无疑坚定了笔者探索学习经方治疗肿瘤的信心。

　　庞师素有行走运动以健身的习惯。某次，随庞师夜行运河，记得那晚秋风习习，明月朗朗，古运河水潺潺而流，时而行舟飘过，时而乌鹊鸣枝，一片秋江夜景。突然，庞师发问，一患者外感之后出现期前收缩，如何考虑？笔者心头一惊，脑海顿时空无一物，想必庞师此问必有深意，故不知从何说起。只硬着头皮说道需行心电图、心肌酶谱等检查看有无心肌炎之可能。庞师笑而不语，似有所指。笔者再补充说，中医可按心悸辨证论治。庞师终于说了一句："伤寒二三日……"未等庞师说完，笔者就脱口而出："心中悸而烦者，小建中汤主之。"笔者不禁赞叹，庞师对经典条文的熟悉程度明显高于笔者，而且能熟练应用于临床，可谓信手拈来。如果笔者用中医内科学里心悸章节的辨证分型去诊治，虽未有错，然仲景先师已有如此直接可用的经验，为何弃而不用呢！不禁喟叹自己学习无止境，光会背书是不行的，必须在临床中不断思考，不断应用，不断总结，如此才有可能趋于大医之境。

（陈滨海 撰写）

二、姚成篇

姚成，男，33 岁，安徽桐城人，中共党员，主治中医师，硕士，CSCO 会员、中国抗癌协会会员，中国民族医药学会科普分会青年理事，浙江省抗癌协会中医肿瘤专业委员会青年委员，主要从事各种恶性肿瘤的内科诊疗及中西医结合治疗，在消化道肿瘤、肺肿瘤、妇科肿瘤等的综合治疗，癌痛的规范化治疗，中药增效减毒，以及手术放化疗后的康复治疗方面积累了多年的临床经验。参与厅局级科研项目 4 项，发表学术论文数篇。

学习工作经历：2003 年 8 月至 2008 年 6 月，安徽中医学院中医临床专业；2008 年 9 月至 2011 年 6 月，浙江中医药大学中医肿瘤内科学硕士；2011 年 8 月至今，浙江中医药大学附属第二医院肿瘤科。

第一次遇见庞师，是在找工作面试的时候，笔者顺利通过笔试，在寒冬的一个下午，一众人等待面试，轮到笔者时，一进去面试室，对面是齐刷的一排主任面试官，心里一阵紧张，庞师微笑地对笔者说："你好，请自我介绍一下。"庞师慈祥的面孔，饱含智慧的眼睛，亲切的声音，让紧张的笔者感到一阵温暖，接下来笔者顺利地完成回答，而庞师温暖的神情就深刻地印在笔者的脑海里。后面笔者得到喜讯，顺利入职。到科室报到那天，庞师热情地接待了笔者，给笔者介绍了科室情况、科室同事，参观了病房，临到中午时候，笔者还没有办好饭卡，庞师就用他自己的饭卡给笔者，让笔者吃饭，那一刻笔者心里充满温暖。自 2011 年工作之后，一直到庞师卸任肿瘤科主任这些年，庞师对待患者和蔼可亲，耐心地倾听患者诉说病情，细心地为患者拟定治疗方案，为患者及家属分忧，患者对庞师无不充满感激；在对待同事方面，团结同事，为科室发展呕心沥血，对刚工作的新同事，给予耐心指导，热心传授经验技术，让新同事受益良多。庞师常教导笔者要多读医书，如《伤寒论》《金匮要略》之类，树立中医信念，培养中医思维，熟读中医经典，

勤于临床。生活之中，庞师最重节俭，"静以修身，俭以养德"，以身作则，不喜浪费。另庞师遵从《黄帝内经》四时养生，顺应时节，效法自然，顺四时，和喜怒，节阴阳。庞师下班之余常和夫人至西湖苏堤、植物园快走运动，陶冶情操，放松压力。饮食上讲究清淡，中饭、晚饭都是一荤一素；庞师尤重情绪与心理调节，认识庞师的人都知道，他总是乐呵呵的，透着一股山东汉子的豪爽。有一次他去参加行业会议，同行医生看到他说："你怎么头发白了很多？"他笑着自嘲："其实早就白了。昨日少年今已老，青山依旧好，人已憔悴了！"就是这样的良好心态，故庞师身体健朗，声音洪亮，走路生风，门诊结束后仍精力充沛，各方面是吾辈永远学习的榜样。

（姚　成　撰写）

三、胡正国篇

（一）初次见面

研究生复试前，笔者从其他地方打听到庞师性格和蔼，医术精湛，觉得这就是自己想找的导师，于是在一个上午，急急忙忙地跑到医院门诊去拜访庞师。在诊室门口等了半个钟头，笔者看到了一个中气十足的、大声笑呵呵的、就算坐着也显得高大的老头，那就是笔者见庞师的第一印象，后面站着几个跟师的学生，也就是笔者后来的师兄师姐们，趁着暂时看完患者的空档，笔者走到了庞师跟前做了一个很简短的自我介绍，因为以前没有过这方面的经验，还有几个师兄师姐在看着，笔者当时很紧张，一边自我介绍，同时一边脸红得不像话，当笔者递给庞师简历（其实就只是一张 A4 彩纸）的时候，瞬间感觉自己的简历也跟着尴尬起来，觉得简历太简单了，其他人的简历都厚得跟一本书一样。当时庞师随口问道："英语过六级了吗？"笔者只能如实回答："没有。"当时都感觉无地自容了，庞师笑着跟笔者说没事，欢迎报考他的学生之类的，然后叫笔者好好准备复试，再后面因太紧张和尴尬，什么都不记得了。笔者就这样完成了跟庞师的第一次见面。

（二）生活点滴

有一天，笔者突然发现自己跟庞师有共同的兴趣爱好——看小说，这让笔者惊讶不已，结果就是与庞师聊天又多了一个共同的话题，常常互相问对方喜欢的小说类型，看过最难忘的小说有哪些，最近又有什么好看的小说推荐，其中有一些是都看过的小说，就会一起评论作者的文笔，讨论故事的情节，情绪随着故事的发展而起伏，那时候的庞师真的像一个小青年。

有些事情笔者记得很清楚。有一次门诊将近中午下班时间，即将起身要走的时候，来了一位脑瘤患者，行走需由家属搀扶，患者诉近 3 个月来头晕头痛，行走不稳，不欲饮食，纳少寐差，二便正常，舌偏红苔稍腻，脉弦，庞师突然让笔者来诊治，笔者当时很诧异，毕竟以前只是给亲朋看过感冒、咳嗽之类的，虽然已跟庞师门诊 1 年，但还是有种无从下手的感觉，生怕有损庞师的名声，所幸平日略有涉猎相关方面内容，考虑到"巅顶之上，唯风可到"，遂以镇肝息风汤加减，加一些虫类药以搜风通络，攻毒散结，庞师看完笔者开的处方之后，加以修改并点评，即能够根据经典理论灵活运用，从风论治脑瘤，不失为有效的治法，需注意的是风分内外，此病当以内风为主，内风夹痰，停滞于脑成瘤，而后教授笔者内外风邪之别，这次教导使笔者印象深刻。

（胡正国 撰写）

四、张菊芳篇

祖国医学博大精深，中医师承教育是独具特色、符合中医药人才成长和学术传承规律的教育模式，是中医药人才培养的重要途径，笔者是一名中医师承教育的受益者。一个偶然的机会笔者了解到没有经过学习中医背景的人可以通过中医师承的方式学习中医，从事中医执业，也正是因为这样，笔者有幸师承浙江省名老中医庞德湘老师进行中医学习。

恩师庞德湘出于医门，师从名医，就读高校，长期从事临床、中医教研和中医药文献研究工作，理论深厚，经验丰富，富有创新思维。笔者跟师 5 年，他常说："教人德为先，治病先治人。"在工作中以身作则、身体力行。因为肿瘤患者病程长，大多治疗复杂，需要经历手术、化疗、放疗，每天用药，医疗费用昂贵。老师都能实实在在地替患者着想，既对症，又把价格控制在患者能够承受的范围内。记得有个 80 多岁的老人患有肺部肿瘤，他不想手术又不愿意化疗，寻求中医药治疗。患者每次来都先聊一些家常、往事，老师都耐心倾听、幽默回复，老人每次来都不像是看病，更像是会友，肿瘤

虽然没有消除，但控制得很好，CT复查显示肿瘤没有继续增大反而有所减小，老人非常感谢老师。等老人走后，老师说肿瘤治疗药不是越猛越好，一定要辨证论治，在这个基础上也要考虑到患者的情绪、服药依从性、经济条件等，鼓励患者做适当的锻炼，有一定的社交活动，跟大家打打太极、短途旅行、参加病友沙龙等。总之，心情好了，治疗起来也是事半功倍。这也使得笔者格外留意每个就诊患者的情绪和精神状态，在老师的诊室里总能听到："我要出去旅游，能不能多带一周的药""今天你也在打太极，打得不错"，这些充满正能量的话。还有一位肺癌晚期患者长期在老师这里就诊，非常坚强，全身转移，通过积极治疗和自我调节，并经常与家人周边旅游、培养了摄影的爱好，拍了很多优美的照片，有段时间好久没有来就诊，再次就诊的时候，虽然她经历了痛苦的化疗、疼痛的折磨，当她爱人推着轮椅进来的时候，患者面容非常憔悴，但一开口还是乐观、积极的口吻，一句："庞医生我又来看你了"，让人非常感动。

可以说笔者是零中医基础，有机会参加中医师承学习固然高兴，担心也是占了很大一部分。听了笔者的担忧后，老师就亲自带他到书店挑选了中医教材《中医基础理论》《中药学》《方剂学》《中医诊断学》《金匮要略》等，要求回家每天看一点，半天跟师后理论提问，碰到合适的患者就现场提问，还有阶段考试。一开始，笔者的回答总是牛头不对马嘴，老师悉心带教，总是边诊疗边讲四诊八纲、辨证论治、立法遣药，透彻明了，渐渐地笔者对中医学习更有兴趣了。老师要求每次跟师都要做好记录，可以针对病例书写心得体会，并鼓励笔者说："临证传承，是理论联系实际的过程，更是博学、慎思、审问、明辨、思变的过程，虽然你的理论基础不如学校全日制学生那样扎实，但是他们碰到的真实案例肯定没你多，所以你只要认真、有效地去实践，边实践边学习理论，多写心得，有灵感即动笔，多锻炼，胆大心细，就能成为一名合格的医生。"这番话给了笔者很大的鼓励和支持，每次有放弃的念头时就想想老师的话。

正是有庞师的谆谆教导，让笔者在3年师承学习后顺利通过浙江省中医药管理局组织的出师考核，继续跟师学习1年，顺利通过全国中医师承助理医师考试，跟师5年临证侍诊，聆听教诲，深有感悟，庞师让笔者在医生的职业道路上不忘初心，努力前行。

（张菊芳 撰写）

五、周楠篇

周楠，女，33 岁，主治中医师，现就职于杭州市余杭区中医院肿瘤内科，2009 届硕士研究生。

第一次见到庞师是 9 年前，当时正值暮春时节，空气中满是香樟的味道。在这之前笔者刚刚品尝了失败的滋味，被北京中医药大学临床专业拒之门外，几乎没有希望涉足最钟爱的肿瘤或血液专业，因缘际朋友向笔者推荐了庞师，言辞中满是赞叹及没能成为庞师学生的遗憾。一番折腾，在新华医院笔者终于见到了庞师，高大、朴素、亲切、和蔼，莫名其妙地消除了笔者多日的紧张、失落，感受到从未有过的笃定。经过一系列程序后笔者成为庞师的学生，并且是第一届。

入学后不久庞师就来看笔者和笔者的师兄们，理所当然地得到了室友的集体羡慕，而在这之后的数年里，甚至笔者毕业后离开学校参加工作，庞师的关心都一直延续，也是笔者离家千里后的温暖所在。犹记得找工作时老师的担心，尽他自己所能地帮助笔者，笔者工作了之后又操心笔者个人问题、家庭问题，不管在学业上还是家庭问题的处理上，老师都给予了细致的指导和告诫，对笔者来说，庞师亦师亦父。

跟随庞师抄方的将近 2 年时间里，虽然笔者生性愚钝，未能掌握老师医术精髓之一二，但时至今日，在见识了各色沽名钓誉之后，回想起那珍贵的 2 年，仍能感受到老师作为一个医术精湛的医者，保留了最本真的医德。记得庞师在面对放弃现代医学治疗的患者时总是循循善诱，推荐更好的治疗办法，使患者得到最适合的治疗。问诊时总是言语温和、极具耐心。抄方期间，笔者常常被庞师的医术折服，记忆最深的是，江苏的一位脑瘤患者，在被当地医院宣告最多一个月生存期后，慕名来到庞师的诊室，庞师运用中医治疗后随访 1 年余疾病未进展，神奇的疗效吸引了很多当地的患者。工作后门诊经常碰到庞师的老患者，听闻笔者是老师的学生后倍感亲切，让笔者从心中升起一种自豪感。

（周　楠　撰写）

浙江中医临床名家·庞德湘

六、徐凯篇

　　近几年有幸跟随庞师门诊抄方，抄方过程中庞师的言传身教令笔者受益匪浅。庞师每次半天门诊患者都有 40 人以上，所以庞师都提前一些时间来到门诊，即使如此，每次门诊结束也是到中午 12 点以后，中间都是高强度的门诊工作，跟随抄方一上午都觉得头晕脑胀，精神疲惫，尤其是将近结束时常无法保持注意力，开始走神，但庞师对每个患者都是全神贯注的投入，自门诊开始到结束均精神奕奕，思路敏捷，有次问庞师如何能做到在如此繁重的门诊工作中保持精神饱满，庞师说其实门诊是很累的，每次门诊结束都有很强的疲惫感，有时回家饭也不来及吃就睡下了，但门诊患者都是抱着对医生的信任而来，医者要以最好的精神状态来对待每个患者，就算感到疲惫也要集中精力来看诊。

　　在跟随庞师门诊抄方时，对庞师的医患沟通能力和独特的人格魅力有深刻的印象。庞师的门诊患者大多是恶性肿瘤患者，初来门诊时基本都是面色凝重、心情阴郁，庞师认为医生不仅要治疗身体的疾病，也要安抚心理的痛苦，他总是能抓住患者心中的郁结，以风趣幽默的语言，将医学专业知识巧妙地用通俗易懂的方式和患者进行讲解，解开患者的疑问和郁结，诊室中总是时时传来患者的笑声，患者都说看完庞师门诊，心情都会好很多，再加上中药治疗，便事半功倍。

　　庞师门诊患者多，非常繁忙，但庞师总是会在门诊结束后给学生进行讲解和答疑，在恶性肿瘤患者面前不是很适合讨论病情，故庞师在写门诊病案时非常细致，并留一份门诊病历复写版，在门诊结束后便会根据门诊留底病历和学生讨论、讲解比较疑难的病例，学生也会对病案中的疑问进行提问，在一问一答之间，教学相长，经常在不知不觉间忘记午饭的时间。

（徐　凯　撰写）

七、陈冬篇

（一）入杭城、遇名师

　　2013 年年底，临近年关时分，怀揣着继续求学的无限渴望，笔者与几名好友相约前往杭城拜访各自的老师。初入一个陌生的城市，带着一份并不是很出众的个人简历，内心惴惴不安，忐忑不已。第一次见面时，庞师的态度十分和蔼，打破了笔者对名医大家的固有印象，瞬间消除了隔阂感。他不仅亲自给笔者介绍了他本人目前从事的部分工作及接下来的研究方向，让笔者事先加以熟悉，并就后面的复试工作布置了一定的学习任务，让笔者安心准备复试。庞师亲切的态度，让笔者感动不已，信心倍增，4 月份顺利通过了学校的入学复试，成为一名浙江中医药大学的硕士研究生，庞师第一时间对笔者表达了祝贺。而后面的 3 年跟师学习中，笔者渐渐发现他这样的待人接物的态度仅仅只是庞师日常行为的缩影而已。入杭城，遇名师，中医之路道阻且长，有庞师的一路指引，倍觉前路坦荡，信心满满。

（二）学经典、多临证

庞师七代业医，自幼学习中医经典，并师承何任、连建伟、吴良村等医学名家，他的主要临证思想是以中医经典为基础的。平时对学生的教导总结起来就是学经典、多临证。学习经典是庞师理论教学的主要手段之一，中医经典浩瀚如海，初入门的学生学习起来往往摸不着头脑。庞师平日里工作十分繁忙，专家门诊几乎毫无空暇，虽然如此，但他多年来一直坚持要求学生手写处方，细究其原因，一是为了能在诊治患者的空暇之余给他们讲解诊疗的思路，二是通过动手写加强我们的参与感，加强对患者病情的深入了解。对病房里的患者，庞师通常要求我们拟开处方来锻炼临证能力。

（陈　冬　撰写）

八、朱红叶篇

朱红叶，女，1982 年出生，硕士研究生，庞德湘省级名老中医药专家传承工作室核心成员，现任浙江中医药大学附属第二医院肿瘤科主治医师，毕业于浙江中医药大学中西医结合七年制，硕士生导师是浙江省中医院肿瘤科郭勇教授，目前是浙江省第六批全国老中医药专家学术经验继承人，浙江省中医肿瘤康复重点专科学科主要成员，中国中医药研究促进会肿瘤分会青年委员会委员。2008 年 8 月参加工作，从事临床工作 10 年，参与发表论文数篇及 SCI 一篇，参编郭勇教授的《常见肿瘤放化疗后毒副反应及处理方法》及庞德湘教授的《本草纲目》。主要擅长对各种癌症的规范化治疗、中西医结合综合治疗，如肺癌、乳腺癌、胃癌、肠癌、胰腺癌、食管癌、妇科肿瘤等，

并擅长对胸腔积液、腹水、骨转移、脏器转移、癌痛等进行综合治疗。

笔者从 2008 年夏天至今一直在浙江中医药大学附属第二医院肿瘤科工作，当时的科主任就是庞德湘教授。甫一见面，笔者就觉得眼前这位年近 50 岁的中医大家特别亲切，笔者始终记得庞师和他说的第一句话："小朱，要学会静下心来，潜心学习中医，只要功夫深，终有收获。"笔者想，这正是让笔者可以埋头学习中医的好机会。

庞师擅用经方，熟读经典，经常寥寥数味药就治好了患者的痼疾。笔者在佩服庞师的同时也给自己默默地鼓劲，重拾起对中医学、方剂学、中药学的热情，笔者犹如一张白纸，渐渐开始书写中医之路。庞师看到了笔者的努力，在平时病房查房中结合病例细细讲解，督促笔者加深记忆，活学活用。有时看诊庞师还会让他们先辨证"处方"，然后再"批改"。一开始，那必然是手忙脚乱，很多方子或是辨证有误或者胡乱堆砌，笔者以为会受到严厉的批评，没想到庞师只是很温和地指出错误并告知正确的辨证思路。渐渐的，笔者"入门"了，辨证开始熟稔，处方思路也逐渐清晰，开出的处方也不再被全方删除而是被修改。又过了数月，笔者偶尔也能开出不怎么需要修改的处方，每到这时，笔者都会开心不已，而庞师也会给予赞许的目光。

庞师，可谓是笔者学习中医学的"指路明灯"，如果没有临证工作中的不断指引和鼓励，笔者也就只是个普通的被西医同化的中医师而已。虽然笔者并非"千里马"，但庞师绝对是笔者的"伯乐"。和庞师的师徒情，必然是一辈子的！

（朱红叶 撰写）

九、虞望舜篇

虞望舜，男，出生于 1970 年 10 月，缙云人，毕业于浙江广播电视大学法学专业，曾先后参加浙江大学总裁班、金融班进修学习，吉林大学药学本科毕业。现任缙云老百姓医药连锁有限公司总经理法人代表、杭州开心大药房有限公司总经理法人代表。

2017 年 7 月笔者参加浙江中医药大学师承班二期学习，跟师庞德湘。师从庞师期间，虽然时间只有短短 2 年，但是庞师渊博的知识、平易近人的医德，让笔者认识到了医生作为白衣天使，让患者减轻痛苦的同时还要让患者减少压力，笔者感悟到了对患者心身治疗的必要性。作为现代中医和中国的现状，应利用多种信息交流方式同患者及时跟踪交流，对于患者就是一副很好的必要的安慰剂。通过沟通，将一些学习心得、体会、经验总结及不解之惑与医学同道进行交流、分享，促进了笔者学习中医的兴趣。

中医理论体系发展至今大多是前人总结的经验，而如今在学习中笔者最缺乏的就是临床经验，老师通过对笔者一对一指导和答疑，使笔者的理论知识、临床经验更加扎实。在跟师过程中，笔者得到了庞师在学习中医方面的谆谆教导。在此，笔者向庞师表示衷心感谢。

（虞望舜 撰写）

十、庞翠云篇

庞翠云，女，1992年3月参加工作，副主任中医师，获浙江中医药大学中医专业学士学位。根据拱墅区卫生局和浙江中医药大学师徒带教合作协议，师从省级名老中医庞德湘教授，门诊学习3年。

记得第一次见到庞德湘教授，他气质轩昂的举止、平易近人的语言、和蔼的笑容、问寒问暖的关怀给笔者留下来至今难忘的印象。庞师出身中医世家，熟读中医经典，分析医理如数家珍，对笔者从师后进一步精进医术的学习给出了思路和方法。

庞师行医40余年，博览古代医籍，特别精通《金匮要略》，挖掘仲师在《金匮要略》所演绎的肿瘤治法精髓，了解古代治疗肿瘤的治法思路，推演现代肿瘤治法方向。通过大量肿瘤的临床应用案例，总结出"肺金生方"，临床疗效令人满意。不仅如此，庞师还在中医咳嗽的治疗方面积累了丰富的经验，在治疗肺系病方面形成了独特而珍贵的学术思想体系。

笔者侄儿6岁，以咳嗽得厉害不能平息来诊，医院拍片诊断为肺炎。查看患儿咳嗽呈顿咳少痰，咳则面红泪出，无寒热，二便无殊，舌苔薄白，脉稍有滑象，询周前曾外感发热服西药已愈，3天后开始咳嗽，逐渐加重，再用药不效来杭州就诊。经拍片示肺内有片状炎症，想寻求中医治疗。观患儿精神可，无寒热，唯咳嗽得厉害，咳嗽的时候喉痒，舌不红，心率可，建议服中药以试之。问是否可用麻杏石甘汤，然虽肺炎而无热陷之证，故不用而用止嗽散加减，以温化寒痰止嗽。5剂试投。嘱回家即煎药服药，忌食腥滑

黏腻之物，避风以防复感。若出现发热高，喘促，鼻翼煽动即到医院复诊。服药后，即咳嗽大减。服药 5 剂后拍片复查肺炎痊愈。

跟随庞师门诊时，遇到典型病例或者特殊病例，庞师都会讲解病因病机、治则方药、如何辨证、如何遣方用药加减。疾病的转归、后期的调摄，使笔者受益极大。庞师工作繁忙，但教导笔者说："有患者看病，无患者读书。"一有空闲，就要读书，要多读书，多临证，这样才能进步。这句话笔者一直牢记在心，也努力做到看书治病救人，至今笔者的包里都有一本近期需要读的中医书籍。

庞师经方用药精准，时方确当。对待患者，望闻问切，笑语相迎，使患者感觉到那种病痛中的希望阳光，得到心理上的安慰。把脉问证，周详细致。饮食起居，工作操劳，都面面俱到。风暑寒热，事事清晰。舌质舌苔，四诊合参，八纲分明。脉理虚实，寒热表里，辨证论治精当。庞师修心修身，以高超的医术治病救人，以宽宏之心待人，以高德善良之心处世。这是笔者值得终身学习和仿效的。

跟随老师学习 3 年，受到老师的熏陶、感沐，学习他为人处世、读书看病、不为名利、为中医献身的精神，使得笔者受益一生。笔者当竭尽全力回报、奉献社会，以不辜负庞师的辛勤栽培。

（庞翠云 撰写）

十一、付焕萍篇

在杭城梅雨绵绵，桂花飘香之际，笔者初下江南，怀揣着满怀的抱负，寻求自己学业生涯中的重要角色——硕士生导师。初来乍到的笔者，由于不熟悉情况到处碰壁，几乎想到要放弃，无功而返。准备最后一试的时候，笔者来到一所古色古香的中医门诊，见一诊室患者很多，还时不时传来爽朗的笑声，寻笑声望去，一位和善的医者正在开解他的患者，因缘际会，得入其门下，他就是庞师。

刚入学时，因课程安排跟随庞师抄方学习的机会并不多，但庞师依然不会松懈对学生的要求。经常提醒学生多研读中医古籍，如《黄帝内经》《伤寒论》《金匮要略》等，此后才知，庞师的临床处方多出于此，且见解独到，临床疗效显著。

在庞师的诊室，永远都是笑声不断。肿瘤患者，众所周知，往往都会情绪焦虑，消极悲观，甚至厌世。庞师更注重于此，他在每一位患者面前都是笑容满面，诙谐幽默，耐心开解，给患者以战胜病魔的信心。记得曾经有一位正值青春年华的患有甲状腺肿瘤的女大学生，初知自己病情时自暴自弃，不愿见任何人，家人从朋友处打听到庞师，带她过来看病，开始还不愿搭理，几次之后便也偶尔开起了玩笑，毕业工作后经常自己过来配药，整个人的状态保持得很不错，生活得很精彩。印象最深刻的还属一个小孩子，6 岁，患上了脑癌，阴霾笼罩着整个家庭，自此一个家再没有了欢声笑语。孩子的父母抱着试试的态度来到了庞师这里，不仅庞师宽慰这家人，连在场的患者都在帮助他们树立信心，那种氛围是无法用语言描述的。中医讲究"七情"，调畅情志在治瘤过程中有着重要的作用。而从庞师诊室走出去的不管是患者还是家属，都是用微笑面对病魔，那是一种希望，更是一种信念。

庞师对古方的运用也是灵活多变、出神入化。譬如肺癌患者，多使用从《金匮要略》中的泽漆汤衍变而来的肺金生方；乳腺癌患者，怡情首要，自创出以《太平惠民和剂局方》逍遥散为底的乳岩散结汤；还有诸如肝癌患者使用的鳖甲煎丸；久咳不愈，辨证后亦会使用《伤寒论》中的小柴胡汤加减等。另外，脾胃为后天之本，庞师在治疗肿瘤过程中尤为注意，胃气为机体抗邪之根基，健脾护胃，顾护元气，方能抵抗疾患。处方中常加入鸡内金、麦芽、山楂等，四君子汤、六君子汤等的运用多能看出这一点。在庞师这里，放化疗中的患者，他会为其减轻放化疗带来的痛苦，将中药减毒增效的作用发挥到极致；错失手术时机的患者，他会使其病灶缩小，再度有手术机会，或者带瘤生存，保证其生活质量。总之，从庞师的身上，笔者看到了中医中药独特的魅力，感受到了作为一名医生的幸福感。

对于自己从事多年的治病救人的事业，庞师一直饱含热情。他的患者，不仅仅局限在浙江，而是一传十，十传百，全国各地的患者慕名而来。有的从哈尔滨坐 30 几个小时的火车赶过来，有的则提前一天住在附近，起一大早来排队挂号。无论患者有多少，庞师从不限号，有时连吃午饭的时间都没有。庞师除了要患者好好服药外，有时还会推荐他们练练太极拳、八段锦抑或易筋经等古代的运动疗法，可以说也是颇为推崇古学了。

这 3 年，庞师不仅是良师，亦如益友。笔者无论是在工作还是在生活中遇到难题，庞师也是贴心地、尽其所及地给予帮助。对于笔者来说，庞师对他影响最大的，莫过于他的豁达，"宠辱不惊，看庭前花开花落；去留无意，

浙江中医临床名家 · 庞德湘

望天上云卷云舒"，大概如此吧。就如现在的说法，笔者也在努力追逐着自己的佛系人生。至此，感恩庞师，感恩生活。

（付焕萍 撰写）

十二、楼建丽篇

楼建丽，1970年9月出生，华东师范大学公共管理硕士，现在杭州市下城区教育局工作。

2016年开始师从德高望重的庞德湘老师，通过2年的学习，无论是在基础理论、临床技能还是医德、医风上，笔者都受到了老师一言一行的影响，颇有感触与体会。

庞师以其高超的医术、平易近人的态度、风趣幽默的个人魅力，慕名前来诊治的患者众多。扎实的中医理论功底、精确的辨证论治、丰富的临床经验，使他练就了胜人一筹的医疗技术，有多少患了所谓"不治之症"的肿瘤患者，在他的精心治疗下恢复了健康。他谦虚谨慎，从不满足自己的成就，虽已患者众多，仍手不离卷，孜孜以求。庞师在临床上除了重视中医四诊"望、闻、问、切"，还很注重患者的心理疏导。凡是有需要的患者，不管是初诊还是复诊，他都一个一个地耐心检查，仔细询问及触诊。庞师这种敬业和专业的精神，与患者之间良好的医患关系，提醒年轻一辈，应该好好学习中医基础知识，注重心理疏导，不要老是依赖各种辅助检查，同时要与患者进行良好的沟通，为患者增强治疗疾病的信心。2年的跟师学习转瞬即逝，虽然通过这段时间的学习，笔者对于肿瘤中医药治疗有了初步的认知和体会，更学到了老师淡泊名利，注重个体内养功的锻炼。但仅仅这些是不够的，自己离老师预想的阶段和要求还有很大的差距，笔者将继续努力，珍惜继续跟师学习，在中医药继承和发展的道路上继续前行，完善自我，不断提升自身技术水平。

（楼建丽 撰写）

十三、郑健篇

郑健，男，31岁，山东微山人，中共党员，主治中医师，硕士，CSCO会员，中国抗癌协会会员，从事肿瘤内科的临床、科研工作，对恶性肿瘤规范化治疗、综合治疗、全程管理、营养支持等有较深入的认识，擅长肺癌、乳腺癌、消化系统肿瘤及癌症并发症的中西医结合治疗。参与厅局级科研项目 6 项，发表学术论文近 20 篇。

学习工作经历：2005 年 9 月至 2010 年 6 月，河南中医学院本科；2010 年 9 月至 2013 年 6 月，浙江中医药大学硕士研究生；2013 年 7 月至 2015 年 4 月，浙江省诸暨市人民医院肿瘤内科一病区；2015 年 5 月至今，浙江中医药大学附属第二医院肿瘤科。

（一）初入师门

笔者如同失去了航行灯指引的船儿，就在恍恍惚惚中度过了大学最美好的时光。或是要找回荒废的大学时光，或是对学校生活的眷恋，或是对步入社会的恐慌，或是要证明自己，2009 年夏末笔者随波逐流地加入了考研大军。终于，2010 年阳春三月踏上了开往南方的列车，火车从油菜花海中穿过，令人心旷神怡，也笃定了笔者此行的决心。笔者在同校师姐的帮助下顺利地见到了庞师，高大的身材是标志性山东大汉形象，和蔼可亲的态度让人倍感亲切，生、熟四物汤的讲解让笔者体会到方剂配伍精妙和庞师的博学。拜了名师，心存感激，也对未来的学习生活充满向往。

（二）跟师临证

入学后与同门三人一起拜会导师，庞师热情接待了我们，送了我们每人一本《连建伟金匮要略方论讲稿》，嘱咐我们多读书、多领悟。学校对我们的专业设置了一些课程，由于笔者不喜欢枯燥的课堂学习，就在没有课程安排的时间申请到庞师的门诊跟师。跟笔者想象的完全不一样，本以为得了癌症的患者会情绪低落，没想到庞师的诊室里经常传出阵阵笑声。庞师总是面带笑容地接待每一位患者，认真地诊察病情，用诙谐的语言拉近与患者的距离，医生要善于用药治病，也要善于用心治病。曾遇到过一位晚期肺癌患者，因不能耐受化疗求诊，庞师根据自己的临床经验辨证施治，患者后来到上海复查，结果显示肿瘤完全消失，这充分体现了中医药之神奇和庞师医术之高明。

（郑　健　撰写）